"十四五"普通高等教育本科部委级规划教材
国家一流本科专业建设精品课程系列教材
教育部"产品设计人才培养模式改革"虚拟教研室试点建设系列教材
2021 年中央支持地方高校发展专项资金支持

U0747426

文化创意产品设计开发

潘鲁生　主编

张　焱　编著

中国纺织出版社有限公司

图书在版编目（CIP）数据

文化创意产品设计开发/潘鲁生主编；张焱编著.
-- 北京：中国纺织出版社有限公司，2022.5（2023.7重印）
"十四五"普通高等教育本科部委级规划教材
ISBN 978-7-5180-8593-4

Ⅰ. ①文… Ⅱ. ①潘… ②张… Ⅲ. ①文化产品 —
产品设计 — 高等学校 — 教材 Ⅳ. ①G114

中国版本图书馆CIP数据核字（2021）第272867号

责任编辑：余莉花 特约编辑：渠水清
责任校对：王花妮 责任印制：王艳丽

中国纺织出版社有限公司出版发行
地址：北京市朝阳区百子湾东里 A407 号楼 邮政编码：100124
销售电话：010 — 67004422 传真：010 — 87155801
http://www.c-textilep.com
中国纺织出版社天猫旗舰店
官方微博 http://weibo.com/2119887771
天津千鹤文化传播有限公司印刷 各地新华书店经销
2022 年 5 月第 1 版 2023 年 7 月第 3 次印刷
开本：787×1092 1/16 印张：16.5
字数：235 千字 定价：78.00 元

凡购本书，如有缺页、倒页、脱页，由本社图书营销中心调换

序

目前，我国本科高校数量 1270 所，高职（专科）院校 1468 所，在这些高校中，70% 左右开设了设计学类专业，设计类专业在校学生总人数已逾百万，培养规模居世界之首。在凝聚中国力量，实现中国梦的伟大征程中，设计人才已成为推动产业升级和提高文化自信的助力器，是建设美丽中国实现乡村振兴的重要力量。

2019 年，教育部正式启动了"一流本科专业建设点"评定工作，计划在三年内，建设 10000 个国家级一流本科专业，设计学类一流专业规划有 474 个。与之相匹配，教育部同步实施 10000 门左右的国家级"一流课程"的建设工作。截至 2021 年底，在山东工艺美术学院本科专业中有 10 个专业获评国家级一流专业建设点，11 个专业获评山东省级一流专业建设点，国家级、省级一流专业占学校本科专业设置总数的 71%，已形成以设计类专业为主导，工科、文科两翼发展的"国家级""省级"一流专业阵容。工业设计学院立足"新工科""新文科"学科专业交叉融合发展理念，产品设计、工业设计、艺术与科技 3 个专业均获评国家级一流专业建设点。

工业设计是一个交叉型、综合型学科，它的发展是在技术和艺术、科技和人文等多学科相互融合的过程中实现的，是与企业产品的设计开发、生产制造紧密相连的知识综合、多元交叉型学科，其专业特质具有鲜明的为人民生活服务的社会属性。当前，工业设计创新已经成为推动新一轮产业革命的重要引擎。因此，今天的"工业设计"更加强调和注重以产业需求为导向的前瞻性、以学科交叉为主体的融合性、以实践创新为前提的全面性。这一点同国家教材委员会的指导思想、部署原则是非常契合的。2021年10月，国家教材委员会发布了《国家教材委员会关于首届全国教材建设奖奖励的决定》，许多优秀教材及编撰者脱颖而出，受到了荣誉表彰。这体现了党中央、国务院对教材编撰工作高度重视，寄望深远，也体现了新时代推进教材建设高质量发展的迫切需要。统揽这些获奖教材，政治性、思想性、创新性、时代性强，充分彰显中国特色，社会影响力大，示范引领作用好是其显著特点。本系列教材在编写过程中突出强调以下几个宗旨：

第一，进一步提升课程教材铸魂育人价值，培养全面发展的社会主义建设者。在强化专业讲授的基础上，高等院校教材应凸显能力内化与信念养成。设计类教材内容与文化输出和表现、传统继承与创新是息息相关，水乳交融的，必须在坚持"思政＋设计"的育人导向的基础上形成专业特色，必须在明确中国站位、加入中国案例、体现中国智慧、展示中国力量、叙述中国成就等方面下功夫，进而系统准确地将习近平新时代中国特色社会主义思想融入课程教材体系之中。当代中国设计类教材应呈现以下功用：充分发挥教材作为"课程思政"的主战场、主阵地、主渠道作用；树立设计服务民生、设计服务区域经济发展、设计服务国家重大战略的立足点和价值观；激发学生的专业自信心与民族自豪感，使他们自觉把个人理想融入国家发展战略之中；培养"知中国、爱中国、堪当民族复兴大任"的新时代设计专门人才。

第二，以教材建设固化"一流课程"教学改革成果，夯实"双万计划"建设基础。毋庸置疑，学科建设的基础在于专业培育，而专业建设的基础和核心是课程，课程建设是整个学科发展的"基石"。因此，缺少精品教材支撑的课程，很难成为"一流课程"；不以构建"一流课程"为目标的教材，也很难成为精品教材。教材建设是一个长期积累、厚积薄发、小步快跑、不断完善的过程。作为课程建设的重要组成部分，教材建设具有引领教学理念、搭建教学团队、固化教改成果、丰富教学资源的重要作用。普通高校设计专业教材建设工程要从国家规划教材和一流课程、专业抓起。因此，本套教材的编写工作应对标"一流课程"，支撑"一流专业"，构建一流师资团队，形成一流教学资源，争创一流教材成果。

第三，立足多学科融合发展新要求，持续回应时代对设计专业人才培养新需要。设计专业依托科学技术，服务国计民生，推动经济发展，优化人民生活，呼应时代需要，具有鲜明的时代特征。这与时下"新工科""新文科"所强调和呼吁的实用性、交叉性、综合性不谋而合。众所周知，工业设计创新已经成为推动新一轮产业革命的重要引擎。在此语境下，工业设计的发展应始终与国家重大战略布局密切相关，在大众创业、万众创新中，在智能制造中，在乡村振兴中，在积极应对人口老龄化问题中，在可持续发展战略中，工业设计都发挥着不可或缺的、积极有效的促进作用。在国家大力倡导"新工科"发展的背景下，工业设计学科更应强化交叉学科的特点，其知识体系须将科学技术与艺术审美更加紧密地联系起来，形成包容性、综合性、交叉性极强的学科面貌。因此，本系列教材的编撰思想应始终聚焦"新时代"设计专业发展的新需要，进一步打破学科专业壁垒，推动设计专业之间深度融通、设计学科与其他学科的交叉融合，真正使教材建设成为持续服务时代需要，推动"新文科""新工科"建设，深度服务国家行业、产业转型升级的重要抓手。

第四，立足文化自信，以教材建设传承与弘扬中华传统造物与审美观。文化自信是实现中华民族伟大复兴的精神力量，大力推动中华优秀传统文化创造性转化和创新性发展，则为文化自信注入强人的精神力量。设计引领生活，设计学科是国家软实力的重要组成部分，其发展水平反映着一个民族的思维能力、精神品格和生活方式，关系到社会的繁荣发展与稳定和谐。2017年，中共中央办公厅、国务院办公厅印发《关于实施中华优秀传统文化传承发展工程的意见》，综合领会文件精神，可以发现设计学科承担着"推动中华优秀传统文化的创造性转化和创新性发展"的重要责任。此类教材的编撰，应以"中华传统造物系统的传承与转化"为中心，站在中国工业设计理论体系构建的高度开展：从历史学维度系统性梳理中国工业设计发展的历史；从经济学维度学理性总结工业化过程中国工业设计理论问题；从现实维度前瞻性探索当前工业设计必须面临的现实问题；从未来维度科学性研判工业生产方式转变与人工智能发展趋势。在教材设计与案例选择上，应充分展现中华传统造型（造物）体系的文化魅力，让学生在教材中感知中华造物之美，体会传统生活方式，汲取传统造物智慧，加速推进中国传统生活方式的现代化融合、转变。只有如此，才有可能形成一个具有中国特色的，全面、系统、合理、多维度构建的，符合时代发展需求的高水平教材。

本系列教材涵括产品设计、工业设计、艺术与科技专业主干课程，其中《设计概论》《人机工程学》《设计程序与方法》为基础课程教材；《信息产品设计》《产品风格化设计》《文化创意产品设计开发》《公共设施系统设计》《产教融合项目实践》为专业实践课程教材；《博物馆展示设计》《展示材料与工程》《商业展示设计》为艺术与科技专业主干课程教材。教材强调学思结合，关注和阐述理论与现实、宏观与微观、显性与隐性的关系，努力做到科学编排、有机融入、系统展开，在配备内涵丰富的线上教学资源基础上，强化教学互动，启迪学生的创新思维，体现了目标新、选题新、立意新、结构新、内容新的编写特色。相信本系列教材的顺利出版，将对设计领域的学习者、从业者构建专业知识、确立发展方向、提升专业技能、树立价值观念大有裨益，希望该系列教材为当代中国培养有理想、有本领、有担当的设计新人贡献新的力量。

董占军

壬寅季春于泉城

前言

　　1997年，英国一位名叫J.K.罗琳的单身妈妈，出版了一本名为《哈利·波特与魔法石》的奇幻小说。截至2007年，她陆续完成了《哈利·波特》七部曲。2017年，这部系列小说先后被翻译成68种语言，销售4.5亿册，销售达72亿美元。美国华纳兄弟电影公司将其改编成八部电影。哈利·波特系列电影是全球电影史上最卖座的电影系列，票房总收入达78亿美元。据美国《福布斯》杂志估计，其品牌价值已超过10亿美元。

　　罗琳通过笔下的那个"活在魔法世界中的小男孩"，成功将自己从贫困潦倒、默默无闻的"灰姑娘"，变成财产超过英国女王的著名作家。罗琳的巨大成功，成为英国乃至世界最重要的"文创"奇迹，让人们普遍意识到文化创意商业化的"魔法"。事实上，《哈利·波特》在世界范围内大获成功，也极大地刺激了文化创意产业的发展。人们从未如此清晰地意识到"文化创意"的强大力量，一个由文化创新推动经济升级，文化消费刺激商业发展的新时代呼之欲出。文化生产由过去艺术家田园牧歌式的"手工艺"自序，转变为今天跨行业协作，狂飙突进的"工业化"产出。我们将这一时代称为"文化创新产业化"的时代。

　　另外，人类的需求是多元的，包括生理与心理、物质与精神、技术与艺术、功能与审美等几个层次的对照关系，但二者的呈现次序却有所不同。如生理需求是先决条件，是造物的基础内核，只有当人们的生理需求得到满足时，才可能向心理需求延展过渡。因此，我们可以将人类的造物行为概括为：以人的生理为圆心，心理为半径的整体化的创造过程。本质上，所有的"人造物"，都是人类需求的物化投射，它是生理能力的体外放大，抑或是精神意志的物化延伸。自文明伊始，在漫长的人类造物过程中，人造物往往蕴含着特定族群丰富的文化基因。但需要指出的是，这种功能物上的"文化赋予"却往往是自觉却不自知的状态。

今天，世界发达国家与部分发展中国家已经进入后工业化时代，民众生活普遍进入丰裕社会。我们对于"物"的诉求重点，已由功能需求向情感体验过渡。传统"手工艺化"的文艺成果产出方式，已于当下捉襟见肘。因此，"文化艺术成果产出机制"势必面临着工业化改造。"文化工业""文化产业""创意产业""文化创意产业"等概念在此背景下孕育而生。

自1998年，英国文化、媒体与体育部（DCMS）出台《创意产业纲领文件》，明确提出"创意产业"概念以来，文化创意产业发展迅猛，中国港、澳、台地区深受英美、日韩影响，并随之影响中国大陆。2006年12月18日，《人民日报》在《呼唤中国"文化创意产业"的崛起》一文中写道："仅仅是几年前，还很少有国家认识到，在信息化时代，一个国家的经济命运会与这个国家对文化资源和文化产品的创意能力紧密相连。但是在今天，文化创意产业已经不仅仅是一种能够创造巨大经济效益的直接现实，更成为各个国家的文化发展策略。"这一年，可以视为是我国"文化创意产业"振兴的元年。

2010年，中国经济规模首次超过日本，成为世界第二大经济体。目前，我国社会的主要矛盾已经由"人民日益增长的物质文化需要同落后的社会生产之间的矛盾"转化为"人民日益增长的美好生活需要和不平衡不充分的发展之间的矛盾"。人们在丰裕物质基础上，精神文化需求越发迫切与强烈，这才是我国文化创意产业大发展的根本原因与时代特征。我们有理由相信，人类在经历了神学时代、哲学时代、科学时代后，以"文化产业"为代表的"美学时代"已近在咫尺。

"文化创意产业"一词具备明显的工业化属性，其大致范围涵盖知识产权所保护的相关类别。"工业化"的生产方式越是向文化延伸，文化便越向产业化赋能。今天，文化创意产业已经成为向其他产业赋能增值的重要力量。因此，准确界定"文化创意产业"与"文化创意产品"的外延变得越来越困难。

本书为了便于读者理解，大致将"文化创意产业"框定为其产出成果明确需要知识产权保护，以及为达成这些知识产权成果向工业、农业、服务业等传统产业辐射，并在其策划、设计、生产、展示、销售、使用、体验等各环节呈现的文化产出成果。

本书着重讨论的"文化创意产品设计开发"则被框定在"以引发特定人群情感文化认同为目标，以特定区域（对象）自然历史文化资源为基础，针对特定功能产品所进行的文化赋意与设计开发过程"。此类设计开发应以知识产权保障和品牌化运作为前提，运用现代创新设计方法与生产加工手段，设计开发具有高文化附加值与议价能力且进入市场销售的功能产品。

文化创意产品开发重在挖掘特定区域（对象）内典型自然历史文化资源，深入分析当地经济发展路径、生产要素类型、加工特色、生产规模、旅游类型、游客及消费需求等因素，并连接当地文化资源，激发当地生产加工能力，促进当地文化形象典型化传播，服务当地经济健康发展为目标的持续性系统工作。

因此，文创产品设计开发与普通产品设计开发具有明显的不同，必须面对"文化符号语义向功能形态语义"的转化问题，或者是在"功能形态中体现文化特征"。从时代发展的角度观察，文化创意产品设计之所以日新月异，本质上是将既有的历史文化资源，以当前政治、经济、文化、科技、艺术、伦理的视角进行重新述说，再次组合，使其既具备传统文化的深厚底蕴，又具备当代文化的时代特征。这是"旧物"再次融入时代，焕发新生机的过程。因而，在传统产品设计领域，根植于特定区域历史文脉、文化资源及生活方式的文创产品开发，并不是一件容易的事情。设计过程需要在功能化、批量化、标准化的基础上，去关照特定区域的历史渊源及文化特征，并以当下的审美语境去重构、活化它们，进而呈现出以物传情、以物达意、观物比德、以物映心的产品特征。

全书共分为十二章。其中第一、第二章，聚焦于什么是文化创意产业、什么是文化创意产品，着重介绍文化创意产业的历史与成因、构成与分类，国内外文化创意产业发展的现状，以及文化创意产品设计开发的内涵与外延，着重讨论了文创产品设计开发的主要范围等前置问题。

第三至第九章，从设计开发实践角度，依次介绍如何确定文创产品设计主题，如何开发文创产品品牌，如何将文化符号语义向功能形态语义转化，如何基于特定的文化主题或既有产品开发文创产品，以及文创产品试制过程中可能设计的材料与工艺。

第十至第十二章，分别为读者呈现了笔者近年来所实践的3个完整设计开发案例，使读者可以在案例介绍过程中，真实理解文创产品设计开发的具体环节与实践过程。"案例丰富"是本书编写中的最大特色，为方便读者理解，全书前后列举了50个与文化创意产业密切相关的案例，力求使读者既能够了解文化创意产业的全貌，又能够深入理解真实的文创产品设计开发过程。案例选择上也力求达到轮廓清晰、内容完整、层次丰富、重点突出。其中近一半案例，为笔者近年来主持的实践案例，具有较强的实际操作性。

本书引用了国内外较多研究成果与图片资料，其中能够确切指明资料或观点来源的，均尽可能在脚注中注明，以便读者扩展阅读与研究，但仍有一些信息是散见于网络报刊、辗转传抄的材料，以讹传讹之处恐怕在所难免，向读者表示歉意的同时，对本书所引用到的注明或未注的作者深表谢忱。

恳切地期待着专家和读者指教。

张焱

2021年8月23日于泉城

目录

第一章
文化创意产业概述

　　"文化创意产业"虽然是一个"新概念",但"文化创造活动"却是一个延续了上万年的"旧主题"。距今7800~9000年,在今天的河南省舞阳县北舞渡镇贾湖遗址,我们的上古先民便利用仙鹤的尺骨制作骨笛❶(图1-1),这一考古发现不仅改写了华夏音乐历史,也确证了我们拥有悠久的文化创造史。毋庸置疑,中国是文明古国,更是文化大国。在这样一个拥有悠久文明史的国度里,各民族繁衍生息,不断融合,文化得以更生再造。我们所拥有的灿烂恢宏文化宝库,正是今天我国"文化创意产业"厚植发展的沃土。

图 1-1　贾湖骨笛

第一节
文化创意产业的形成与分类

一、文化创意产业的形成

　　随着社会化分工,人类社会的产业发展先后经历了畜牧业、农业、手工业、商业、服务业等依次分化的过程。在这个分化过程中,专门从事宗教祭祀、文学艺术的知识阶层被逐步分离出来,并形成适合知识产出的运行机制与发展体系。18世纪中后期,发端于英国的工业革命迅速完成了对本国手工业的改造,使英国一跃成为当时的世界强国。此后近

❶ 贾湖遗址位于河南省舞阳县北舞渡镇西南1.5千米的贾湖村,是中国新石器时代前期重要遗址,是淮河流域迄今所知年代最早的新石器文化遗存。贾湖骨笛不仅是我国年代最早的乐器实物,也是迄今为止发现的世界上最早的可吹奏乐器,是典型的"文化器物"。实验证明,贾湖骨笛不仅能够演奏传统的五声或七声调式的乐曲,而且能够演奏富含变化音的少数民族或外国乐曲。它的出土,改写了先秦音乐史乃至整部中国音乐史,具有无可比拟的重要地位和价值。关于贾湖骨笛的研究成果在英国《自然》《古物》等著名学术期刊上发表后,引起了国内外学界的广泛关注。

两个世纪，以欧美发达国家为蓝本的工业化浪潮席卷全球，各国在争先恐后实现工业化的同时，也以工业化的思维对农业、畜牧业、商业、服务业等进行改造。今天，这种标准化、批量化、流水线的生产范式，深度影响着教育、医疗、卫生、旅游等行业的资源匹配与产出机制。

长久以来，文化艺术作为上层建筑，其生成与发展机制始终与经济基础的运行方式大相径庭。目前，发达国家与很多后发现代化国家已进入后工业化时代，民众生活普遍丰裕起来。"仓廪实而知礼节，衣食足而知荣辱"，人们日常生活的诉求重点已由物质向精神转换，整个社会对文化艺术产品的需求持续增加；另外，传统"手工艺化"的文化艺术产出机制及其加工效能已无法满足今天的现实需求。因此，"文化艺术成果产出机制"势必面临着工业化的改造。"文化工业""文化产业""创意产业""文化创意产业"等概念在此背景下孕育而生。

微软公司创始人比尔·盖茨曾说："创意具有裂变效应，一盎司创意能够带来无以数计的商业利益、商业奇迹"。文化创意产业正在成为与工业、农业、服务业并列的经济类型，是当今很多国家最强劲的经济驱动力之一。

二、文化创意产业的概念

"文化创意产业"一词分别由"文化""创意""产业"三个词汇构成。

"文化"是一个非常宽泛的概念，我国最早将"文""化"并用出自《周易》"观乎天文，以察时变；观乎人文，以化成天下"。意指通过观察天象了解时序的变化；通过观察社会的各种现象，用教育感化的手段来治理天下。钱穆在《中国文化史导论》开篇直述文化与文明："大体文明文化，皆指人类群体生活言。文明偏在外，属物质方面。文化偏在内，属精神方面。故文明可以向外传播与接收，文化则必由其群体内部精神累积而产生。"现代语境下的"文化"一词，已融入西方哲学、科学思维，其具体内涵与外延更加难以准确界定。通常可以将文化理解为相对于政治、经济而言的人类全部精神活动的总和以及其物质表现形式。

"创意"一词可以大致理解为"富于创新、创造性的思维方法与观念意识的集合"，英文形容"创新、创造、创意"的词汇主要是"Creative""Inventive"。"Creative"侧重于描述"从无到有"，指创造出原本不存在或与众不同的事物，也特指艺术领域的创新行为。

"Inventive"重在强调"从有到有",主要用于科技领域的创新以及政治制度与管理方法的革新。换言之,"创意"就是创造新事物,或对旧事物的新组合的思维过程。英国的创意产业多使用"Creative"一词。

"产业"一词原指"私有的土地、房产等财产、家产"等;随着社会化分工及西方工业革命,现在语境下的"产业"主要是指基于不同社会化分工而形成的经济组合类型,如农业、工业、商业、服务业、旅游业等。英语"Industry"一词也可特指工业。

"文化产业"的概念最早发端于法兰克福学派所使用的"文化工业"一词,并为英国最早使用。"创意产业"(Creative Industries)这一概念,英文翻译为"创意工业"。1997年5月,英国政府为调整产业结构和解决就业问题,时任首相的托尼·布莱尔(Tony Blair)提议并成立了"创意产业特别工作小组"(Creative Industry Task Force),该工作小组在分析英国创意产业发展状况后,建议将创意产业作为振兴英国经济发展的重要手段。1998年英国文化、媒体与体育部(DCMS)出台《创意产业纲领文件》(Creative Industries Mapping Document)明确提出"创意产业"概念,并积极采取措施推动英国创意产业的发展,包括在组织管理、人才培养、资金支持等方面逐步加强机制建设;对文化产品的研发、制作、经销、出口等实施系统性的扶持;逐步建立完整的创意产业财务支持系统,包括以奖励投资、成立风险基金、提供贷款等作为对创意产业的经济支持等。"创意产业"概念在《创意产业纲领文件》中被描述为:"那些源于个体的创造力、技巧与才能,通过对知识产权的利用与生产,具有创造财富与工作机会的潜能的产业。"

三、文化创意产业的分类

联合国教科文组织在蒙特利尔会议上把"文化产业"的范畴界定为:文化产业就是按照工业标准,生产、再生产、储存以及分配文化产品和服务的一系列活动。"那些包含创作、生产和商业内容的产业,这些产业在本质上是无形的和具有文化内容的,这些内容通过版权得到保护并可以采取商品和服务的形式。具体来讲,文化产业主要包括印刷、出版和多媒体、视听、录音制作和电影制作产品、工艺和设计,在一些国家还包括建筑、视觉和表演艺术、体育、乐器制作、广告和文化旅游"(图1-2、表1-1)。

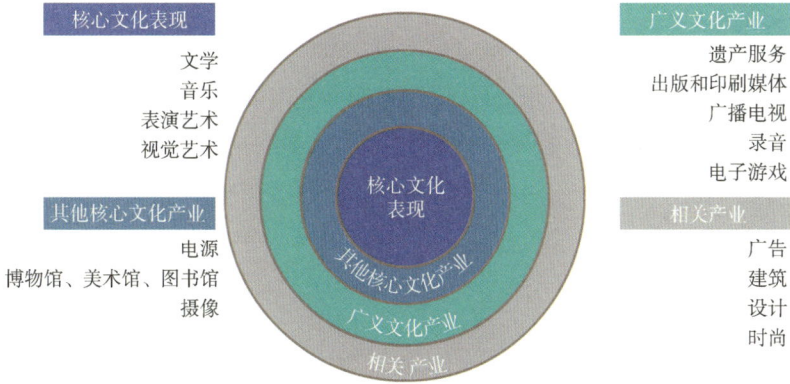

图 1-2 文化创意产业模型：同心圆模型

表 1-1 文化创意产业不同分类系统

英国 DCMS 模型	符号文本 模型	同心圆模型	WIPO 版权 模型	UNESCO 统计研究 所模型	中国台湾模型
广告 建筑 艺术品和古董市场 设计 时尚 影视制作 音乐 表演艺术 出版业 软件 广播电视 电子游戏	**核心文化产业**	**核心文化表现**	**核心版权产业**	**核心文化领域内的产业**	视觉艺术 音乐及表演艺术 文化资产应用及展演设施 工艺 电影 广播电视 出版 广告 产品设计 视觉传达设计 设计品牌时尚 建筑设计 数位内容 创意生活 流行音乐及文化内容
	广告 电影 互联网 音乐 出版业 广播电视 电子游戏	文学 音乐 表演艺术 视觉艺术	广告 著作权中介团体 影视制作 音乐 表演艺术 出版业 软件 广播电视 视觉图形艺术	博物馆、美术馆及图书馆 表演艺术 节日 视觉艺术 手工艺品 设计 出版业 软件 广播电视 影视制作 摄影 交互性媒体	
		其他核心文化产业			
	外围文化产业	电影 博物馆和图书馆			
	创意艺术	**广泛文化产业**	**部分版权产业**		
	边界文化产业	遗产服务 出版业 录音 广播电视 电子游戏	建筑 服装业与鞋业 设计 时尚 家庭用品 玩具	**广义文化领域内的产业**	
	消费性电子产品 时尚 软件 体育	**相关产业**	**交叉版权产业**	乐器 音响设备 建筑 广告 印刷设备 软件 视听硬件	
		广告 建筑 设计 时尚	空白记录材料 消费性电子产品 乐器 造纸 影印机及摄影器材		

联合国教科文组织将文化创意产业概括为：文化创意领域专业人才，凭借自身专业素养、职业技能与创新思维，通过对特定文化资源的继承、重构与创新，所创造的具有强烈文化属性的产品与服务以及基于知识产权开发而创造财富和就业机会的活动。联合国统计署将文化创意产业划分为三个产品：文化产品、文化服务、智慧产权产品（表1-2）。

表 1-2 联合国教科文组织文化统计框架

文化领域						相关领域	
文化和自然遗产 博物馆 考古和历史遗迹 文化景观 自然遗产	表演和庆祝活动 表演艺术 音乐 节日、集市和宴会	视觉艺术和手工艺 美术 摄影 手工艺品	书籍和报刊 报纸和杂志 其他印刷品 图书馆 书市	视听和交互媒体 电影与视频 广播电视 互联网媒体 电子游戏	设计和创意服务 时尚设计 平面设计 室内设计 景观设计 建筑设计 广告服务	旅游业（包租旅游和游客服务） 酒店住宿	体育休闲健身 体育 健身和健康 游乐场和主题公园
非物质文化遗产（口头传统与表达、宗教仪式、语言、社会实践）						非物质文化遗产	
教育和培训						教育和培训	
归档与保存						归档与保存	
装备和辅助材料						装备和辅助材料	

不过，"文化创意产业"作为新的经济形势，始终被很多学者所诟病。"文化"与"产业"在过去的传统认知中，是一组完全不同的概念，甚至是两个无法嫁接的系统。相对而言，"文化"是形而上的，精神意识形态范畴；而"产业"则是形而下的，经济物质形态范畴。文化能不能被"产业化"？能不能以工业化组织构建及运行范式，进而推动知识产出与文化重构？文化能不能视为促进经济发展的工具与手段？对于这些问题，很多学者始终争论不休，莫衷一是。

以瓦尔特·本雅明和马克斯·霍克海默为代表的学者认为：在资本主义社会中，文化受到工商业运行思维与逐利惯性的影响，艺术生产方式由个体化的独立自主创作演变为程序化、批量化的生产经营，并经商业化运作成为向大众量贩式售卖的文化消费产品，因此被称为"文化工业"。

但"文化创意产业"的重点是"文化"，而不是"创意"，更不是"产业"。"文化"无法以工业化管理思维与经济量化指标进行评价，我们无法量化"文化""教育""艺术"对国民生产总值的经济贡献率，更无法确切评价"文化"对经济的实际推动作用。因此，将"文化创意"定义为"产业"，不仅经济上不准确，导向上也不正确。本质上，"文化创意"本身，无法像工业、农业、金融业那样进行明确的产业性划分。因而，它并不是产业，也不能将其视为产业。它的重要作用是向各种"产业"赋能，赋予其文化的、艺术的、精神的价值，提高这些产业或者行业的文化内涵，使其具有更高的议价能力。但是，文化本身不能经济化，经济化了的"文化"就无法保证它的正确方向与独立价值。

但也有很多学者对"文化创意产业"持积极态度，我国台湾地区社会文化学者陈其南试图将"文化产业"和"文化工业"两个概念加以切割。他认为："'文化工业'是标准化的、同质化的、庸俗化的、大众化的、流行品位的大批量生产。个人是被操纵、被主导的，这是法兰克福批判学派对文化工业的批判观点。而'文化产业'则相反，它突出的是文化的创意性、个别性；强调的是文化产品的个性、地方传统性和人文精神价值。它不是大规模的机械复制，而是小规模的手工艺生产。"自20世纪90年代中后期，这一观点成为我国台湾地区学界对"文化产业"的基本认识，把文化产业从法兰克福学派的束缚中解放出来。这也解释了我国台湾地区将"文化产业"称为"文化创意产业"的原因。因其强调了"创意"在"文化"与"产业"之间的转化作用，通过"创意"才能将"文化"向"产业"转化。从而让文化产业从工业化生产的标准化、同质化中摆脱出来。

本质上，传统、分散、小批量的"手工艺化"文化艺术成果产出机制已经无法满足今天民众对文化产品日益增长的需求，文化产业自身内在的发展需求和市场化运行机制才是文化创意产业化发展的内生动力。

第二节
国内外文化创意产业发展现状

一、国内文化创意产业发展现状

2006年可以视为我国"文化创意产业"振兴元年，12月18日，《人民日报》发表题目为《呼唤中国"文化创意产业"的崛起》的时事评论员文章，文中提出：文化创意产业是推崇创新精神、文化创造力，强调文化艺术对经济的支持与推动的产业。全国文化产业项目服务工程的启动，不仅意味着政府转变职能的尝试，意味着文化创意精神将成为知识经济体系的重要环节，还意味着中国政府将文化资源优势转化为文化产业优势的努力。

在信息化时代，一个国家的经济命运会与这个国家对文化资源和文化产品的创意能力紧密相连。文化创意产业已经不仅是一种能够创造巨大经济效益的直接现实，更成为各个国家的文化发展策略。

2009年7月22日，我国第一部文化产业专项规划《文化产业振兴规划》通过。这是继钢铁、汽车、纺织等十大产业振兴规划后出台的又一个重要的产业振兴规划。它的出台标志着文化产业已经上升为国家的战略性产业。国家将重点推进的文化产业包括文化创意、影视制作、出版发行、印刷复制、广告、演艺娱乐、文化会展、数字内容和动漫等。

2010年，中国经济规模首次超过日本，成为世界第二大经济体。目前，我国社会的主要矛盾已经由"人民日益增长的物质文化需要同落后的社会生产之间的矛盾"转化为"人民日益增长的美好生活需要和不平衡不充分的发展之间的矛盾"，人民需求层次开始由物质丰裕向精神丰裕过渡。这种主要矛盾的转化及需求升级，必然要求产业升级。另外，我国是世界制造业大国，传统行业资源消耗大、污染严重且产能过剩，迫切需要结构调整，经济发展模式转型。文化创意产业因科技含量高、资源消耗低、环境污染少等特征，具备低能耗、高附加值、绿色环保等特征。为国民经济的转型升级与提质增效提供有力支撑，在推动国民经济保持中高速增长发挥越来越重要的作用。

2014年3月，国家在关于推进文化创意和设计服务与相关产业融合发展的相关政策中提出，到2020年，我国文化创意和设计服务要培养一批高素质人才，培育一批具有核心竞争力的企业，形成一批拥有自主知识产权的产品，打造一批具有国际影响力的品牌。并要大力推动我国文化创意产业发展，将文化创意产业打造成国民经济的支柱性产业。

2016年12月，国家在相关政策中提出："以数字技术和先进理念推动文化创意与创新设计等产业加快发展，促进文化科技深度融合、相关产业相互渗透，形成文化引领、技术先进、链条完整的数字创意产业发展格局。"

积极推进文化创意和设计服务发展，是培育新的经济增长点、提升国家文化软实力和产业竞争力的重大举措；是发展创新型经济、促进经济结构调整和发展方式转变、加快实现由"中国制造"向"中国创造"转变的内在要求；是促进产品和服务创新、催生新兴业态、带动就业、满足多样化消费需求、提高人民生活质量的重要途径。由此可见，文化创意产业在国民经济发展中的重要作用与地位。

文化创意产业广阔的市场空间吸引着越来越多的投资者和创新创业企业的加入，各大细分领域独角兽企业大量涌现，文化创意产业已经上升为国家战略。在可预见的将来，文化创意产业必将成为引领国民经济发展的重要推动力量（图1-3~图1-5）。

图 1-3　2012—2017 年中国文化产业增加值及占比情况
数据来源：国家统计局。

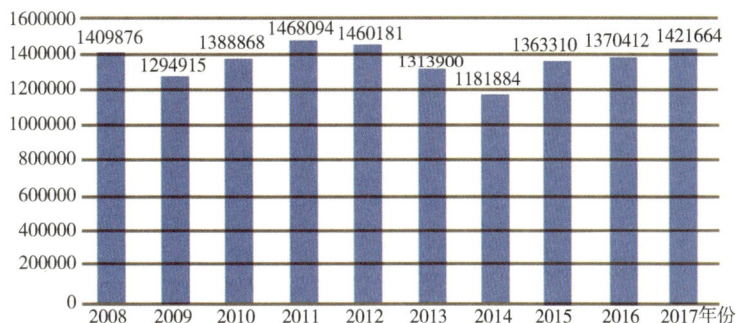

图 1-4　2012—2017 年中国文化市场经营从业人员规模
数据来源：国家统计局。

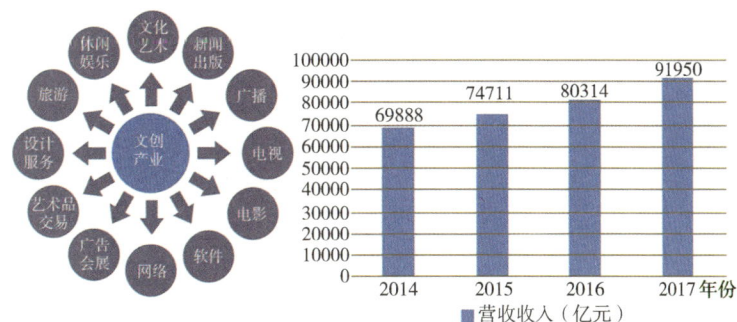

图 1-5　2012—2017 年规模以上文化及相关产业企业营收情况
数据来源：国家统计局。

二、国外主要发达国家文化创意产业发展现状

（一）英国文化创意产业发展现状

20世纪70、80年代，英国制定了完整的文化创意产业发展政策，以应对全球经济结构调整和产业转移，这些政策多与英国城市振兴和区域转型发展政策相结合。

以伦敦为例，从2000年起，英国政府相继实施了一系列方案，将伦敦打造为全球创意中心。首先，政府选取本地创意产业中的优势产业，完善发展这些产业从创意产生、研发、生产、流通、销售到客户端售后服务的整个产业链。其次，政府寻找有发展潜力的企业进行资金、专业知识技术的扶持，并推动创意产业人才国际化，协助成立不同类型的创意中心。鼓励工商企业、社会团体和民众"自下而上"参与推动文化创意产业发展。创意城市策略还使英国没落的工业城市获得了新生。

以港口城市利物浦为例，其曾经富裕繁华，至20世纪开始没落。该市政府制定了系统的"文化立市"策略。这些策略的主要内容，包括强化大众文化意识，提高其文化素养，具体设计与开发多元文化作品或活动，并运用传统节庆、文化遗产与城市纪念日创造更多的文化活动以助推产业发展。

英国的区域文化创意产业发展战略主要包括4个方面：其一，中央和地方管理机构构建高效率的管理模式。英国政府将创意产业部门独立出来，成立"英国文化、新闻和体育部"，在中央层面负责制定产业政策、经费分配。成立区域发展署、地方文化协会协调中央和地方关系，推动地方主导执行产业发展政策。其二，增加文化生产基础设施建设投资，如场馆建设、国内外营销补贴及文化发展区域规划。其三，推动艺术中心、剧院及音乐厅的旗舰计划，举办高水平文化活动（会议、展览、与文化遗产相关的祭祀等），促进文化观光。其四，密切政府公共管理部门与社会各部门，如国内外开发商、银行、企业的关系等。

为探索新兴数字科技为创意产业发展带来的机遇和挑战，英格兰艺术委员会、国家科学技术与艺术基金会等英国国家级文化技术管理机构设立了艺术数字研发基金，旨在推动文化艺术机构运用数字科技拓展新消费群体、创造新收入来源、增进运营效益、展现全新形态的艺术体验和文化价值，为创意产业创造新的运营模式。艺术数字研发基金还组织开展大规模的数字科技与文化产业调查，以了解数字科技

对文化艺术组织的影响，数字科技的使用模式、使用障碍等问题。量化的数据调查结果为制定、执行产业发展政策提供了支持。

案例1　J.K.罗琳与《哈利·波特》

自1997年，J.K.罗琳出版第一本《哈利·波特与魔法石》（图1-6），截至2007年，她陆续完成了7部该系列小说。至2017年，《哈利·波特》系列小说先后被翻译成68种语言，售出4.5亿册，销售额达72亿美元。美国华纳兄弟电影公司将这7部小说改编成了8部电影（图1-7），使其成为全球电影史上最卖座的电影系列，总票房收入达78亿美元。演员丹尼尔·雷德克里夫从8岁开始饰演哈利·波特，到2011年《哈利·波特与死亡圣器（下）》公映，已经长成了20岁的青年（图1-8）。他用11年的时间，连续饰演了8部系列电影中的哈利·波特。《哈利·波特》7部小说作品与八部电影作品，整整伴随一代人的成长。

随着《哈利·波特》小说的热卖与系列电影的热映，与《哈利·波特》相关的光盘、玩具、游戏及其他衍生商品也随之在全世界热卖。2005年11月18日，哈利·波特童装与电影同步面世，除此之外，哈利·波特首饰、手表、礼品以及文具用品等都掀起了一股抢购热潮。哈利·波特俨然成为一个世界品牌。据美国《福布斯》杂志估计，其品牌价值已超过10亿美元。

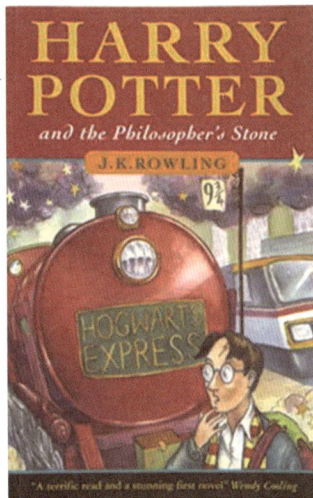

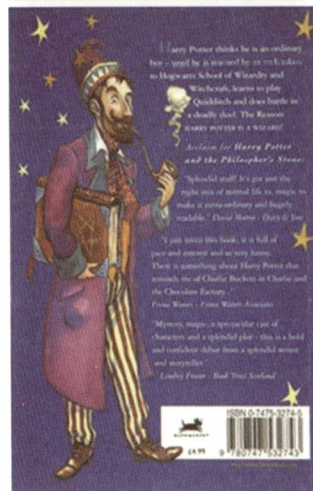

图1-6　《哈利·波特与魔法石》第一版小说封面

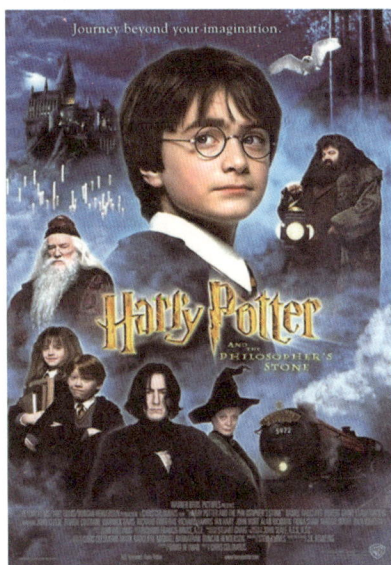

图1-7　《哈利·波特与魔法石》电影海报

图1-8　《哈利·波特与死亡圣器（下）》电影海报

J.K.罗琳通过笔下的哈利·波特，从一个贫困潦倒、默默无闻的"灰姑娘"，一跃成为尽享尊荣、财产超过英国女王的首富作家，她被称为"哈利·波特之母"。她与哈利·波特的巨大成功，成为世纪之交，英国乃至世界最伟大的"文创"奇迹。《哈利·波特》在世界范围内的大获成功，极大地刺激与推动了文化创意产业的发展。

（二）法国文化创意产业发展现状

自17世纪中期，路易十四统治下的法国成为欧洲霸主，至此之后，法国逐渐成为欧洲大陆文化艺术的中心。18世纪法国孕育了巴洛克与洛可可艺术风格，19世纪，法国兴起了影响欧洲的"新艺术"运动。法国的绘画、雕塑、音乐、舞蹈、戏剧、建筑、服饰、电影、奢侈品、美食都深刻展现了这个国家的艺术张力。因而，法国是一个凭借悠久的历史与璀璨的文化，几乎把自身的文化价值传达到社会生产生活所有环节的国家。

2013年11月，《法国创意论坛》公布了《文化创意产业经济观察》研究报告，这是法国首次对文化创意产业进行全面系统的统计、评估和研究。研究报告以2011年法国文化产业统计数据为基础，并综合多项相关研究成果，对法国文化创意产业涉及的绘画与造型艺术、音乐、表演、电影、电视、广播、电游、图书、报刊9个领域进行了全面调研分析。

据报告公布的数据显示，法国文化创意产业营业额的80%源于文化产业的核心环节如创意、生产、发行等，20%来自与上述9个领域有着紧密关系的服务性收入。文化创意产业营业额已超过汽车业和奢侈品业，直逼通信业和化工业。如果加入间接受益，它正接近房地产业和餐饮业。

文化创意产业就业人员占到了法国总就业人数的5%。另据报告显示，绘画与造型艺术、电视业与报刊业在经济收益方面拔得头筹。

案例2　老佛爷百货与巴黎春天

老佛爷百货商店与巴黎春天百货公司都是巴黎市中心久负盛名的购物中心（图1-9），这两个购物中心，自创建之初，就以超出传统意义的商业购物功能定位，成为法国历史和文化不可或缺的重要"容器"（图1-10）。

老佛爷百货有一个策略就是特别重视小顾客，为将来的顾客群打

图 1-9　巴黎老佛爷百货建筑外观

图 1-10　巴黎春秋百货建筑外观

下基础。每年圣诞节来临之前，老佛爷都会为孩子们设计一个童话故事主题，这已经成为老佛爷百货公司最突出的"特色"。每年圣诞节，两家百货公司均会耗费几十亿元巨资，聘请一流设计师为其打造主题橱窗，橱窗展示方式集声光电多种方式，妙趣横生，游客人流如织，争相观看，成为巴黎一道独特的风景线（图1-11）。

图 1-11　巴黎百货公司的橱窗展示

　　两家百货公司几乎都可以找到世界上所有的顶级奢侈品品牌，而法国则是世界奢侈品品牌的重要策源地，世界十大奢侈品品牌中，法国独自贡献了四个。如创立于1854年的路易威登（Louis Vuitton）、创立于1913年的香奈儿（CHANEL）、创立于1935年的兰蔻（LANCOME）、创立于1937年的爱马仕（Hermès）、创立于1946年的迪奥（Dior）、创立于1947年的卡地亚（Cartier）、创立于1950年的皮尔卡丹（Pierre Cardin）、创立于1952的纪梵希（Givenchy）、创立于1961年的圣罗兰（YSL）等。所谓奢侈品品牌，本质上就是"文化创意品牌"，是以独特深厚的历史文化底蕴向产品赋能的过程。

（三）意大利文化创意产业发展现状

　　提到文艺复兴，便一定会提及意大利，意大利是文艺复兴的中心，更是15世纪之前欧洲当之无愧的文化艺术中心。意大利首都罗马，一直是西方古典文明的中心。古罗马先后经历罗马王政时代、罗马共和国、罗马帝国三个阶段，其延续时间自公元前753年至公元476年，长达一千多年，为意大利留下了深厚的历史文化资源，以及数量宏大的艺术作品。

有着数千年人类文明史和厚重文化艺术传统的意大利，创意产业虽然起步比英美等国家晚，但是发展速度很快，丰厚的文化底蕴使意大利在文化创意领域具有得天独厚的优势，"意大利风格"和"意大利制造"在西方设计界占据了主导地位。

目前，意大利文化创意产业生产活动分为四种：创意产业，包括建筑、通信、手工艺、设计、农业食品、餐饮；文化产业，包括电影、电视、出版、音乐制作；历史、艺术及建筑遗产产业，包括博物馆、考古挖掘地；演出及视觉艺术产业，包括艺术节、狭义上的艺术活动。

意大利风格主要从两个方面体现：一方面是制造业的创意规模，东北部家具生产，中东部的汽车发动机、摩托车生产，大理石、纺织工业、制革业，南部那不勒斯世界级裁缝手工艺等；另一方面是设计，主要包括时装、灯具、家具、豪华游艇、再生材料的运用和食品工业。其中，时装设计主要集中在米兰、托斯卡纳部分地区和马尔凯地区。意大利同样拥有大量的奢侈品品牌，"意大利制造"的创意理念在各个领域得到充分体现，从时装样式到宣传，从生产到销售。由此，米兰与纽约、巴黎、伦敦一起成为国际时装之都。

如创立于1910年的杰尼亚（Ermenegildo Zegna）、创立于1913年的普拉达（Prada）（图1-12）、创立于1925年的芬迪（Fendi）、创立于1927年的菲拉格慕（Ferragamo）、创立于1975年的乔治·阿玛尼（Giorgio Armani）、创立于1978年的范思哲（Versace）等。

（四）德国文化创意产业发展现状

德国虽然是欧洲第一经济大国，但文化创意产业与整体实力不相称，其发展落后于英国，国际影响力低于法国和意大利。为了扶植产业发展，切实增强国家软实力，德国政府于2007年起实施"文化创意产业倡议"，短短两年已初见成效。德国文化创意产业具有以下特点：

（1）行业跨度大，创造性行为是其共性。产业分为11个相对独立的分行业，包括音乐业、图书业、艺术市场、电影业、广播业、表演艺术市场、设计业、建筑设计业、媒体业、广告业、软件及游

图1-12　普拉达的眼镜、服装与箱包设计

戏业。通过文化、艺术、文学、音乐、设计等创造性行为实现增值，价值链分为版权人、原创人员的创作活动以及使用、传播和提供服务两部分。

（2）微型企业和中小企业为主体。11个分行业中，广播业和图书业中大企业占大部分；艺术品市场、表演艺术、设计业、建筑设计中，微型企业和独立就业者占比过半。

（3）以大城市为龙头、辐射周边地区的集群化趋势日益明显。北威州经多年规划和论证，决定把煤炭、钢铁业发达的鲁尔区转型为文化产业园，53个城市联手打造欧洲的文化创意地区。杜塞尔科夫、科隆以原创为主，其他城市从事生产和销售。柏林号称"创意之都"，还加入了联合国教科文组织的创意城市网络，并推出"创意柏林"网络平台。汉堡、慕尼黑和莱比锡等大城市的文化创意产业也达到了一定规模。

（4）发展势头良好。由于数码技术等新技术的广泛应用，德国文化创意产业发展迅速。增加值增长最快的行业为设计业、表演行业、软件、网络游戏、艺术市场。另外，图书业势态良好，活跃在国际版权交易中，网上书店也呈现强劲增长。

（五）美国文化创意产业发展现状

文化创意产业在美国被称为"版权产业"，实际上，按照世界知识产权组织的描述和划分，"版权产业"基本涵盖了文化创意产业的所有重要领域。美国国际知识产权联盟（International Intellectual Property Alliance）每年发布《美国版权产业报告》（*Copyright Industries in the U.S. Economy Report*），以翔实的数据反映美国版权产业发展的最新情况。报告显示，版权产业无可争议成为美国的支柱产业。细究美国版权产业的发展脉络，其整体布局的策略依旧有章可循：

（1）重视版权保护的法律制度。1976年美国修订联邦著作权法，并在同时期确定了以版权作为核心的产业发展策略，推动版权产业成为美国最重要的产业之一。

（2）版权企业联合推动多项知识产权保护谈判。美国国际知识产权联盟是美国版权产业的民间组织，由美国出版商协会、美国电影协会、美国音乐出版商协会等八个版权产业协会组成，这些协会的会员有1900多家，其中有很多是世界知名的大公司。美国国际知识产权联盟及其成员为推动美国版权产业发展所做的主要工作包括：积极加入《伯尔尼公约》，推动知识产权保护的国际化进程；每年向美国贸易代表提交《特别301条款的审查》，审查是否有任何国家的行为、政策或做法违反了知识产权的保护及对美国存在不公正的市场准入条件；执行知识产权组织条约；参加区域和双边自由贸易协定的谈判，这些协议可强制主要贸易伙伴执行版权法、加强版权执法程序，有助于美国版权产业在国外市场的公平竞争。

（3）营造良好的投资环境。美国政府鼓励非文化部门和外来资金投入版权产业，如对艺术产业减免销售税和财产税，这就鼓励了大批慈善机构、公司、团体和个人资助文化艺术事业。

（4）落实统计核算，优化经济发展指标。美国的版权产业发展策略不仅落实在政策上，也反映在统计监测中。在2013年美国经济分析局宣布的统计方法中，国内生产总值（GDP）的核算方法将图书、电影和音乐著作权等支出列为投资。这一做法对于体现版权产业在经济发展中的作用，引导政府和企业重视版权产业发展具有重要意义。

案例3　好莱坞与迪士尼

美国的建国时间不足250年，其历史跨度不及我国明朝或者清朝一朝的历史长度。但就在这短短的二百多年时间里，美国由一个农业殖民地发展成为今天的世界超级大国，经济总量占世界的四分之一。今天的美国，除具备强大的经济科技实力外，更形成了强大的文化软实力，成为当今全球最重要的文化输出国。美国的影视制作、计算机软件、互联网与线上社交、可口可乐与肯德基等快餐文化席卷全球。

迪士尼与好莱坞是美国文化与价值观输出最重要的渠道之一。如果说迪士尼的各种卡通形象在悄无声息地影响着孩子们的价值观；那么，好莱坞的电影工业产出则深刻地影响着成年人的认知取向。美国凭借迪士尼与好莱坞，在全球构建了一个巨大的文化生态，以及以文化创意为中心的商业帝国。

好莱坞位于美国西海岸加利福尼亚州洛杉矶郊外。1907年，一个名叫"塞力格多视镜"的独立电影公司最早来此地拍摄电影，此后，各种电影制作要素不断向此地聚集。如今好莱坞已成为电影公司云集，顶级电影产业人才际会的世界顶级电影产业中心。美国许多著名电影公司，如梦工厂、迪士尼、20世纪福克斯、哥伦比亚影业公司、索尼公司、环球影片公司、华纳兄弟等电影巨头均聚集于此。同时，好莱坞又聚集了世界各地大批顶级的导演、编剧、明星、特技人员，奥斯卡颁奖典礼每年在此举办。因此，"好莱坞"一词往往直接代指美国电影产业。也正是在好莱坞，以电影为核心的文化创意产业向工业化发展，逐步形成了今天文化产业运行的基本样貌。好莱坞不仅是世界电影产业的中心，也是世界文化创意产业与时尚流行趋势的重要策源地，拥有世界顶级文化创业企业与时尚品牌，代表着全球文化创意产业的最高水平。

迪士尼全称为迪士尼娱乐公司，由华特·迪士尼（Walt Disney）于1923年创立，至今已有近百年的历史。随着迪士尼的不断发展壮大，先后收购了皮克斯动画工作室、漫威电影公司、试金石电影公司、米拉麦克斯、博伟影视公司、好莱坞电影公司、ESPN体育、美国广播公司等企业。2019年10月，迪士尼在Interbrand品牌咨询公司发布的全球品牌百强排名中排名第十位。值得一提的是，迪士尼在美国本土文化资源相对匮乏的情况下，具有强烈的国际视野，善于从不同国家、不同民族的历史文化资源中提取素材，以美国主流文化视角对这些文化资源进行重新解读，并以现代审美特征将其再次重构，进而形成属于迪士尼的文化符号语言（图1-13~图1-22）。

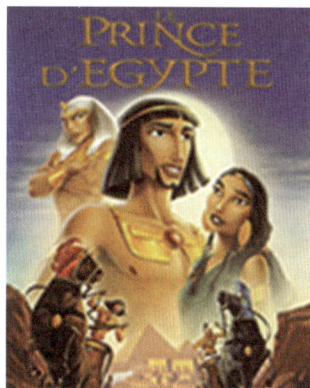
图1-13　埃及王子

图1-14　1928年《疯狂的飞机》中米老鼠形象

图1-15　1933年《三只小猪》形象

图1-16　1934年的唐老鸭形象

图1-17　1955年美国加州第一座迪士尼乐园

图1-18　白雪公主与七个小矮人

图1-19　美人鱼

图1-20　维尼熊

图1-21　花木兰

图1-22　飞屋环游记

今天，迪士尼集团的关注重点早已不限于影视动画的开发，它已成为世界顶尖的文化创意与版权运营巨头，其经营范围涉及手表、饰品、少女装、箱包、家居用品、毛绒玩具、电子产品与游戏等多个产业。目前，全球已建成六座迪士尼主题乐园，分别位于美国佛罗里达州、南加州，日本东京，法国巴黎，中国香港和上海。

（六）日本文化创意产业发展现状

1996年，日本政府提出《21世纪文化立国方案》，标志着日本"文化立国"战略正式实施。2001年，日本政府全力打造知识产权立国战略，明确提出10年内把日本建成世界第一知识产权国。日本政府制定了具有较强灵活性的"政府指导体制"，避免采取强硬的法律约束，使政府和企业之间建立相互信任的关系。政府通过提供各种信息、制定相关扶持政策来引导和协助企业发展，扮演企业的领航员、仲裁者、银行家和保护人的角色，给创意产业注入了巨大的活力。

日本政府先后制定了一系列完善的法律法规，为创意产业有序健康发展提供良好的环境。例如，相关法律规定国家、地方政府、公共团体均有义务积极推动扶持创意产业的发展。日本政府不仅在资金上大力支持文化创意产业的发展，同时也鼓励多元投资机制，支持非文化企业和境外资金投入文化创意产业。在文化创意产业的壮大过程中，民间企业投资的作用越来越明显，出资比例逐年增大。

日本很重视文化创意产业人才的培养，将创意人才的培养列为创意产业发展的重要课题，在很多高等院校与职业学校开设了文化创意产业的相关课程。

日本在经历了泡沫经济之后，从20世纪90年代开始，由"技术立国"逐步转向"文化立国"。2002年，道格拉斯·麦克格雷在美国外交杂志《外交政策》上发表《日本国民酷总值》，他在文章中写道，尽管日本的GDP一直在缩小，经济持续低迷，但日本通过流行文化扩大了国民酷总值，现在已经是文化大国。

"酷日本"战略是日本政府在2010年提出的新的产业政策，该项政策并非侧重于文化创意产业的某一部门，或是以国内市场为主，笼统地提出发展政策，而是针对海外市场，制定具体措施全面推进日本文化产业国际化的一项政策。所以，此项政策也可以看成是从国家层面上发展文创产业的国际化战略。日本希望通过这一战略，将其文化创意产业进一步推向世界，打造日本的国家品牌形象，如耳熟能详的漫画《铁臂阿童木》不仅在日本，在海外也极受欢迎，其商业化的周边产品也产生了极大的经济效益（图1-23~图1-25）。

图 1-23　聪明的一休

图 1-24　龙猫

图 1-25　铁臂阿童木

案例 4　东京 2020 年奥运会中的文化创意

2021年7月，日本东京终于迎来了因新冠肺炎疫情而延期的第32届夏季奥林匹克运动会，又称2020年东京奥运会。如今的奥运会早已不仅是体育的盛会，更是文化的盛会，创意的盛会。成为举办地集中向世界展示国家形象、文化魅力与设计创意能力的重要平台。

哆啦A梦成为东京奥运会的申奥大使（图1-26），哆啦A梦在日语中的意思为"守护天使"，作为申奥大使，出现在相关的申奥活动、网页宣传中等。据东京奥申委介绍，哆啦A梦体现了日本的一些核心价值观，包括尊重与友谊，而这也同时是奥林匹克运动会的价值观。

2018年2月28日，2020年东京奥运会吉祥物在日本东京公布，配有奥运会会徽图案的富有未来感的机器人吉祥物方案获得最高票数（图1-27、图1-28）。2018年7月22日，东京奥运会组委会公布吉祥物名称，蓝色吉祥物命名为Miraitowa，粉色为残奥会吉祥物，命名为Someity，寓意充满永恒、希望的未来。蓝色奥运会吉祥物重视传统有其古朴的一面，同时也关注最新消息，十分机灵，它正义感爆棚、运

图 1-26　哆啦 A 梦

动神经超强，还有瞬间移动的超能力。残奥会的吉祥物之所以为粉色，主要是日本的国花是樱花，将国家的永久理念融入其中。

日本东京申办2020年奥运会宣传片，开宗明义地问道"IS JAPAN COOL"？在此后4分17秒中，宣传片以"道"为关键词，逐一表现了日本不同行业从业者精益求精的敬业姿态，以及谦和、友善的性格形象。通过平凡生活中的日常工作瞬间，展示了一个很"酷"的日本形象。

东京奥运会开幕式主火炬台由加拿大日裔建筑师佐藤大设计，整体呈球形，分上下两半展开，上下半球各有5片"叶子"，象征着奥运五环。当火炬手接近时，主火炬的球形慢慢展开，象征太阳，也象征着植物发芽、花朵盛开的勃勃生机（图1-29）。

图1-27　东京2020年奥运会标志

图1-28　东京2020年奥运会吉祥物

图1-29　东京2020年奥运会开幕式主火炬

思考与练习

1. 结合本章内容，思考什么是"文化创意产业"，文化创意产业在推动产业升级、消费升级，满足人们日益增长的美好生活的需要中，扮演了何种角色，发挥了何种作用。

2. 仿照本章所列举的4个案例，围绕我国文化创意产业发展现状，观察、分析、梳理、总结相关成功案例，并深入思考促使这些案例成功的原因是什么？

3. 根据2006年12月18日，《人民日报》发表题目为"呼唤中国'文化创意产业'的崛起"的时事评论员文章。认真思考，2006年为何可视为"文化创意产业"的振兴元年。

第二章
文化创意产品概述

　　人类的需求是多元的，至少包括生理与心理、物质与精神、技术与艺术、功能与审美等几个层次具有对照关系的需求。本质上，所有的"人造物"，都是人类需求的物化投射，它是生理能力的体外放大，抑或是精神意志的物化延伸。自造物概念产生伊始，在漫长的人类造物过程中，人造物中就必然蕴含着特定族群的文化基因。因此，附着有文化信息的人造物，古已有之。但需要明确的是，只有文化越昌明，人造物中所包含的文化内涵才会越丰富。社会化分工不断精致，知识阶层被逐步分离出来，专门为从事祭祀、音乐、书写记录的功能物才得以出现，独立意义上的"文化物品"也就孕育生成。

　　人类的生存需求包括生理与心理两个方面。因而，人的造物过程，也必然表现为对物质与精神两种关照。但二者的呈现次序却有所不同。生理需求是先决条件，是造物的基础内核。只有当人们的生理需求得到满足时，才可能向心理需求延展过渡。因此，我们可以将人类的造物行为概括为：以人的生理为圆心，心理为半径的整体化的创造过程（图2-1）。

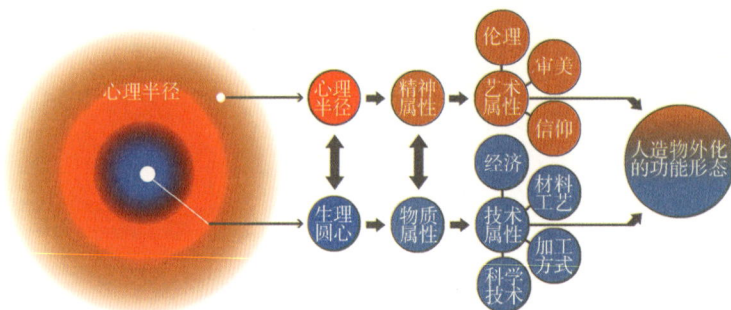

图2-1　人与人造物结构关系基础框架

　　人造物的物质属性主要表现在该"物"所应达成的"功能"，以及为了达成该"功能"所涉及的科学基础、技术经验、材料工艺、加工手段等因素。本质上，人造物的"功能属性"是人类生理功能的物化延伸和放大。

　　人造物的精神属性主要表现为该"物"所应达成的"情感认同"，以及为达成此种"情感认同"所依据的特定文化传统、伦理宗教、生活方式等背景因素，并在造物过程中充分调动该"物"的形态、色彩、质感、符号纹样等视觉语言要素，形成与情感认同相匹配的艺术审美呈现形式。本质上，人造物的"精神属性"是人类自我定位的物化心理投射。

因此，我们或许可以将附着于器物之上的精神因素理解为该器物的"文化信息"。某一器物中所蕴含的功能信息越少，精神关注越多，其文化属性与价值也就越明显。

第一节
打制石器与磨制石器
——功能形态的形式感过渡

本质上，打制石器是人类牙齿的体外延伸，是动物利爪的模仿重构。例如，尖状器与刮削器应该锋利，砍砸器与雕刻器需要坚硬，球状器圆润适手，其功能实现必须是第一位的。我们无法臆测，数百万年前的先民是否会对不同形式的打制石器产生审美评价，并引起情感体验。但有一点毋庸置疑——人造物的物化功能需求是人类造物的起点和圆心，是为了满足人类生存与繁衍的基本需要。

磨制石器与打制石器相比，加工难度更大，耗时更长，使用效率更高，看上去也更精致。从既有考古成果来看，旧石器时代至少持续了三百万年，而新石器时代至多不早于两万年。打制石器时代属于能人，而磨制石器时代属于智人。今天，考古学者与人类学家仍然无法确切说明究竟是什么原因促成早期智人将打制石器变成磨制石器。但磨制石器本质上仍然是人类咀嚼需求的工具化延伸，正是有了磨制石器均匀光滑的器形表面，才可能将坚硬的谷物碾压成粉，配以火的蒸煮，降低了智人牙齿的磨损度，极大地改善了儿童生长发育与老人的营养状况，有效地延长了他们的生存概率。

生命的延长，意味着智人有更长的时间去加工改进工具。因而，石器变得更加精致流畅，也增加了生产效率。久而久之，高效的工具赋予的形式感往往能够引起人们的情感愉悦，情感愉悦的工具便具备了"美"的基本属性。

案例5　西侯度与裴李岗文化中的石器

1961年，在山西芮城西侯度村高出黄河河面约170米的阶地上，考古人员发现了乐剑齿象、纳玛象、野牛、三趾马、三门马、巨河狸等早更新❶世灭绝动物化石，并出土了32件石制品以及烧骨、有砍痕的鹿角。石器主要以石英岩为原料，类型有石核、石片、砍砸器、刮削器和三棱大尖状器（图2-2）。其特点主要是用石片加工，属于石片技术传统，同欧洲石核技术传统存在着根本差异。在加工石器中，以向器身单面加工为主。

裴李岗文化由于最早在河南新郑的裴李岗村发掘并认定而得名，距今 8200~7700 年，属于新石器时期，是迄今我国中原地区发现最早的新石器时代文化之一。裴李岗文化是汉族先民在黄河流域创造的古老文化，是华夏文明的重要来源。该文化遗迹的发现，证明早在8000年前，华夏先民们已开始在中原地区定居，从事以原始农业、手工业和家畜饲养业为主的氏族经济生产活动。

裴李岗石磨盘、石磨棒由整块石料琢磨而成（图2-3）。石磨盘侧边平直，两端呈圆弧形，平面呈鞋底状。底盘有四个柱状矮足，石磨盘表面有磨蚀形成的明显凹陷。与石磨盘配套的石磨棒形式规整，呈细长的圆柱状。

图 2-2　西侯度打制石器

图 2-3　裴李岗文化石磨盘、石磨棒

石磨盘、石磨棒在各地的新石器文化中均有发现，表明这一古老的加工工具使用非常广泛且深入，其中磁山文化、贾湖遗址均出土有相似器物。石磨盘、石磨棒是配套使用的脱壳工具，使用时将带壳粟放在石磨盘上，再手持石磨棒的两端压在壳粟上，来回搓动，使粟壳脱离，成为可供煮食的粟米，从裴李岗文化中存在可开荒用的石斧，翻地用的石铲、收割用的石镰等，可以推测当时的农业生产工具已成系统，农业已脱离初始状态。

---

❶ 更新世，也称洪积世，英国地质学家莱伊尔1839年创用，1846年福布斯将更新世称为冰川世。这一时期大多数动、植物属种与现代物种相似。更新世是冰川作用活跃的时期，气候变冷，有冰期与间冰期的明显交替。

第二节
磨制石器与礼器
——由功能属性向精神属性跃升

中国是文明古国，礼乐之邦。自夏商周三代，便创造出很多专门用于从事文化祭祀的物品，我们今天将其称为"礼器"。礼器作为先民精神情感的寄托，往往用于宗教祭祀、宴飨、征伐及丧葬等礼仪活动。礼器最晚出现于原始社会晚期。夏代之后的礼器至少包括玉器、青铜器、陶器及服饰。进入商周社会后，礼器有了很大的发展，成为"礼治"的象征，用于调节王权内部的秩序，从而维护社会稳定。

在我国，磨制石器的加工技术，为以玉质为主的礼器提供了必要的生产经验。"玉"作为坚硬、漂亮且珍贵的石头，是制作"豪华版"磨制石器的理想材质。在特定技术阶段，物质的完善一定向精神发展，技术的成熟也往往会演化为艺术。当磨制石器发展到以"玉"为主要加工材质的阶段，石器的功能属性也就逐步向情感属性过渡。按照古人万物有灵性的观念，玉作为山川的精华，上天恩赐的宝物，具有灵性。成书于战国末期的《周礼》将璧、琮、圭、璋、琥、璜等玉器作为"六器""六瑞"。可见，"玉器"具备了极强的文化属性，完成了由"功能物"向"文化物"的转变。

案例6 良渚与二里头文化中的玉器

良渚文化是一支分布在长江下游的古文化，距今5250~4150年。考古研究表明，在良渚文化时期，农业已率先进入犁耕稻作时代；手工业趋于专业化，琢玉工业尤为发达；大型玉礼器的出现揭开了中国礼制社会的序幕；良渚玉器包含有璧、琮、钺、璜、冠形器、三叉形玉器、玉镯、玉管、玉珠、玉坠、柱形玉器、锥形玉器、玉带及环等，相当精美。

《周礼》中有"苍璧礼天"的记载，古人认为天是圆的，故而做成圆的玉璧来祭天。《尔雅·释器》载："肉（周围的边）倍好（中间的孔）谓之璧，好倍肉谓之瑗，肉好若一谓之环。"可见圆形玉器分为玉璧、玉瑗、玉环3种。

玉琮，"以黄琮礼地"的礼器，是一种内圆外方筒形玉器，是古代人们用于祭祀神祇的一种礼器。距今约5100年至新石器中晚期，玉琮在江浙一带的良渚文化、广东石峡文化、山西陶寺文化中大量出现，尤以良渚文化的玉琮最发达，出土与传世的数量较多（图2-4）。

二里头文化是中国青铜时代的文化，该文化以发现于河南省洛阳偃师二里头命名，存续时间约公元前2100~公元前1800年，是介于中原龙山文化和二里岗文化的一种考古学文化，成为公认的探索夏文化的关键性研究对象。该考古文化主要集中分布于豫西、豫中，北至晋中，西至陕县、丹江上游的商州地区，南至湖北北部，东至开封、兰考一带地区。

图2-4　良渚文化中的玉琮与玉璧

"二里头玉戚"是礼器之一（图2-5），呈长方形，弧刃，顶部有一圆穿，两侧装饰齿牙。该器物为青铜钺的变形，"钺"即为大斧，本是刑具（用于斩首或者腰斩），而不是兵器。在我国上古时期，钺作为一种礼器，用于象征军事统帅权。据《世纪·殷本纪》记载，商纣王封周文王为西伯，赐他"弓矢斧钺、使得征伐"。又如《史记·周本纪》在描绘周武王指挥牧野之战时，"左杖黄钺，右秉白旄以麾"。

第三节

礼器与艺术品
——由关注"神"向关注"人"转换

图2-5　二里头文化中的玉戚

在我国，夏商周三代的礼器可以大致分为玉器、酒器、食器、乐器、兵器等几大宗。玉器是为了"通神"，酒食器是为了"飨神"，乐器是为了"愉神"，兵器是为了"威神"。说到底，礼器的功能是为了与神灵沟通，让神灵愉悦，并赐福赏瑞于祭祀者而已。事实上，这些礼器人神鬼均可以使用，祭神拜鬼则曰礼器，陪葬逝者则曰明器，生活使用则为日用器。

值得注意的是，自东周春秋始，生产力迅速发生，诸侯兼并战争此起彼伏，以周天子为中心的礼乐文明难以为继，从而使很多玉器、青铜器逐渐失去了祭祀功能。然而，青铜器与玉器并未退出历史舞台，只不过它们的主要功能从"愉神"向"悦人"转换，完成了由礼器向艺术陈设品的过渡。礼器是为神所服务的"文化物",而艺术品则是为人服务的"文化物",它们具备了今天"文创产品"的基本属性,但又不能完全等同于今天的文创产品,这种差别类似于今天"手工艺产品"与"工业产品"之间的差距。

案例7 商代典型青铜礼器

图2-6 商朝乍父辛卣

商朝乍父辛卣,酒器(图2-6)。卣主要流行于商代和西周早期。卣的基本形制为扁圆、短颈、带盖、鼓腹、圈足,有提梁,还有少数为直筒形、方形和圆形,或者动物形状的鸟兽卣。商代铜卣多为扁圆体,盖较高,上有钮,提梁多横跨两面,腹最大颈在中部或略下,圈足较高。器饰饕餮纹、云雷纹和联珠纹。筒形卣主要出现在商代晚期、西周早期,数量不多。

鼎,本是古代煮食器具。也是宗庙祭祀礼器。商后母戊鼎,又称后母戊大方鼎、司母戊方鼎(图2-7),是商后期铸品,于1939年出土于河南省安阳市武官村。后母戊鼎高133cm、口长110cm、口宽79cm,重达832.84kg;器厚立耳,折沿,腹部呈长方形,下承四柱足。器腹四转角、上下缘中部、足上部均置扉棱。商后母戊鼎器身与四足为整体铸造,鼎耳则是在鼎身铸之后再装范浇铸而成。商后母戊鼎形制巨大,雄伟庄严,工艺精巧;鼎身四周铸有精巧的盘龙纹和饕餮纹,增加了文物本身的威武凝重之感。足上铸蝉纹,图案表现蝉体,线条清晰。腹内壁铸有"后母戊"三个字,字体笔势雄健,形体丰腴,笔画的起止多显峰露芒,间用肥笔。

图2-7 后母戊鼎

象纹铜铙为商代的打击乐器(图2-8)。1959年出土于湖南省。铜铙通高70cm、铙间宽46.2cm,重达67.25kg。颜色为土褐色,外形酷似两片合起来的瓦块。器物的上部两侧分别立着一只卷鼻小象,而左、中、右三边还装饰有6只虎、6条鱼和11个乳钉。器身的粗犷厚重和纹饰的繁缛精美、兽面的抽象神秘和象纹的写实鲜活形成了鲜明的对比,给人留下深刻的印象。

商代亚醜钺(图2-9),1965年出土于山东青州苏埠屯1号商墓。器形通长32.5cm、宽34.5cm。亚醜钺为方内,双穿,两肩有棱,器身透雕人面纹,人面五官微突出,双目圆睁,嘴角上扬,口中露出城墙垛口似的牙齿,极富威严。因其口部两侧对称地铭有"亚醜"二字,故得名"亚醜钺"。关于亚醜器的出土地点,曾经众说纷纭,

图2-8 象纹铜铙

亚醜钺的发现，使亚醜器的出土地点逐渐清晰，被基本确定在山东青州一带，是薄姑氏部族古老文明的珍贵遗留。亚醜钺经历了当年古老部族的辉煌，又经历风霜的洗礼、岁月的变迁和历史的沉淀，传承至今，可谓是青铜器中的瑰宝，被定为国家一级文物。

图 2-9　亚醜钺

案例8　东周典型青铜日用器

春秋牺尊是春秋晚期的青铜器（图 2-10），1923 年出土于西浑源县城西南李峪村。此尊纹饰华丽繁缛，构图新颖，牛首、颈、身、腿等部位装饰有以盘绕回旋的龙蛇纹组成的兽面纹，仔细观察为兽面衔两蟠龙，蟠龙的上半身从兽面的头顶伸出，后半身被兽面的双角钩住并向两边延伸。在牛颈及锅形器上饰有虎、犀牛等动物的浮雕，形态生动，铸造精美。高 33.7cm，长 58.7cm，重达 10.76kg，现收藏于上海博物馆。

青铜冰鉴是战国时期的冰酒器，1977 年出土于湖北省随州市擂鼓墩墩曾侯乙墓中（图 2-11），长 76cm，宽 76cm，高 63.2cm，国家一级文物，现藏于中国国家博物馆。鉴身的四面和四棱上，共有八个拱曲的龙形耳钮，钮尾均有小龙缠绕，又有两朵五瓣小花立于尾上。外观新颖别致，奇特精美，冷热藏酒，功能兼备。双层的方形器皿，中有方壶，上有镂孔盖，鉴、壶之间可置冰，是我国最早的冰箱。四足兽、八龙耳、八接檐、蟠螭纹、勾连云纹等均异常精美，上置长柄铜勺。

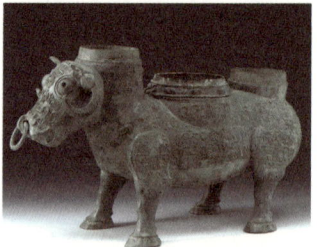

图 2-10　春秋牺尊

图 2-11　青铜冰鉴

盉是中国古代盛酒器，是古人调和酒、水的器具，用水来调和酒味的浓淡。青铜盉最早出现于二里头文化时期（即夏文化），盛行于商晚期和西周，流行到春秋战国。战国蟠螭纹提梁铜盉为提梁式三足盉（图 2-12），盉身呈扁圆形，周身饰凸弦纹四道，上下两段各饰由三角形蝉纹交错组成的纹带一道，中段饰细密的蟠螭纹；盉嘴为立体的螭首，螭首两侧及后顶加塑小型圆雕蟠螭四组；覆盘式顶盖；盖顶以菱形几何图案为地纹，堆塑十一螭、十六兽；提梁截面呈八角形，背部有剔透的扉棱状背鳍。三足作蹄形，前两足与后足成等腰三角形分列，每足上段饰蟠螭十二条，外侧立塑一小虎。

图 2-12　战国蟠纹提梁铜盉

案例9　《红楼梦》陈设描写与唐代器物联想

曹雪芹在《红楼梦》中有很多对艺术陈设品的描写，如在第五回"贾宝玉神游太虚境　警幻仙曲演红楼梦"中写道："案上设着武则天当日镜室中设的宝镜，一边摆着赵飞燕立着舞的金盘，盘内盛着安禄山掷过伤了太真乳的木瓜。上面设着寿昌公主于含章殿下卧的宝榻，悬的是同昌公主制的连珠帐。宝玉含笑道：'这里好，这里好！'秦氏笑道：'我这屋子，大约神仙也可以住得了。'说着，亲自展开了西施浣过的纱衾，移了红娘抱过的鸳枕。于是众奶姆服侍宝玉卧好了，款款散去，只留下袭人、晴雯、麝月、秋纹四个丫鬟为伴。"

文字的"宝镜""金盘""木瓜""宝榻""连珠帐""纱衾""鸳枕"等器物显然具备明确的功能属性，但于此处出现强调的还是它们的文化情感属性。我们以此为线索，联想唐代器物，可以深切感受到这些器物中浓郁的文化因素。

隋唐时期使用龙纹已经非常普遍，只不过出现在石刻、壁画上，实用器皿也多用其作装饰图案。唐代盘龙铜镜是典型代表（图2-13）。这件盘龙镜为单龙图纹，一龙盘曲飞腾，跃入苍穹，张牙舞爪，回首向钮作吞珠形态，云纹缭绕，灵活飞动，将人们想象中的神物刻画得雄奇莫测。龙纹镜在唐代诗文中不乏记载，最著名的是唐天宝三年（公元744年）扬州进贡的龙纹镜。它清莹夺目，势如生动，唐明皇看后十分惊异。李白、孟浩然等诗人的诗作中都出现过"盘龙镜"名称，可知盘龙是唐镜中较常见的题材之一。

唐鸳鸯莲瓣纹金碗出土于西安市南郊何家村，现收藏于陕西历史博物馆（图2-14）。金碗共出土两件。一件高5.5cm，口径13.7cm，足径6.8cm，重达392g；另一件高5.6cm，口径13.5cm，足径6.8cm，重达391g。两碗器壁捶作出上下两层向外凸鼓的莲花瓣纹，每层十片，上下轮廓相合，每一个莲瓣单元里都錾刻有装饰图案，上层主题是动物纹，下层是单一的忍冬花装饰图案。唐鸳鸯莲瓣纹金碗可能是皇室酒器，就已出土的唐代金碗而言，这两件唐鸳鸯莲瓣纹金碗是仅见的最富丽堂皇的金碗。

唐人有"屈膝衔杯赴节，倾心献寿无疆""更有衔杯终宴曲，垂头掉尾醉如泥"等诗句，鎏金舞马衔杯银壶真实表现了舞马屈膝为玄宗祝寿的场景。鎏金舞马衔杯银壶（图2-15），于1970年在陕西西安南郊何家村唐代窖藏出土。整个壶的造型是模仿北方游牧民族的皮囊壶制成，通高18.5cm。壶身为扁圆形，上方一端开有竖筒状小口，壶盖帽为锤揲成型的覆莲瓣，顶中心铆有一个银环，环内套接了一条长14cm的银链和提梁相连，壶肩部焊接着一端有三朵花瓣的弓状提梁。圈足内有墨书一行："十三两半。"在壶身两侧模压出两匹相互对应、

图2-13 唐代盘龙铜镜

图2-14 唐鸳鸯莲瓣纹金碗

图2-15 鎏金舞马衔杯银壶

奋手鼓尾、衔杯匍拜的舞马形象。银壶通体抛光，舞马、壶盖、弓形提梁和同心结处均鎏金。

第四节
文化品与文化用品
——文化创意产品的先声

我们可以将古代的"文化品"理解为今天的"文化作品""文创产品"，如文学、音乐、舞蹈、戏剧、绘画、雕塑、书法等，而将实现这些"文化作品"的物质媒介理解为"文化用品"。如编辑排版、木铅活字铸造、油墨生产、印刷工艺之于文学；乐器制作、谱曲、填词、装扮、服饰、舞台、道具等较之于舞蹈戏曲；造纸、制笔、产墨、制色、装裱等较之于书法绘画。因而，我们可以暂且将笔墨纸砚、鼓筝瑟笛等视为"文化用品"，其背后形成的一整套完整的生产工序理解为今天的"文化产业"。

案例10　古法造纸术与宣纸

造纸术是中国古代四大发明之一。最早的纸出现在西汉初期，但用的人很少。到了东汉，蔡伦改进了造纸术，纸便开始流行起来。因此，此后所用的纸，也被称为"蔡侯纸"。

古法造纸术大致可以分为以下步骤：①切麻：将经过沤浸的苎麻和大麻等原料进行切割粉碎。②洗涤：洗去杂质和部分汁液。③浸石灰水：进一步除去原料中的果胶、色素、油脂等杂质。④蒸煮：除去杂质的同时，使原料分散成纤维状。⑤捣浆：进一步捣碎纤维，形成纸浆。⑥打浆：将捣碎的细纤维加水配成悬浮的浆液。⑦抄纸：用竹帘制成的框架抄起纸浆，形成纸胎，滤掉水分。要保证纸浆分布均匀，疏密有度，这样制造出来的纸张才能厚薄一致，张力十足。⑧晾晒：让纸张迅速脱水，快速成型。⑨揭纸：即是将晾晒的纸张揭起（图2-16）。

宣纸是我国古代重要的书写用纸，宣纸的原产地为现在的安徽省宣城市泾县，纸的集散地多在州治所在地宣城，故名宣纸。唐时宣州的属县宣城、泾县、宁国均产纸，以"泾县所制尤工"。《新唐书·地

图 2-16　古法造纸术

理志》有唐玄宗天宝二年（743年）宣州土贡中上贡"纸、笔"的记载。《唐六典·太府寺》有开元前各地杂物贡的记载，其中已有"宣、衢等州之案纸、次纸"的记录。明胡侍《珍珠船》文中也有"唐永徽中，宣州僧欲写《华严经》，以沉香种树，用以制造宣纸"之说。

迨至宋代，宣纸需求量大增，宣州各地产纸供不应求。熙宁七年（1074年）六月，朝廷"诏降宣纸式下杭州，岁造五万番"。而泾县宣纸则更为文人所索求。如宋代诗人王令在《再寄满子权》诗中云："有钱莫买金，多买江东纸，江东纸白如春云。"可见，唐宋之际，以宣城为中心，便形成了规模庞大的制纸产业集群。

案例11　砚台中的文化创意类比

笔、墨、纸、砚在我国称为文房四宝，更有金石（金属或玉石印章）、朱砂（印泥）、镇纸、笔架、笔筒、笔搁等物，是我国文人书房必备用品，需求量大，其中制笔、制墨、造纸、制砚、调砂、采石等工作均形成完整的产业链。民间从事此项工作的匠人数量众多，经济产值巨大。因而，"文化产品"与"文化产业"在我国自古有之。

砚又称研，中国传统手工艺品之一。汉代刘熙在《释名》中解释："砚者研也，可研墨使和濡也。"砚作为研磨调和墨的功能物，其使用功能几千年未曾变化。但随着时代的不同，人们的审美情趣不断发生变化，为砚台注入了丰富的审美特征与鲜明的文化属性。砚是由原始社会的研磨器演变而来。初期的砚，是用一块小研石在一面磨平的石器上压墨丸研磨成墨汁。陕西宝鸡北岭仰韶文化遗址曾出土一件双格石砚磨盘，同时还出土有红、紫两种颜色的颜料，并做成了彩锭。甘肃兰州出土的马家窑文化的"双格陶调色盒"，则应该是砚的祖型。

根据战国墓出土的毛笔、墨以及墨书帛画和竹简等器物来看，当时应已有砚。迄今所知最早的砚，应是湖北云梦睡虎地秦墓出土的一方石砚。

汉代的砚发现很多，有石砚、陶砚，漆砚等，砚上出现了雕刻工艺，有石盖，下带足。"汉代漆盒石砚"现收藏于中国国家博物馆，其长21.5cm、宽7.4cm（图2-17）。砚盒为木胎盖内外涂赭漆，内有长方形凹槽可扣住石板砚，有方形凹槽可扣住研磨石。盒外用朱砂、黄土、深灰色漆绘出云兽纹，再用黑漆勾出云兽线条，兽有虎、熊、鹿、羊等。汉代已经能够制作墨锭，但普遍使用的还是小块墨丸。其研磨方式为将小墨丸置于研面之上，加水后用研石相压而研磨成墨汁，故大多数汉砚都伴有研磨石出土。就研面的形状而言，汉砚可以分为圆形与方形两类。简单的长方形砚只是一块石板，附上精致的木砚盒。有专家认为这种石板砚是古人画眉的用具，称为"黛砚"。因此漆盒石砚与带笔管的毛笔、木牍等随葬品共同出土，应是用于书写的工具。此砚材质为沉积岩类变质的板岩，盒中的研墨石呈方形，长宽各2.5cm、厚0.2cm，胶合在一块长宽各2.5cm、厚1.1cm的长方形木块上。捏住木块，可将研墨石压在砚上研墨。

魏晋南北朝除继承石陶砚外，由于制瓷业的兴起，也开始大量出现瓷砚，且多以青瓷为主。圆形瓷砚由三足变为多足，同时也出现了铜砚。唐宋之时，制砚材质除了陶、瓷、铜、木胎漆器外，还出现了用泥烧制的"澄泥砚"。这一时期各地相继发现适合制砚的石料，以石料制作的砚台有广东端州的端砚、安徽歙州的歙砚、甘肃临洮的洮河砚和山东的红丝砚。红丝砚砚台种类及形制较前代更为多样。石砚、陶砚尤流行后部二足、砚面做簸箕形的所谓"风"字形砚。唐代"白瓷砚"圆形，砚面突出，表面无釉以方便研磨，周围是一圈储存墨汁的凹槽（图2-18）。砚底部由21个兽蹄形组成镂空圈足，因这种形制好似古代四周环水的辟雍，因此也称"辟雍砚"。

明代之后，随着文人画的兴起，砚的观赏性、艺术性不断提高，文化属性更加浓厚。砚的雕刻制作更趋细腻、繁复，砚工往往根据材质类型与自然肌理，随形附意。大量使用飞禽走兽、人物山水、吉祥图案、书法题咏等主题进行文化赋意。砚台在满足使用功能外，俨然成为集材质优美、雕工精湛、立意多样、书印俱佳的艺术载体。

图 2-17　汉代漆盒石砚

图 2-18　唐代白瓷砚

图 2-19 石雕龙纹随形砚

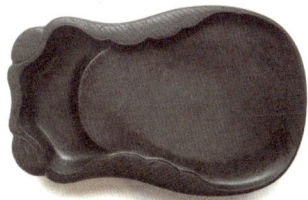

图 2-20 近代泥蝉砚

图 2-21 现代砚台设计

"石雕龙纹随形砚"是清代端砚中的佳品,砚随石材呈不规则形状,砚面上部为墨池,雕一龙纹及水涡纹紧靠池旁,恰似蛟龙出水,下部为砚堂(图2-19)。此砚长17.5cm,宽12cm,厚3cm。

随着加工技术的不断提高,现代砚台的材质更加丰富,但仍以石材与泥料为主(图2-20)。制砚企业也呈现出品牌化特征,其中不乏对传统制砚工艺的忠实继承者,大量小砚种得以复兴。另外,很多砚台的形制也加入现代设计思维,其形态更为简洁现代,材质搭配也更加多样。今天,砚台已成为重要的文化创意产品(图2-21)。

第五节
广义"文化创意产品"的基本范畴

"物品"强调的是一物的使用功能特征,"商品"强调的是其经济交换属性,"产品"强调的是生产方式,以工业化生产方式所生产的物品,我们也可以称为"工业产品"。可见"产业""产出""产品"等词汇均属于工业化的话语体系。毋庸置疑,"文化创意产业"一词具备明显的工业化属性,其大致范围涵盖知识产权所需要保护的相关类别。

"工业化"的典型特征主要表现为标准化、可复制,以及生产方式的批量化。今天,这些特征已向工业品生产加工之外的领域外溢。譬如,我们以工业化的资源配置与成果产出方式去管理餐饮业、服务业、旅游业,甚至向教育产业、医疗产业延伸。目前,我们甚至也将"服务设计"纳入工业设计的范畴。由此可见,"工业化""产业化"的资源配置管理方式已深度介入经济生活的方方面面,并深刻影响今天精神文化成果的产出方式。

然而,"产业化"是"人"的产业化,"工业化"是人与人的组织方式。因此,无论工业、农业、服务业还是金融,只要它是以"人"为中心的产业,便势必蕴含着"人"的文化基因。"工业化"的生产方式越是向文化延伸,则文化便越为产业化赋能。今天,文化创意产业已经成为向其他产业赋能增值的重要力量,如文化产业、文化产品、文化主题旅游、文化主题餐厅、农业观光等,均融入了鲜明的文化因素。因此,准确界定"文化创意产业"与"文化创意产品"的外延变得越来越困难。为了便于诉说及读者理解,我们可以大致将"文化创意产业"框定为:其产出成果明确需要知识产权保护,以及为达成这些知识产权成果，而向工业、农业、服务业等传统产业辐射，并在其策划、设计、生产、展示、销售、使用、体验等各环节呈现的文化产出成果。

"知识产权"也被称为"知识所属权"，指"权利人对其智力劳动所创作的成果和经营活动中的标记、信誉所依法享有的专有权利。"这里着重强调的是"智力劳动所创作的成果"。目前，知识产权主要分为两类：一类是著作权（也称版权、文学产权）；另一类是工业产权（也称产业产权）。

著作权是指自然人、法人或者其他组织，对文学、艺术和科学作品依法享有的财产权利和精神权利的总称，主要包括著作权及与著作权有关的邻接权。工业产权则是指工业、商业、农业、林业和其他产业中具有实用经济意义的一种无形财产权，由此看来"产业产权"的名称更为贴切，如发明、外观设计、文学和艺术作品，以及在商业中使用的标志、名称、图像等。此外，文化产品还应包括为上述产业顺利实现而关联的物质生产与服务环节，如专利事务所、出版社、艺术品交易展示放映平台、文化用品生产企业等。因此，"文化创意产品"也应具有产业化属性，我们可以暂且将其理解为"以工业化的资源配置管理及产出方式所获得的文化成果及其附属物"。广义"文化创意产品"的结构分类见表2-1。

表2-1　广义"文化创意产品"的结构分类

源发类别	支撑要素与延伸产业					
宗教信仰	宗教读本	宗教器物	神职人员	宗教活动	宗教场所	宗教遗迹
	设计、编排与印刷	设计、生产与销售	人才培养	活动的组织管理	建筑环节设计与实施	文物保护、修复与旅游服务
文学	字体书法	文学作品	版权保护	编排印刷	作品销售	衍生品开发
	字体设计与书法创作	文学创作活动	知识产权保护	书籍的设计、印刷、出版、发行	图书销售市场	关联文化创意产品设计与生产
音乐	作品	乐器	表演者	演出环境	作品保护	作品发行
舞蹈 戏剧	艺术作品创作活动	各类乐器的设计生产	演奏、歌唱、舞蹈演员人才的培养	舞台美术、剧院的设计与实施	知识产权保护	作品的录制（录制设备）、发行、销售
美术	绘画		雕塑（雕刻）		工艺美术	民间（传统）美术
	绘画创作；画具、画材的设计生产销售		雕塑创作；雕塑（雕刻）材料与工具的设计生产销售		各类综合材料的设计、生产销售	各类民间美术物质材料的设计生产销售
体育	运动项目		运动项目的创新			
	运动主体		运动员、教练员与裁判员			
	运动器形		各类运动器械的设计生产销售			
	运动场所		场馆环境的设计建设			
	运动赛事		各类赛事的组织、服务			
	运动传播		各类赛事的录制、转播、发行			

续表

源发类别	支撑要素与延伸产业			
广播	播送设备	播音与录制	接收设备	作品保护与发行
	无线电播送设备的研发与生产	播音、录音人员的培养，播音录音设备的研发生产	无线电接收设备的研发、生产、销售	声音作品的知识产权保护与发行
影视	影视剧本	编剧创作		
	演员与导演	演员、导演的选拔与培训		
	影视拍摄	影视拍摄过程中的拍摄设备、舞美道具、化妆等		
	特效与后期制作	拍摄后期特效制作、配音、剪辑合成等工作及其设备		
	作品发行	影片审查、版权保护及院线公映机构		
	衍生品开发	影片宣传品、衍生品设计生产机构		
交互媒体	互联网设备	内容产品	电子游戏	软件	用户硬件设备
	互联网相关设备设计生产企业	线上内容产品的开发制作发行	游戏设计开发企业	各种软件、交互界面的设计开发与版权保护	微型计算机、智能手机等客户的硬件设计生产销售
服饰	服装		饰品		装扮
	面料的设计、染织，服装、鞋帽等的设计与生产		箱包、珠宝饰品的设计生产		美容、美发、整形、化妆、塑身等
餐饮	菜品	餐具	品牌与包装	环境	服务
	各类食品、菜品的设计与生产	各类厨具、餐具、容器、陈设的设计与生产	食品、餐饮企业的品牌设计、产品包装设计等	食品、餐饮企业的店内环境设计	食品、餐饮企业的服务流程与标准设计
日用产品	居家用品	家用电器	电子产品	母婴用品	节日用品
	从事上述产品的设计开发企业与知识产权保护机构				
建筑景观	规划设计	建筑设计	景观设计	空间设计
	特定区域的建筑（文化）规划设计	各类建筑物、城市与园林景观、公共艺术、公共设施、家居环境与家具、展示空间与道具、文化空间、商业空间、主题乐园等设计工作		
文化自然遗产	考古与历史遗迹	自然景观	非物质文化遗产
	各类博物馆、历史遗迹公园的设计、保护、建设与维护运营机构	各类自然景观、地质公园的设计、保护、建设运营机构	各类非物质文化遗产的保护、传承、展示、再设计机构

第六节

文化创意产品所框定的基本范围

如前文所述，我们通过对文化创意产业及其产品的项目细分，不难发现，今天的文化创意涉及多个产业，类别广泛，文创产品项目杂多，已不是一书一述所能承载。我们基于对"文创产业化，产业文创化"的思考，可以将"文化"比喻为土壤，将"创意"比喻为种子，将"产业"比喻为果实。文化创意产业的基础在文化，关键在创意，发展在产业。文创产品虽源自文化，但其重点并非对文化资源的复述，而是以创造性思维方法对既有文化资源进行重构再造，进而形成符合时代风貌与精神特征的"文化产品"。

为了便于学习，本书所着重讨论的"文化创意产品"所涉及的对象仅限于"以引发特定人群情感文化认同为目标，以特定区域（对象）自然历史文化资源为基础，针对特定功能产品进行的文化赋意与设计开发过程。此类设计开发应以知识产权保障和品牌化运作为前提，运用现代创新设计方法与生产加工手段，设计开发具有高文化附加值与议价能力的，且进入市场销售的功能产品"。此种框定下的文创产品主要表现为以下几个方面的研究特征：

（1）具有明确使用功能的产品，一是强调其"功能"属性而区别于诸如文学、音乐、舞蹈、戏剧、绘画、雕塑等纯文学艺术品。二是强调其"工业"属性，指以标准化、批量化加工方式所生产的产品，因而符合现代产品设计、生产、销售的一般规律。

（2）设计师以现代创新设计方法展开构思与设计，强调其文创产品设计开发的专业性与创造性；此外，也强调其主要以现代技术手段进行加工生产，而区别于传统的手工艺产品。

（3）符合现代产品设计开发的一般规律，但又不能完全等同于一般产品设计开发，一方面，文创产品应具有明确的功能属性，但其关注重点是该产品所预置的文化属性与精神价值。因此，相较于普通产品，文创产品的价值诉求重点更侧重于"文化"。另一方面，文创产品的设计开发往往根植于特定区域历史资源、思想观念、文化传统、生活方式、非物质文化遗产、自然资源等条件，因而具备明确的区域文化特征。

（4）现代文创产品因其具备高文化议价能力的特征，需要进行有效的知识产权保护，并以品牌化的运作方式组织其消费群体定位、设计生产、整体包装、加工检验、产品推广、市场销售等诸多环节。

思考与练习

1. 结合本章讲述内容，认真思考何谓"文创产品"？文创产品与文化创意产业之间的联系与区别是什么？

2. 参观当地博物馆，认真观察特定时期器物的形态特征，并深入思考何种因素、何种文化背景使该器物具备此种形态特征？此种形态特征是否能转化为现代文创产品，并为之提供设计灵感？

3. 分析"广义文化创意产品的结构分类表"，思考究竟哪些产品可以称为"文创产品"，哪些产品则不能，为什么？

第三章
文创产品的设计资源

文化创意产品开发是以挖掘特定典型自然历史文化资源为基础，以分析当地经济发展路径、生产要素类型、加工特色、生产规模、旅游类型、游客及消费需求等因素为依据，以连接当地文化资源为内容，激发当地生产加工能力为途径，促进当地文化形象典型化传播为手段，服务当地经济健康发展为目标的持续性系统工作。

目前，特定区域的文创产品设计开发，其设计资源基本由文化资源、产业资源、旅游资源三个子系统构成。三个子系统为文创产品设计开发提供文化、产业、旅游渠道等支撑，同时，文创产品设计开发向区域各产业赋能。

第一节
文创产品设计中的文化资源

一、物态、行为、心态文化层

区域文化是以特定地域为载体，经过千百年历史发展而逐层积淀的结果，是当地所特有的精神特质与文化内涵的总和，并通过这种力量作用于人们的生活方式与价值取向。从文化形态学角度分析，我们可以将文化视为包括一个内核与若干外延的多层次整体，从外而内，大致分为三个层次。

（一）物态文化层

物态文化层是人类在生产和社会实践过程中，由各种人造器物所构成的物质文化层次。它是指人的物质生产活动方式和产品的总和，是可触知的具有物质实体的文化事物。物态文化层构成整个文化创造过程中的物质基础。

（二）行为文化层

行为文化层是由人类的社会实践，尤其是人际交往中约定俗成的习惯性定势构成的行为方式。它是一种以礼俗、民俗、风俗形态出现的，见之于特定区域民众生活的行为模式。一个区域的文化特征往往集体现于该区域的各种社会活动中。

（三）心态文化层

心态文化层是由特定区域民众在社会实践和意识活动中长期孕育同化出来的价值观念、审美情趣、思维方式等，由集体因素所构成的心理定式与评价标准，这是文化的核心部分。这里所谓的心态文化层，大体相当于"观念习俗""文化定式"或"集体意识"等概念。❶

　　需要特别指出的是：一方面，物态文化层呈现的"物化"特征，会影响生活于其中的特定人群，使其在思维方式与行为方式上产生与物态文化层相匹配的特征；另一方面，相对稳定的思维方式又会影响到特定群体的行为方式，以及他们的造物行为。物态文化层与心态文化层的共同作用会形成风格迥异的造物结果。因而，心态文化层、行为文化层与物态文化层，在哲学体系中分别对应着世界观、方法论以及改造自然的实践活动，它们之间是一个相互影响、密不可分的整体。

　　对于文化层次的区分，有时仅是为了便于说明某些问题。事实上，文化作为有机整体，基于任何细分标准，都不可能完全厘清其内部构造及相互关系。心态文化层作为文化的核心，会影响物态文化层与行为文化层的整体面貌；行为文化层与物态文化层作为客观实在的文化表征，也必然会影响心态文化层的发展与继承。但无论如何，世界观的形成，总要依托于人们所处的物质世界及其正在进行的社会实践。

　　今天之所以形成异彩纷呈的区域文化，其重要原因便是由于地理差异所带来的自然环境禀赋差异。当自然环境的不同而导致的生活方式差异性逐步积淀于人们的思维方式和价值观念中，不同区域之间的文化特征也就逐步形成并被固定下来，因而具有相对的稳定性。这种稳定的文化特征，又必然会反作用于人们的行为方式与造物观念。

　　从上述对于文化层次性的分析来看，我们可以基本框定区域文化调研的基本类别，以及它们之间相互作用的派生关系。因此，我们在对特定区域文化整体调研过程中，可以按照上述文化形态的内部层次构成，由"自然"向"人文"、由"过去"向"现在"、由"手工艺"向"产业化"逐层调研。

二、我国文创产品设计文化资源细分

　　我国每级行政区划分均有其典型的文化特征。基于特定区域的全域历史文化资源的整体调研，首先此处的"特定区域"是指国家、省（直辖市、自治区）、市、县、乡（镇）、村六级以行政区划明确规范边

---

❶ 观点参见［美］埃德加·沙因著《组织文化与领导》，中国友谊出版社，1989年版；冯天瑜著《文化守望》，武汉大学出版社，2006年5月第1版。

界的地理区域，如中国、山东省、菏泽市、鄄城县、凤凰镇、鲁楼村等。一般而言，行政区划越小，调研的范围也就越小，文化容量越少，文化类型也就越单一。因此，区域文化特征概括整合的难度也就越小；反之，被调研的行政区域增大，其文化容量也随之增大，文化类型趋于多样，文化特征的概括也更加复杂。我国文创产品设计开发中文化资源的基本类别见表3-1。

表3-1　文创产品设计开发中文化资源基本类别

区域自然及文化资源	
自然景观	不同的地理位置会形成不同的自然气候及地貌差异，也正是这种差异，成就了不同区域的自然景观风貌，成为当地不可替代的自然名片
区域历史	特定区域的历史调研是项目前期调研的时间线索，只有完全厘清调研区域的历史脉络，才能有效地架构该地区的文化模型
民间传说	民间传说是指有别于官修史志的民间口头叙事信息，这些传说虽未必具备历史的客观真实，但往往具备情感的客观真实，包含了特定区域丰富的历史、文化、地理、民俗、信仰等信息
历史名人	历史名人主要是指该区域正史记载或民间传说中，各领域所涌现的重要代表人物，以及这些代表人物的主要生平成就，人物轶事等
民间习俗	十里不同风，百里不同俗。不同地理自然环境及历史演进脉络的差异，往往会呈现出风格迥异的生活方式与民间习俗
民间技艺	民间技艺主要是指那些特定区域民众日常生活中所呈现的造物方式与造物技巧，以及运用这些传统造物方式所呈现的造物特征
民间艺术	技术的熟练化操作以及其象征性的演绎方式，往往会向艺术发展。民间艺术包括民间音乐、绘画、雕刻、曲艺、杂技、艺术化的工艺美术等
文化遗迹	历史发展过程中的人造物的留存，称为历史文化遗迹。这些文化遗迹主要包括建筑物、文物、生产生活用品等
区域产业资源	
自然矿产资源	自然矿产资源既是一个区域经济发展的重要依托，也是该区域文创产品设计开发的重要物质载体
农副土特产品	农副产品是由农业生产带来的副产品，包括农、林、牧、副、渔五业产品，又可细分为粮食、竹木材、工业用油及漆胶、禽畜产品、蚕茧蚕丝、干鲜果、干鲜菜及调味品、药材、土副产品、水产品等若干大类，每个大类又分若干小类，特定区域的农副土特产品，往往能够成为文创产品设计开发的重要载体
手工艺产品	民间手工艺品是指劳动人民为适应生活需要和审美要求，就地取材，以手工生产为主的加工制成品。手工艺品种类繁多，主要包括年画、编织、刺绣、印染、雕刻、泥塑、剪纸、陶器、琉璃、金属工艺、纸扎、玩具等。由于各地区、各民族的社会历史、风俗习惯、地理环境、审美观点不同，各地的手工艺品也具有不同的风格特色
民用产品	此处的民用产品生产主要是指该区域以现代企业组织方式及其加工手段为基础，进行批量化、标准化生产的民用产品，如食品、纺织、造纸、印刷、生活用品、办公用品、文化用品、体育用品等
区域旅游类型	
风光游览型	以山海湖林滩岛等为主的自然风光、著名古代及现代建筑、文化遗址、园林、现代城市与乡村景观、山水田园、宗教寺庙等自然人文风光为主的旅游类型
知识学习型	以文物古迹遗址、博物馆、科技馆、地质公园、植物园、文化馆、美术馆等为主要旅游目的地的旅游类型
过程体验型	以民风民俗、社会时尚、节庆活动、风味饮食、宗教仪式、徒步探险等为主，重在过程参与体验的旅游类型
康养娱乐型	以文体活动、度假疗养、康复保健、主题乐园等为主要旅游目的的旅游类型

第二节

文创产品设计开发主体资源

文创产品设计开发参与主体包括地方政府、生产企业、投资主体、文化主体、设计主体等几个方面。本质上，除设计主体外，上述参与主体通常也是文创产品设计开发的项目委托人。一般而言，由不同的项目委托方所主导的文创产品设计开发项目，其立足点与着眼点会有较大差异。政府主管部门、设计主体、投资主体、生产加工主体、销售主体、消费者共同构成文创产品设计开发参与主体，是文创产品设计开发的利益获得者。

文创产品设计开发过程包括对当地文化、产业资源的梳理，旅游类型定位、文创产品品牌定位、资金支持、产品设计、专利保护、生产加工、包装展示、销售推广、风险管控、产品评价等各个环节；文创产品开发收益主要在设计主体、投资主体、生产加工主体、销售主体之间分配；受益主体以上缴利税的形式增加当地财政收入，促进区域经济发展；政府主管部门、销售渠道、消费者与受赠者是文创产品评价主体（图3-1）。

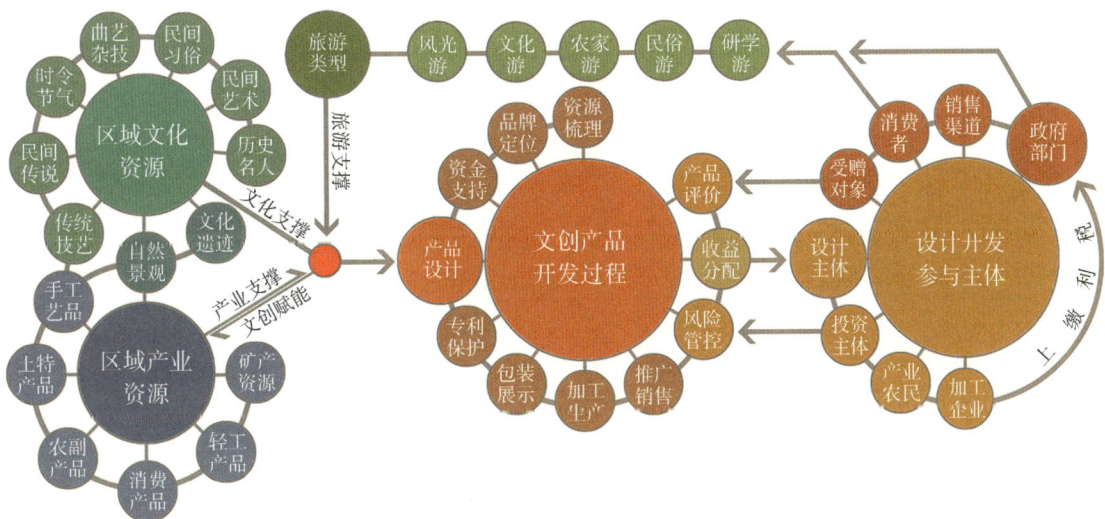

图 3-1 文创产品设计开发模型

一、由地方政府所委托的文创产品设计开发

地方政府对于促进本地区经济、教育、科学、文化、卫生、体育

事业的发展，负有主要领导责任。各级政府对文创产品设计开发的诉求，一般源于以下两个方面。

（1）各级政府、企事业单位等对外交往与公务会议中，对文创产品存在大量实际需求，成为文创产品设计开发的重要动力。文化特征突出，内涵丰富的文化礼品，可以成为当地政府介绍本地特征，讲好本地故事的重要媒介。以物传情，以物达意，增进受赠方对该地区的情感连接与文化认同。

（2）文化创意与精品旅游相互依存、相互影响。一方面，旅游产业精品化发展策略必将带动客源，提升潜在购买力，对文创产品设计开发产生更多消费预期；另一方面，文化创意产业的优化发展，也必将深化旅游内涵，提高旅游收益，深层次地推动产业升级，促进区域经济发展。各级政府以推动文创产品设计开发为手段，其目的是有效加快当地产业升级，促进就业，推进当地经济有序健康发展。因此，地方政府推动文创产品设计开发的视角更为宏观。

案例 12　西安整体文化策划与文创产品开发

西安地处中国西北地区、关中平原中部、北濒渭河、南依秦岭，八水润长安，历史上先后有西周、秦、西汉、隋、唐等十多个王朝在此建都，是中华文明的发祥地，中华民族的摇篮，中华文化的杰出代表。联合国教科文组织于 1981 年确定其为"世界历史名城"。

西安是中国最佳旅游目的地、中国国际形象最佳城市之一，有两项六处遗产被列入《世界遗产名录》，分别是：秦始皇陵及兵马俑、大雁塔、小雁塔、唐长安城大明宫遗址、汉长安城未央宫遗址、兴教寺塔。另有西安城墙、钟楼、鼓楼、华清池、终南山、大唐芙蓉园、陕西历史博物馆、碑林等景点。

西安所拥有的深厚文化底蕴与丰富历史遗迹，是全国任何一个城市均无法比拟的。今天的长安，仍然保持着汉唐时代长安城的基本规划与城市格局，其营建制度规划布局的特点是三城层环、六坡利用、布局对称、街衢宽阔、坊里齐整、形制划一、渠水纵横、绿荫蔽城、气势恢宏。长安的城市格局深刻地影响到此后东亚各国都城建设的基本范式。今天的西安城分别以沿长安路——南大街——北大街一线，以及雁塔南路——和平路——解放路一线南北纵贯古城，连接长安重要历史文化遗迹。

西安自2017年，出台了一系列促进文化产业发展的政策措施，全力推进文化产业大发展。以文化先行、以文塑城、以文强市的发展理念，深入实施"文化+"战略，围绕"文化+人脑+电脑"，促进文化与科技、旅游、金融等融合发展，构筑西安"文化产业增长极"，全力打造丝路文化高地，将西安文化品牌做实、做精、做强，让广大市民群众共享文化建设的丰硕成果（图3-2）。

2018年3月，由西安世园投资（集团）、宋城演艺联合打造的"中华千古情"项目，在西安浐灞生态区世博园举行了盛大的启动仪式。反映陕西文化的电视剧《千里雷声万里闪》《白鹿原》《那年花开月正圆》等一批精品剧目，在全国巡演或播出后，广受社会各界的关注和好评，取得了社会效益和经济效益双丰收，成为西安市扎实推进文化建设的一道亮丽的风景。《白鹿原》与《那年花开月正圆》两部作品同获一届"中国电视剧飞天奖"（图3-3~图3-5）。

西安在继续建设大华1935、老钢厂设计创意产业园、纺织城艺术区等为老牌文创基地的同时，也在不断地涌现出一批有创意的文化创意项目，如浐灞区的丝路创意梦工厂、西咸新区的沣滨水镇等。

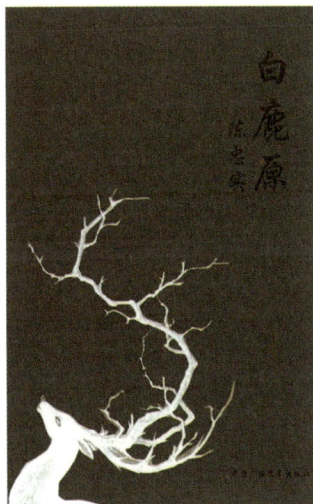

图3-3 《白鹿原》（封面）陈忠实

图3-2 西安文创产品设计

图3-4 《白鹿原》电视剧海报

图3-5 《那年花开月正圆》电视剧海报

二、由生产加工企业所委托的文创产品设计开发

目前，越来越多的生产企业认识到，文创产品设计开发已不再局限于文化礼品、旅游纪念品的狭窄范围，而是成为促进当地产业升级，三产融合发展的重要手段。文创产品设计开发的工作重点已由早前的"文化创意产业化"向"制造产业文化化"过渡。具体而言，文创产品设计开发的重要目的是增加传统日用产品的文化价值，形成文化创意设计向农副土特产品、手工艺产品、轻工业产品、日用消费品、区域旅游产品等综合赋能的态势。推动当地普通消费品的"文创化"转化，提高其议价能力、推动产业升级、促进就业以及当地经济有序健康发展，形成"文创＋产业"的发展格局。由生产加工企业所主导的文创产品设计开发，往往具备以下几个方面的需求。

（一）丰富产品文化价值，提高产品议价能力

目前我国大多数民用快消品生产加工企业仍以产品的"使用功能"为主要价值输出导向。因此，传统生产企业产品的价值实现主要依靠原材料、工艺、劳动力等物质因素，而较缺乏对产品文化内涵的挖掘、消费心理与情感需求研究以及对消费人群的定位与产品品牌的把握。因而，此类加工企业往往呈现出技术含量低、劳动强度大、议价能力差、产品同质化严重等劣势。目前，越来越多的生产企业逐步意识到所谓"消费升级"不仅是指功能升级、技术升级、材料工艺升级、销售渠道升级，更包括了产品所蕴含的情感升级、品牌升级、文化升级。传统加工企业迫切需要通过融合文化创意产品设计开发的一般方法，提高其产品的情感张力与文化内涵，进一步细分消费人群，激发消费者购买欲望，实现动能转换与产业升级。

（二）借助当地旅游资源，促进生产企业增收

农副土特产品、手工艺产品等的生产加工企业，对当地旅游资源的依赖性很强。如果此类产品无法与当地旅游文化资源高度契合，深度对位，或无法实现标准化的产品评价体系与批量化的生产模式，便往往流于普通农副土特产品、传统手工艺产品的销售模式与价格体系，无法有效依托当地的旅游资源，激发旅游者的购买欲望，改善企业的营收状况。因此，这类产品也需要借助现代设计开发思维，对现有产品进行文化赋意、形态重构以及功能升级，进而形成质优物美，具备当地典型文化特征与情感张力，符合标准化、批量化生产方式的旅游文化产品。

儒释説

图3-6 "儒释说"品牌及代表性产品

案例13 "儒释说"品牌策划

"儒释说"是2013年成立的山东万历文化创意有限公司旗下品牌，主要从事针对山东区域历史文化资源的文创产品设计开发。"儒，人之所需，柔也。儒者，祖叙尧舜，宪章文武，其性忠信，其身仁义，以利天下。释，从采，解也，对事物区分辨别；释教，也指释迦牟尼所说之法。"魏晋之后，儒释道三宗相互借鉴、交融互证，逐渐形成我国知识阶层所特有之中庸、仁恕、礼义、精进、包容的思想内核。作为文创产品设计品牌，"儒释说"将藏于过往的文化眷恋之"根"，唤醒于当今文化自信之时，让深藏于过去的文化基因，再次伸枝散叶，开花结果。

山东历史悠久，先贤辈出，物华天宝，人杰地灵。儒释说植根齐鲁大地，抱朴怀素，追本溯源，以文化器物之形，达孔孟荀墨之意；以现代设计思维与加工手段，重构传统器物之美，观物比德，以物映心。曰仁义礼智，曰觉悟精进，曰神形一体，曰物我同一。

"儒释说"近期所开发的文创产品，如"古琴充电宝""金蝉U盘""鲁康鼎"等，均作为2019年山东友好城市大会官方纪念品、山东省政府外事礼品、山东赠送康涅狄格州友好省州礼物，成为在外事活动中代表山东的文化名片（图3-6）。

（三）改造原有文创企业，加快产品转型升级

从时代发展的角度观察，文化创意产品设计之所以日新月异，本质上是将既有的历史文化资源，以当前政治、经济、文化、科技、艺术、伦理的视角进行重新诉说，再次组合，使其既具备传统文化的深厚底蕴，又具备当代文化的时代特征。这是"旧物"再次融入时代，焕发新生机的过程。

文化创意产品并非今天才有，从事文创产品加工生产的企业早已有之。20世纪50~60年代，全国各地大量涌现出基于对传统手工艺作坊改造的工艺美术厂，它们所生产的产品为国家换取了大量外汇，极大地支援了新中国建设。然而目前我国很多工艺美术产品生产企业面临经营不善、人员流失、关停并转的困局。出现这种情况，一方面是由于此类企业没有通过现代企业制度，合理组织管理人、财、物等生产要素；另一方面，此类企业对产品款型、传统工艺的传承有余，而对其所蕴含的文化内涵创新不足。久而久之，其产品固有的文化内涵与时代文化特征发生分离，无法引起今天消费者的情感

认同与购买需求。因此，使用现代产品设计开发的一般方法，对原有文创企业进行整体改造，也是此类企业升级发展的必然要求。

案例14 "小罐茶"品牌策划

北京小罐茶业有限公司创立于2014年，是互联网思维、体验经济下应运而生的一家现代茶商。小罐茶以"制茶大师，敬你一杯中国好茶"为整体品牌定位，联合六大茶类的八位制茶大师，坚持原产地原料，坚持大师工艺，大师监制，独创小罐保鲜技术，保护传承中国传统制茶工艺，使用严格标准化的工业思维整合生产线，管理产品链，打造中国"礼品货币"级的中国茶。

小罐茶通过原产地原料、传统工艺、充氮保鲜等标准化控制，保证消费者饮用体验的一致性。小罐茶每一小罐只有4克茶叶，是生产者预定好的一次冲泡茶量，企业甚至会针对不同品种的茶叶，为顾客表明冲泡的水温，茶水的比例，冲泡的次数以及前三泡冲泡时间，从而保证消费者不会由于冲泡时的差异，而改变产品的冲泡味道。

小罐茶在保持基本包装规格不变的情况下还会根据不同的节日，不同的馈赠对象，专门设计适合的外包装与茶罐包装，以与消费者与受赠者的心理需求相匹配（图3-7）。

图3-7 小罐茶产品包装及产品

三、由文化主体所委托的文创产品设计开发

本章所讲述的"文化主体"包括文化成果的管理者，主要是指文化主管部门；文化成果的存放地，如博物馆、历史遗址公园、文化馆、图书馆、影剧院等；文化成果的产出者，如作家、画家、音乐家、剧作者等。上述主体通过对文化成果的产出、存放和组织管理，往往对文化成果的具体转化具备优先权，是文创产品设计开发的重要主体。文化主体所推动的文化产品设计开发具有以下主要特征。

（一）文化成果的管理者

各级文化主管部门是文化成果的主要管理者，其主要关注点并不是一时一域的文化资源转化问题，而应对区域文化的典型资源进行高度凝练概括，提纲挈领、以点带面，塑造系统独特的文化典型生态。因此，以文化主管部门主导的文化产品设计开发，应重调研、重规划、重资源梳理与平台建设。

（二）文化成果的存放地

博物馆、美术馆、历史遗址公园等单位，是历史文化资源的存放地，对其所在的历史文化成果负有保护修缮、运营管理的责任。随着旅游产业的不断发展，博物馆、历史文化遗址、文化馆等成为重要的旅游目的地。一方面，游客在参观博物馆、历史文化遗址后，往往会产生购买相关文化产品馈赠亲友，固化旅游记忆的现实需求；另一方面，文化成果的运营部门，也有将其馆藏文物通过复制、衍生、再设计的方式进行必要开发，进而达到对文化成果积极传播、快速转化、商业增值的目的。

案例15　故宫文创

2017年故宫博物院的文创产品收入达15亿元，官网访问量接近9亿人次。2018年年底，从综艺节目到咖啡馆，故宫多次成为热点话题。中国从未有哪家博物馆能像故宫这样频频刷爆朋友圈。作为国内最有分量的文化IP，故宫的存在感只增不减。毫不夸张地说，文创产品在这一过程中起到了重要作用。单霁翔于2012年出任故宫博物院长一职，2019年1月退休，其在任的近7年里，故宫将古老的风骨与血液融入各种文创产品中，屡屡刷屏，成长为一个现象级网红IP。

故宫文创始于2008年故宫文化创意中心的成立，真正的转变却受2013年中国台北故宫博物院推出的"朕知道了"纸胶带、"小乾隆"快客杯热卖的启发（图3-8、图3-9）。中国台北故宫博物院文创开发的成功经验，让北京故宫博物院决策者充分地意识到文创产品的庞大市场。2013年8月，北京故宫第一次面向公众征集文化产品创意，举办以"把故宫文化带回家"为主题的文创设计大赛。此后，"奉旨旅行"行李牌、"朕就是这样汉子"折扇等适合年轻人萌宠口味的文创产品，使六百岁的故宫以一种前所未有的姿态变得年轻（图3-10）。

2014年8月，"故宫淘宝"官方微信公众号发布名为《雍正：感觉

图 3-8 "小乾隆"快客杯

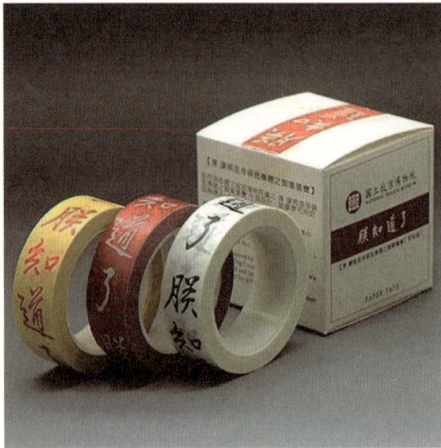

图 3-9 "朕知道了"纸胶带

图 3-10 感觉自己萌萌哒

自己萌萌哒》的推文。即刻获得超过十万次的阅读量,"网红四爷"IP 开始兴起。朋友圈刷屏,令故宫"萌萌哒"的形象深入人心,起到了非常好的传播效果。同年 10 月,故宫继续使用雍正皇帝的朱批"朕就是这样汉子"文字,开发折扇产品(图 3-11)。

2015 年 3 月 20 日,《博物馆条例》正式实施,明确博物馆可以从事商业经营活动,挖掘藏品内涵,与文化创意、旅游等产业相结合。2016 年 5 月,关于推动文化文物单位文化创意产品开发的相关政策出台,进一步将文创产业发展推入了"快车道"。

2016 年,三集文物修复类纪录片《我在故宫修文物》在 CCTV-9 首播之后,全网播放量达 9782.7 万,豆瓣评分 9.4 分,比此前备受好评的《舌尖上的中国》评分还要高,同年,由北京故宫博物院联名出品的《我在故宫修文物》大电影上映,对"故宫"这一文化符号进行了新视角的解读,该片于 2017 年获得第 50 届休斯敦国际电影节纪录片评委会大奖(图 3-12)。2017 年故宫的游客数量大幅上涨。此后,故宫作为文化 IP,其影响力迅速扩大,其文创产品设计开发又不断地使故宫不断"翻红",故宫文化 IP 与故宫文创产品设计开发进入相互促进的快车道。

图 3-11 "朕就是这样汉子"折扇

图 3-12 《我在故宫修文物》海报

(三)文化成果产出者

电影作为"第七艺术"❶,有效地吸收了文学戏剧、音乐美术、服饰装扮、自然建筑景观等艺术成果及其表现手法,已成为一个综合的

---

❶ 1911 年,乔托·卡努杜发表了名为《第七艺术宣言》的文章,第一次宣称电影是一种艺术,是一种综合建筑、音乐、绘画、雕塑、诗和舞蹈这六种艺术的"第七艺术"。

艺术门类。不可否认，一部成功的影视作品，不但能够有效整合既有的文学戏剧、音乐美术、服饰装扮、自然建筑景观等文化资源，并能通过对典型艺术形象的再造，成为新的文创产品设计开发的起点，其表现形式也是多元化的。

案例16 复仇者联盟系列电影

电影《复仇者联盟》由美国漫威影业（迪士尼控股）拍摄的"超级英雄"传奇类电影（图3-13）。自2012年起，漫威影业连续拍摄《复仇者联盟》《复盟2：奥创纪元》《复联3：无限战争》《复联4：终局之战》四部系列电影。《复仇者联盟》整合了众多漫威影业旗下的"超级英雄"，他们包括《钢铁侠》中的托尼·史塔克、《美国队长》中的史蒂夫·罗杰斯、《绿巨人》中的浩克、《雷神》中的索尔·奥丁森、《黑寡妇》中的娜塔莎·罗曼诺夫、《鹰眼》中的克林特·巴顿、《奇异博士》中的史蒂芬·斯特兰奇、《蚁人》中的斯科特·朗等。这些电影中的"超级英雄"由炙手可热的一线影星饰演，拥有大批的忠实粉丝，漫威影业又通过《复仇者联盟》的形式，将他们汇聚在一起，票房号召力巨大。

《复仇者联盟》高票房的背后，蕴含着大批编剧、原创漫画师、角色开发、3D设计、特效制作、摄影摄像、制作剪辑、合成配音人员的创造性工作。也正是因为他们瑰丽的想象、丰富的创意，精彩的特效

图3-13 《复仇者联盟》电影海报

以及精良的制作，才使《复仇者联盟》在全球拥有众多的粉丝群。漫威影业凭借《复仇者联盟》及其系列电影中的众多"超级英雄"角色，不断向游戏、玩具、动漫出版物、服装等行业涟漪拓展，创造了巨大的经济效益。而实际上，《复仇者联盟》的角色开发与场景设计，该影片就是彻头彻尾的文创产品设计开发（图3-14、图3-15）。

图3-14 《复仇者联盟》人物玩偶

图3-15 《复仇者联盟》衍生品

四、由设计主体推动的文创产品设计开发

成熟的产品设计师在掌握现代设计思维方法的基础上，往往具备丰富的文创产品设计开发经验。设计师的责任就是以土特产品设计开发为手段，服务区域经济发展，满足人们日益增长的物质文化需要，不断优化人们的生活方式。因此，由设计师主导的文创产品设计开发，往往具有鲜明的专业学术思维特征与社会责任感，概括起来基本具有以下两个特征。

（一）设计是一个发现问题进而解决问题的过程

由设计师主导的文创产品设计开发项目，其着眼点往往不会像政府、文化主体那样宏观抽象，也不像投资主体、生产企业那样功利。设计师往往更多针对具体问题提出具体的设计解决方案。因此，设计师主导文创项目，往往以专业设计视角去看待现象，解读文化，形成联想，赋予功能，产生设计的学理型推导过程。

（二）不受各方面因素制约

设计主体主导的文创产品开发，不受特定区域经济、文化、投融资可能、加工资源、销售渠道的评价制约。因此，观察角度更加客观独立，设计方案更自由洒脱。但也正是因为设计主体较少受当地政府、投融资渠道、加工企业、文化主体、销售渠道的评价制约，也往往会造成很多设计方案无法落地，较难产生现实经济效益的局面。

五、由投资主体委托的文创产品设计开发

目前，在一般民用品的设计开发商业模式中，我们可以将资本、产品、渠道称为产品开发三要素。三者相辅相成，缺一不可。今天，既有以生产主体整合资本、销售渠道等要素，进行产品设计开发的运作模式；也有以销售渠道去整合其他资源进行产品设计开发的模式；更有以投资主体主导设计项目，整合生产要素与销售渠道的商业开发模式。应当承认，资本的本质就是扩张。因此，投资主体出于资本逐利的需要，往往会对特定环境中发展潜力巨大、成长性良好、盈利能力可预期的产业或行业进行投资，以获得较高的投资收益率。在中国传统农耕社会中，资本往往会涌向农业，近现代则更多涌向工商业。今天，随着人民对精神文化需求的不断提高，文化创意产业已成为资本投入与效益产出最高的产业之一。因此，由投资主体推动文创产品设计开发的内在需求越发强烈，这种开发类型主要具备以下两方面特征。

（一）立足于资本的快速增值

本质上，无论是政府、生产企业、文化主体、设计主体还是投资主体等所主导的文创产品开发，其动机都含有经济扩张的特征。但它们各自的出发点又有很大不同。如果说，政府主导的文创产品开发，是为了促进当地产业升级，推动区域整体文化经济的协调发展为首要目的，那么，以企业主导的文创产品设计开发，则更多地关注产品的高文化附加值及高议价能力，以提高企业综合竞争力为目的。文化主体所主导的文创产品设计开发，则包含增强文化成果的快速传播与积极转化的重要目的；由设计主体所主导的文创产品开发，则是发现问题并解决问题的过程，包含有对传统文化传承与创新的社会责任感；但以投资主体所主导的文创产品设计开发，其着眼点与立足点则更多地考虑资本的快速增值。

（二）将文创设计成果作为商品而开发

以投资主体所主导的文创产品设计开发，是将文化资源视为加工原材料，将文创产品设计开发视为生产加工要素与生产过程，将文创设计成果视为商品，将消费者因情感认同所产生的购买行为视为资本增值的必要手段。因此，单一由资本牵引的文化产品开发，有可能出现对文化资源低端媚俗的过度开发，必须由地方政府、文化主管部门、文化主体予以监管匡正。

案例17　中国电影产业的井喷式增长

如今的中国电影产业成为过去20间投资收益率最高的行业之一，因此，也成为投资拉动增长最快的产业之一。无论是房地产行业、汽车产业、文创产业还是本例所述的电影产业，任何一个行业能够出现井喷式发展，都必须满足四个条件：一是社会需要，二是国家扶持，三是资本涌入，四是人才培养。因此，我国电影产业的飞速发展，也恰恰符合上述四个要素，具体表现如下：

（1）我国社会的主要矛盾已经由"人民日益增长的物质文化需要同落后的社会生产之间的矛盾"转化为"人民日益增长的美好生活需要和不平衡、不充分的发展之间的矛盾"。人民需求层次开始由物质丰裕向精神丰裕过渡，电影产业作为大众精神消费的重要标志，必然迎来高速增长。

（2）纵观过去20年间电影产业的快速增长，与我国对电影产业投资主体的准入制度、政策支持有着非常密切的关系。在过去20年中，中国电影产业先后迎来两个高速发展节点：一个是2003年，国家出台一系列降低准入门槛的制度；另一个是2010年1月，国务院办公厅出台关于促进、支持电影发展的相关系列文件，使中国电影票房呈现猛增态势。

（3）以2018年中国电影企业TOP20排名为例，它们分别是：华谊兄弟、万达影业、博纳影业、光线传媒、中影集团、安乐电影、北京文化、阿里影业、新猫眼、新丽传媒、华夏电影、上影集团、耀莱影视、开心麻花、星晧影业、寰亚电影、工夫影业、和和影业、腾讯影业、企鹅影业20家电影企业。其中除香港安乐电影公司外，其他上榜企业中仅有5家成立于20世纪90年代，6家成立于2000年之后，8家成立于2010年之后。毋庸置疑，2000年之后，是资本大量涌入电影产业的爆发点，也正是因为资本的快速涌入，则进一步加速了我国电影产业的快速发展。2006年小成本制作电影《疯狂的石头》大受欢迎后，诸如《疯狂的赛车》《人在囧途》等系列电影大行其道。2012年1月，由深圳华强数字动漫有限公司出品的《熊出没》系列动画片在中央电视台少儿频道首播。此后，华强数字动漫又上映了《熊出没》系列电影，以光头强、熊大、熊二等动漫形象，成为相关儿童玩具开发的重要IP。2015年10月，由开心麻花、新丽电影和腾讯视频联合出品的《夏洛特烦恼》，公映23天累计票房突破12.66亿元，跻身内地华语片票房排行榜前三名；由贾玲执导的《你好，李焕英》于2021年2月上映，截至2021年5月27日，该片累计票房突破54亿元，贾玲也因此成为全球票房最高女导演（图3-16~图3-21）。

图3-16 《疯狂的石头》电影海报

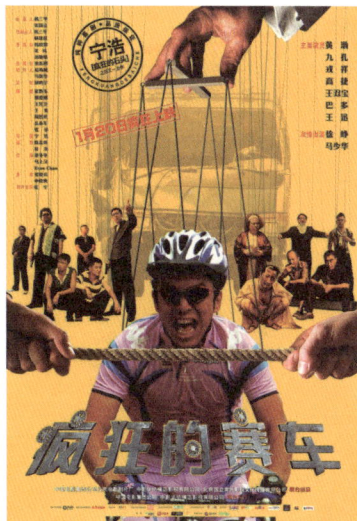

图3-17 《疯狂的赛车》电影海报

图3-18 《人在囧途》电影海报

图3-19 《夏洛特烦恼》电影海报

图3-20 《你好，李焕英》电影海报

图3-21 《熊出没》电影海报及相关角色形象IP衍生玩具

（4）改革开放之前的很长一个时期，我国影视人才的发掘培养大多集中于少数专业院校、地方院团、政府文化单位等，中央电视台于1986年拍摄完成的《西游记》，1987年拍摄完成的《红楼梦》，都被迫大量海选演员，剧中的很多主要演员均不是专业院团出身，更谈不上专业院校培养，可见当时专业人才的匮乏。2000年之后，我国影视人才的培养才进入快速发展期。我国普通本科院校对相当专业的招生规模不断扩大，对影视人才的培养已形成较大规模。

思考与练习

1. 以举例的方式，思考物态文化层、行为文化层与心态文化层直接的相关性，并思考传统器物是如何固化特定区域民众的行为文化层与心态文化层。

2. 结合本章讲述内容，思考文创产品设计开发主体包括几个方面，它们在文创产品设计开发中发挥何种作用。

3. 根据本章所列出的文创产品设计开发资源目录，调研特定区域设计资源，并思考该区域文创产品设计开发的可能性。

第四章
我国传统文化资源的创意转化

中国特色社会主义文化，源自中华民族五千多年文明历史所孕育的中华优秀传统文化，推动中华优秀传统文化创造性转化、创新性发展。让中华文化展现出永久魅力和时代风采，为中华民族伟大复兴提供强大精神力量。推动中华优秀传统文化创造性转化与创新性发展，是中华优秀传统文化在新时代绽放光彩的正确路径，同样也是文化创意产业与文创产品设计开发的正确路径。因此，本章将从我国历史文化资源、民俗资源、非物质文化遗产资源等进行简要介绍，帮助读者建立较为完整的文化资源框架，为此后的文创产品设计开发积累必要的创意储备。

第一节
认识创造性转化、创新性发展

传统文化的思想体系中，有大量的积极内容，对我们科学地认识和解释自然与人类自身有着重要的进步意义；传统的文学艺术创造中具有永恒魅力的作品仍不在少数，依然是当今重要的美育资源；传统的生产生活方式、工艺技术、社会组织方式、民俗传统等，是形成我们历史认同感的重要基础。如何在文创产品设计实践中正确运用创造性转化、创新性发展这"双创"规律，应把握以下三点原则。

一、要准确全面地认识中华优秀传统文化

中华传统文化是中华民族在历史发展过程中所创造和传承的一切文化的总和。但在这些文化中，有些在创造之初或许具有进步意义，但随后逐渐演变为代表腐朽没落势力的文化，失去了进步意义；有些文化传统曾是特定历史时期人们日常生活的有机组成部分，只是由于无法适应新的社会历史环境和条件，逐渐淡出了人们的生活；还有某些文化现象，在今天看来是以压制人性、反人道为导向的，它们便不属于我们所说的优秀传统文化的范畴。中华优秀传统文化，是指整个中华传统文化中有利于推动社会发展和进步的文化，是中国各个民族所创造和传承的，能够长期发挥正能量的优秀文化。从范围上来说，包括精神文化、物质文化和制度文化等；从民族属性上来说，包括汉

族和各少数民族文化；从阶层属性上来说，包括上层文化和底层文化、精英文化和草根文化；从传播形态上来说，有书面文化和口传文化等。

二、要准确把握文化的变动性

传统文化是人民大众在千百年历史进程中经过长期实践发展出来的成果，是他们智慧的结晶。他们不仅在历史上发挥了重要作用，而且在当今仍有很大的学术、文化、艺术和情感等价值。然而，文化从来不是一成不变的，而是伴随历史进程发生着变化。这种变化既包括了其内在特质的变化，又包括了外在表现方式的变化，还可能是人们对特定文化的阐释和解读发生了变化。总之，变化是文化的恒常存在方式。今天，人民大众作为文化的持有者和实践者，被新时代赋予了新的历史使命，那就是积极能动地推动文化的变革和创新，创造更大的发展空间和更多的发展机会，让文化事业在新时代获得更大的发展，以满足人民群众日益增长的对精神文化产品的需求。

三、要准确认识"创造性转化"与"创新性发展"两个关键词

"创造性转化"是以创造为核心，转化为目的的行为。换言之，面对传统文化传承发展的历史使命，我们要坚持运用发散性思维谋求文化创新，通过全方位、多角度、多结构的思考，将传统文化中富有当代意义、具有永恒价值的文化要素和文化形式转化为当代文化，根据时代发展状况将古老的文化形式转化为符合现代生活的新面貌。"创新性发展"是以创新为主要特征，发展为旨归的行为。"创造性转化"重点是面对"过去"的工作，"创新性发展"则是面向"未来"的活动。具体而言，创造性转化重在"继往"，即在整理、筛选中华传统文化母体的基础上对优秀传统文化进行现代解读和当代转化；创新性发展重在"开来"，即在创造性转化的基础上，对富有当代价值的内涵和形式在实践中进行淬炼和发展。

第二节
我国历史文化中的创意资源及转化

文化创意产品设计开发，从表层上来看，似乎是对器物的再设计。究其根本，是对特定时期历史文化资源重新解读、再次激活的过程，更是推动既有历史文化资源重新融入新时代、焕发新生机的过程。文创产品设计工作者，在很多情况下，犹如是传统文化与现代生活之间的"转译者"。一方面要深入了解特定时期的历史文化资源；另一方面要密切感知当下文化需求，进而通过发挥创意能力，连接古今、古为今用。因此，在文创产品设计开发工作中，文化是"土壤"、创意是"种子"，而设计仅是"工具"。

我们对历史的认知，大致可分为"考古的历史""传说的历史"与"文字的历史"。就某种意义而言，历史即文化，文化即历史，二者只是"人类发展过程"这枚硬币的两个面。我们对历史的研究，就是在探讨文化的成因，而我们对文化的研究，则是在确证历史的过程。

中国由考古发现的人类聚居史，至少可以追溯到180万年前的西侯度文化，而后又出现较为代表性的元谋人、蓝田人、北京人等。但仅就目前的人种研究理论而言，我们很难将旧石器时代的早期"能人"认定为后期"智人"的祖先。但无论如何，距今2万年左右的山顶洞人已进入旧石器时代晚期，华夏民族史前进化史的脉络逐渐清晰。当我们在仙人洞遗址、彭头山遗址、后李遗址中发现陶器，贾湖文化遗址发现骨笛时，便无可辩驳华夏民族确已进入文明时代。

一、先秦时期

（一）历史脉络

在《史记》中，华夏民族的历史自神农氏始，以黄帝轩辕记，因此，我们将轩辕黄帝视为华夏民族的始祖。但在轩辕之前，也有异常丰富的神话传说，如盘古开天辟地，有巢氏"教之巢居"，燧人氏发明"钻木取火"，伏羲氏演八卦、教民渔猎、驯养动物、创作音乐等，女娲氏（伏羲的妹妹与妻子）造人补天等。《尚书大传》中将燧人、伏羲、神农并称"三皇"；《大戴礼记》将黄帝、颛顼、帝喾、尧、舜并称"五帝"，这种排序顺序与司马迁的《史记》也是一致的。

大禹之后，其子启结束了禅让制，开启了父子相传或兄终弟及的"家天下"制度。夏桀为商汤所灭，商纣为周武王所灭。公元前841年，周厉王执政期间，发生"国人暴动"，周厉王出奔，由召穆公、周定公共同主持政事的政权，被称为"周召共和"，这一年也成为此后我国有明确纪年的开始。公元前771年，周幽王"烽火戏诸侯"而为西戎攻破镐京，770年，周平王即位迁都洛邑，西周灭亡，东周开始。自公元前770～前221年，此549年间被分为春秋与战国时代，"春秋"因孔子所编撰的编年史《春秋》而得名；战国时代则以公元前453年韩、魏、赵三家分晋为始并以西汉刘向所编《战国策》而得名。公元前256年，秦昭襄王击败由周赧王率领的六国联军，秦国灭周。公元前238年，秦王嬴政开始亲政，从公元前230年攻打韩国到前221年灭齐国，共计十年的时间，秦国先后消灭韩、赵、魏、楚、燕、齐六国，结束了自春秋战国五百年以来诸侯分裂割据的局面，建立秦朝，定都咸阳。

（二）技术与文化资源

（1）夏朝最具代表性的文化遗迹为"二里头文化"，二里头遗址中的宫殿清晰可辨，在此出土了大量的青铜器、玉器、陶器、骨器、蚌器，并且在二里头遗址的陶器中，已发现类似于文字的符号（图4-1～图4-4）。在同时期的山东莒县大汶口文化遗址中也发现了与之相类似的图形文字。

（2）商朝青铜冶炼与铸造技术已进入繁荣时期，青铜器已趋于定型，且出现以高岭土制作的青釉器，已经具备了原始瓷器的特点。一些青铜器的表面常黏附有纺织品的痕迹，表明当时已有提花装置的织机；商代髹漆工艺成熟，玉石雕刻造型生动，工艺精湛。另外，商朝

图4-1　二里头嵌松石兽面纹铜牌饰

图4-2　二里头青铜弦纹爵

图4-3　二里头青铜爵

图4-4　二里头兽面陶杯

音乐已经有了半音、标准音的观念，甲骨文已具备了今天汉字的结构特征。著名的"三星堆古遗址"是迄今在西南地区发现的范围最大、挖掘时间最长、文化内涵最丰富的古城、古国、古蜀文化遗址，被称为20世纪人类最伟大的考古发现之一，昭示了长江流域与黄河流域一样，同属中华文明的母体，被誉为"长江文明之源"（图4-5、图4-6）。

（3）西周时期建立了完整的礼乐文化系统，宗法制与分封制使周文化系统的影响力辐射至中原广大地区，这一时期青铜铸造技术更加成熟，国家大量铸造象征礼法的鼎与象征音乐的钟，青铜器纹饰更加繁复精美，青铜器之上的大篆（金文）文字结构更为均衡。此外，这一时期，纺织、玉器雕刻、战车与武器制造更为发达。

（4）春秋战国时期是一个群雄逐鹿，百家争鸣的时代。各国因相互兼并，纷纷招揽人才以进行改革。以齐桓公、晋文公、秦穆公、宋襄公、楚庄王春秋霸主交替登台，以秦、齐、楚、韩、赵、魏、燕为代表的战国七雄相互攻伐。这一时期，商业得到很大发展，青铜货币的需求量不断增加，度量衡更加精确。文化艺术方面，老子、孔子、墨子、孙子、荀子、韩非子、扁鹊等为代表提出的思想学说深度影响中华文化走向；《诗经》《楚辞》等作品开中华文学之先河；金银等贵金属应用于贵族日用器皿，青铜器铸造更加精美，如曾侯乙编钟铸造精美，音域宽广，可旋宫转调，是我国文化史上集金属工艺与声学技艺为一体的经典之作；毛笔与竹简已成为文字记录的主要工具；漆器（彩绘）木雕工艺更为发达，宝石镶嵌、玉石雕刻、错金银工艺已走向成熟；纺织技术走向精湛，纱罗绢锦和刺绣品图案精美，具有很强的装饰性。

图4-5　三星堆青铜头像

图4-6　三星堆鸟形铜铃

案例18　曾侯乙编钟与公共鸟笼架设计

礼乐制度起源于西周时期，它和封建制度、宗法制度一起，构成整个中国古代的社会制度，对后世的政治、文化、艺术和思想影响巨大。"礼"主要对人的身份进行划分和社会规范，最终形成等级制度。"乐"主要是基于礼的等级制度，用音乐来祭祀与演礼。春秋战国时期青铜器发展到了辉煌的高峰，推动乐器的制作。这一时期的乐器以击乐器为主，如钟、铙、馨、鼓等。1978年在湖北随县（今随州）擂鼓墩曾侯乙墓中，出土了战国早期曾国国君的一套大型礼乐重器"曾侯乙编钟"。曾侯乙编钟钟架长748cm，高265cm，全套编钟共六十五件，分三层八组悬挂在呈曲尺形的铜木结构钟架上，最大钟通高152.3cm，重达203.6kg。曾侯乙编钟铸造精细、器型优美，排列组合规则，呈现出很强的韵律感。

"公共空间鸟笼架"设计受"曾侯乙编钟"功能属性与形态特征启发，以"莺歌"喻"钟鸣"，并在形态设计中借鉴曾侯乙编钟的悬挂组合方式，使鸟笼架的形态呈现出明显的韵律感。另外，通这种器物形式，使我国传统生活方式适应现代化（图4-7）。

图4-7　曾侯乙编钟与公共鸟笼架设计

二、秦汉时期

（一）历史脉络

自公元前221年秦统一全国至220年曹丕建魏，这440年是中华民族真正形成"大一统"国家形态与民族性格的重要阶段。秦王朝自统一全国至分崩离析虽仅维系了15年，但却以统一文字、货币、度量衡、统一律法、开驰道、修长城、实行郡县制等方式，真正将中国整合为一个统一的、多民族的、中央集权的封建国家，开创此后两千多年的国家统治之先河。自公元前206年，刘邦攻占咸阳，推翻秦朝统治，此后又经历了4年的楚汉战争，建立汉朝，再次统一全国。汉王朝通过长期休养生息的国策，至文景之治后，国家人口增长、经济繁荣，汉武帝刘彻即位后继而"罢黜百家，独尊儒术"；抑制藩王；打击豪强，实行盐铁专卖、货币专铸。通过以上措施，从精神上、制度上、经济上再次巩固了中央集权，为北击匈奴储备了雄厚的国力。卫青自公元前129年开始，7次率军北击匈奴；霍去病率军奇袭焉支山、祁连山，兵锋至狼居胥山（今蒙古乌兰巴托以东），登临瀚海（今贝加尔湖），打通内地与西域的交通，开启丝绸之路，大汉影响力得以远播中亚，直抵罗马帝国。汉武帝举全国之力出击匈奴，极大地削弱了匈奴军事实力，彻底改变了汉匈之间的战略态势，奠定了汉族的民族性格与文化特征。公元8年，王莽夺取西汉政权，建立新朝；公元25年，刘秀灭掉"新莽""玄汉"政权，再次统一全国，定都洛阳，史称"东汉"。东汉中后期政治腐败，外戚与宦官交替专权，"黄巾起义"后，群雄并起，东汉王朝逐渐走向衰亡。

（二）技术与文化资源

考古发现的遗迹与文物是秦汉社会文化高度发展的见证。秦朝出土了皇帝调动军队的"阳陵铜虎符"（图4-8）；秦始皇陵陪葬坑出土了气势恢宏的兵马俑（图4-9）、铜车马等；李斯将六个文字统一为全国小篆；秦朝所使"秦半两"的圆形方孔制式沿用两千多年。西汉文字进一步简化，由篆至隶，文字由记录工具发展为艺术形式；蔡伦发明造纸术，极大地促进了文化的传播；铁器大量进入农业生产；汉画像石形象瑰丽，记录着汉代人的生活状态；漆器、青铜、玉器、纺织等制作工艺更为发达。这一时期出土的典型器物如彩绘铜雁鱼灯、汉陶都树、女彩绘陶俑、马踏飞燕铜奔马（图4-10）、云纹漆方尊、西汉错金云纹博山炉（图4-11）、居延汉木简、长信宫灯、金缕玉衣、东汉说唱俑等，均呈现出古代中国惊人的文化创造力。

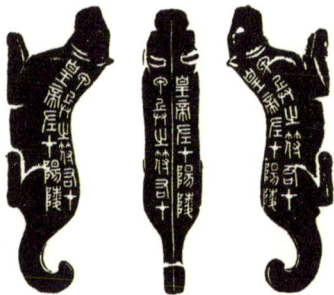

| 图4-8 阳陵铜虎符 | 图4-9 跪射兵马俑 | 图4-10 马踏飞燕铜奔马 | 图4-11 西汉错金云纹博山炉 |

案例19 "秦半两"与中国银行标志设计

秦统一六国之前，各国钱币形状不一，如铲币、刀币、环钱等，且只能在各自统辖的范围内流通。秦始皇在统一六国后，确定统一法律、度量衡、货币和文字，废止了战国后期六国旧钱，在战国"秦半两钱"的基础上加以改进，变成圆形方孔钱并在全国通行，结束了我国古代货币形状各异、重量悬殊的杂乱状态。"秦半两"青铜币以"圆形方孔"为货币造型，方孔代表地方，外圆代表天圆，"圆形方孔"即象征着古代天圆地方的宇宙观；但也有人认为，圆形方孔是生产、加工的需要，也是便于携带、流通和储藏的需要，在不断的实践中形成的较为科学的制式。不过，无论基于何种解释，"秦半两"形制中所蕴含的文化信息，影响了中国乃至东亚地区两千多年的金属货币形制。

时至今日，中国四大国家银行，如中国银行、中国建设银行、中国农业银行、中国工商银行的标志，仍然能够看到自"秦半两"以来的钱币特征。可见，中国历史中所蕴藏的文化基因何其强大。文创产品设计，正是要了解历史、熟悉历史中所蕴藏的文化资源，才能古为今用，在新时代重新激活蕴藏于历史之中的文化密码（图4-12）。

图4-12 "秦半两"与中国银行、中国建设银行、中国农业银行、中国工商银行标志

三、魏晋南北朝时期

（一）历史脉络

自公元220~581年，中国进入了魏晋南北朝分裂割据，民族融合的时期。220年，曹丕废汉献帝，国号魏；221年，刘备称帝，国号汉，史称"蜀汉"；229年孙权称帝，国号吴，自此开启了三国鼎立的局面。263年魏灭蜀，265年司马炎伐魏自立，建立晋朝，因定都洛阳，史称西晋。280年，晋灭吴，中国再次呈现短暂统一。晋惠帝在位时期发生的"八王之乱"，严重消耗了西晋的国力；316年，匈奴人灭西晋。北方各族统治者残酷攻伐，先后建立了许多国家，史称十六国。317年，皇族司马睿在南方建立政权，史称东晋，继续延续汉族政权统治。这一时期，北方汉族士族贵戚纷纷躲避战乱，随司马氏南迁，极大地促进了我国南方经济文化的发展。420年，宋武帝刘裕夺取东晋政权，建立刘宋；之后，南方共经历了宋、齐、梁、陈四个朝代，统称为南朝。在北方，淝水之战后，前秦分崩瓦解，北魏太武帝拓跋焘统一北方，493年孝文帝拓跋宏迁都洛阳，采取一系列改革措施，推动北魏经济、文化、社会、政治、军事等方面发展，史称"太和改制"，有效地缓解了民族隔阂，促进文明进步和民族融合。北魏之后，北方又先后建立东魏和西魏、北齐和北周等朝代，统称为北朝。南北朝时期，北方社会的主要特征为民族融合与汉化，江南社会的主要特征为文化南迁与经济发展。

（二）技术与文化资源

魏晋南北朝时期最大的文化特征无外乎修玄问道与佛教兴盛。建安三曹与七子的文学作品呈现出苍凉刚劲、超脱出世的意境，《洛神赋图》更是魏晋时期艺术风貌的典型代表（图4-13）。两晋时期，以"九品中正制"为代表的士庶官僚制度，使名门望族子弟多尚空谈玄修，但也成就了这一时期风雅超脱，气韵生动的艺术样貌，琴棋书画等艺术形式成为文人生活重要组成部分。这一时期南朝之书法绘画，北朝之石刻造型，都达到了有史以来的新高峰。典型书画作品如王羲之的《兰亭序》、王献之的《中秋帖》、顾恺之的《女史箴图》（图4-14）；典型石窟遗存如北魏的麦积山石窟、北凉时期的莫高窟等。

图4-13　洛神赋图（局部）

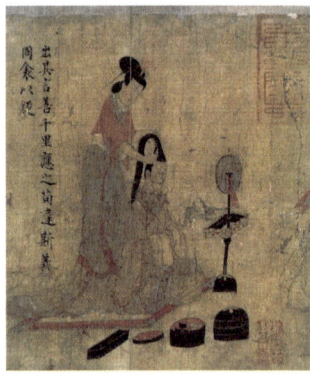

图4-14　女史箴图（局部）

案例20　东晋青釉龟形砚滴与杜康灵龟瓷酒瓶

在我国传统文化中，龟象征着吉祥与长寿。殷商之时，先人即在龟甲之上记录文字，用于占卜；东汉曹操四言乐府诗《步出夏门行·龟虽寿》中有"神龟虽寿，犹有竟时"的名句；刘敞在《效陶潜体》中写有"松柏与龟鹤，其寿皆千年"。现藏于北京故宫博物院的"青釉龟形砚滴"是一件东晋时期精美的文房用品，属于南方青瓷越窑系，造型生动，工艺精湛。砚滴高5.8cm，口径2.4cm，腹径4.9~4.7cm，龟首昂起，颈部刻划螺旋纹。龟背前小后大，有圆形的小直口可以盛水，龟腹平坦，刻划十瓣莲花装饰，通体施青釉不到底。"龟"的美好寓意为很多容器设计提供了典型的文化符号，如20世纪80年代，河南杜康酒厂就曾设计过一对"灵龟"造型的龙泉窑瓷酒瓶，酒瓶通体墨绿，龟首昂起，颇有"青釉龟形砚滴"之遗风（图4-15）。

图 4-15 东晋青釉龟形砚滴与杜康灵龟瓷酒瓶

四、隋唐时期

（一）历史脉络

公元 581 年，北周贵族杨坚夺取政权建立隋，589 年灭陈统一全国，结束长期南北分裂的局面。隋朝中央实行三省六部制，地方分州县两级由中央任命，国家以科举制选拔人才，以均田制与租庸调制保证财政收入，这是自秦朝以来，中国古代封建社会最重要的一次治理体系的变革。隋炀帝杨广征高句丽失败，国内矛盾激化，农民起义贵族叛乱不断。618 年，杨广被杀，同年李渊建立唐朝，定都长安。唐太宗李世民登基后，对内进一步完善三省六部制，增加科举考试科目，鼓励生产；对外攻灭东、西突厥、吐谷浑、薛延陀等众多外敌，占据河套、漠南、漠北、安南等地，并在西域地区设立安西都护府。唐太宗虚心纳谏，广纳贤才，在位时期政治清明，社会安定，被称为"贞观之治"。此后在武则天、唐玄宗持续治理下，大唐呈现出"开元盛世"的繁荣景象。这一时期，唐代华夏文化远播海外，对日本、朝鲜半岛、印度、阿拉伯、东罗马帝国乃至非洲都有深远的影响。唐玄宗晚年迷于享乐，疏于朝政，社会矛盾尖锐。755 年，节度使安禄山与部下史思明发动叛乱，史称"安史之乱"。唐朝从此由盛转衰，中央的宦官与地方的节度使权势越来越大，社会矛盾越发尖锐。881 年，黄巢攻陷长安，907 年，原黄巢部将朱温废唐末帝，建立后梁，唐朝灭亡。

（二）技术与文化资源

唐朝不"独尊儒术"，而是让儒、佛、道三教并举，在客观上增进了政治的开放性，促进了经济和文化艺术的繁荣。唐都长安布局规划气象宏大，有中外商贾"二百二十行"之多，为使臣商旅云集之地，是一个开放性的国际大都市。唐代的手工业十分发达，既有官营作坊，又有私营作坊，丝绸、金银器、"唐三彩"均已达到炉火纯青的地步。盛唐前后，无论是诗歌、散文，还是建筑、音乐、绘画、雕塑、

图 4-16　捣练图（局部）

图 4-17　骆驼载乐舞俑（唐三彩）

图 4-18　鹦鹉纹提梁银罐

图 4-19　鎏金飞鸟葡萄纹银香囊

杂技、舞蹈、书法和工艺美术，都取得了突飞猛进的成就，呈现远超秦汉的繁荣。唐代敢于和乐于吸收外来文化，其文学艺术无论在内容上还是形式上，都具有鲜明的时代特色。这一时期绘画类代表作品如张萱《虢国夫人游春图》《捣练图》（图 4-16）《簪花仕女图》，阎立本《步辇图》《历代帝王像》，吴道子的《送子天王图》《地狱变相图》等。书法方面如欧阳询的《九成宫醴泉铭》、颜真卿的《多宝塔碑》《颜氏家庙碑》《祭侄文稿》和柳公权的《玄秘塔碑》，除楷书大家以外，张旭与怀素皆为草书大家，并称为"颠张醉素"。

唐代工艺美术典型器物如鸳鸯莲瓣纹金碗、鎏金舞马衔杯纹银壶、骆驼载乐舞俑（图 4-17）、青釉褐彩诗句瓷壶、鎏金双狐银盘、鹦鹉纹提梁银罐（图 4-18）、银鎏金"论语玉烛"龟形器、二十八宿铜镜、青釉凤头龙柄壶、鎏金飞鸟葡萄纹银香囊（图 4-19）等。

案例21 《唐宫仕女图》与袋泡茶"美人泡"设计

唐代以"丰肥浓丽"为美，《唐宫仕女图》是一组由唐代著名画家张萱、周昉所绘制的五幅中国画，其中包括《虢国夫人游春图》《捣练图》《簪花仕女图》《挥扇仕女图》《宫乐图》。系列作品集中描述了唐代女子众生相，人物形象逼真，刻画惟妙惟肖，设色艳而不俗，尤其表现出唐代贵族妇女崇尚丰腴的审美情趣，代表了那个时代人物造型的典型时代风格，成为唐代仕女画的主要特征。

2017年末，中央电视台综艺节目《国家宝藏》曾经带动了一场年轻人探索博物馆的热潮。2018年12月，《国家宝藏》"你好历史"旗舰店正式上线，并发布了十余款以节目中亮相的国宝为设计灵感的IP文创产品。其中一款"美人泡"袋泡花茶设计走红网络。这款以"唐宫仕女"形象再设计的文创产品，将卡通化的唐代仕女设计为袋泡茶的标签，放置在茶杯上。人物形象体态丰腴，姿态慵懒，好似"贵妃入浴"，深受年轻人欢迎（图4-20）。

图4-20　《唐宫仕女图》局部与袋泡茶"美人泡"设计

五、五代十国与宋辽夏金元

（一）历史脉络

自公元907年唐朝灭亡至1368年明朝建立，此461年是中国民族大融合的又一个重要时期。自唐末朱温篡唐自立，改国号为梁，建都于开封，史称"后梁"。后梁以后继起的朝代，史称后唐、后晋、后汉、后周，与后梁合称为五代。除五代外，当时的南方先后出现的割据势力，即吴、楚、闽、吴越、前蜀、后蜀、南汉、南唐、荆南，加上北方割据太原的北汉，共十个王朝，统称为十国。这一历史时期称为"五代十国"。"五代十国"短暂分裂后，960年，后周大将赵匡胤在陈桥驿发动兵变，夺取后周政权，定都开封，史称北宋。宋军随即南下，结束了中原与江南的分裂局面。与北宋先后并立的北方少数民族政权包括由契丹人建立的辽与党项族建立的夏。长期以来，北宋实际并不掌握中国北方与西南地区的控制权，也为此后的南宋偏安一隅埋下了伏笔。1115年女真领袖完颜阿骨打称帝建金，此后攻灭了辽与北宋。1127年，赵构定都临安，建立南宋。1234年，金朝为蒙古灭亡，1271年，忽必烈改国号为大元，之后定都于大都(今北京)。1276年，元朝军队攻入临安，南宋灭亡。1368年，朱元璋建立明朝，之后攻占大都，元朝灭亡。

（二）技术与文化资源

两宋时期，统治者虽"内战内行，外战外行"，割地纳币，但君臣共治的开明宽松的政治环境，使宋代经济繁荣，文化鼎盛，科学创新高度繁荣，儒释道史得到全方位发展。宋朝时期，儒学复兴，出现程朱理学，科技发展迅速，政治开明，且没有严重的宦官专权和军阀割据，兵变、民乱次数与规模在中国历史上也相对较少。兴起于勾栏瓦舍的"宋词"钦誉千古，成为宋代最典型的文艺形式。北宋时期，作为纸币的"交子"已被广泛应用；南宋时期，造船业发达，海上丝绸之路将我国的丝、瓷、茶远销世界。陈寅恪言："华夏民族之文化，历数千载之演进，造极于赵宋之世。"

宋朝的各类技术水平发展到了新的高峰。宋朝官窑、民窑遍布全国。时有开封官窑、汝州汝窑、禹州钧窑、龙泉哥弟窑、景德镇景德窑、建阳建窑、曲阳定窑七大名瓷窑，不同窑口的瓷器各具特色，代表性的有汝窑弦纹尊（图4-21）、钧窑三羊尊（图4-22）、哥窑青釉鱼耳炉（图4-23）、定窑孩儿枕（图4-24）、黄釉狮形枕（图4-25）等。所产宋瓷通过海上丝绸之路远销海外，如日本、高丽、印度、中西亚等地区。宋朝的丝、麻、毛纺织业都非常发达。南宋时期，广东雷州半岛地区和广西南部成为棉纺织业的中心。造纸业的发展推动了文化传播。渝川地区的布头笺、冷金笺、麻纸、竹纸，安徽的凝霜、澄心纸、粟纸，浙江的藤纸等都闻名于世。纸张的大量生产与活字印刷术为印刷业的繁荣提供了基础。宋版书以纸墨精良、版式疏朗、字体圆润、做工考究、传世稀少、价值连城而闻名于后世。宋朝造船技术水平是当时世界之冠：宋神宗元丰元年（1078年），明州造出两艘万料神舟；广州制造的大型海舶木兰舟可"浮南海而南，舟如巨室，帆若垂天之云，舵长数丈，一舟数百人，中积一年粮"。宋朝商业繁盛，通行的货币有铜钱、白银。真宗时期，成都开始印造一种纸币，是为"交子"，这是世界上最早的纸币。另外，北宋还发现了我国最早的商标印刷品。

瓦舍是两宋时期市民重要的游乐场所，内有勾栏，专供大众娱乐。瓦舍中演出的内容主要包括说唱、戏剧、杂技和武术等，呈现商业化、专业化、通俗化、大众化的新趋势。

五代十国与两宋时期，绘画类代表作品如顾闳中的《韩熙载夜宴图》、赵岩的《八达春游》、王希孟的《千里江山图》、张择端的《清明上河图》、赵佶的《瑞鹤图》《文汇图》、张胜温《宋时大理图》等；书法方面，以苏轼、黄庭坚、米芾和蔡襄并称的"宋四家"❶最为著名，盛时泰在《苍润轩碑跋》中写道："宋世称能书者，四家独胜。然四家

图4-21 汝窑弦纹尊

图4-22 钧窑三羊尊

图4-23 哥窑青釉鱼耳炉

图4-24 定窑孩儿枕

图4-25 宋黄釉狮形枕

❶ 明清以来，有一些人认为宋四家中的"蔡"原本应该是蔡京，后人不齿其为人，所以把蔡京换为蔡襄，并认为蔡襄的艺术成就在蔡京之上。

之中，苏蕴藉，黄流丽，米峭拔，而蔡公又独以浑厚居其上。"

元朝统治期间，北方农业得到恢复，农田面积有所增加，水利建设有所扩大。手工业也有新的成就，制瓷技术及产品的釉色都达到很高水平。为了保证南北交通通畅，元代统治者将流向洛阳（西安）的隋唐大运河，改造成直达北京的大运河，并开辟了南粮北运的海上航线。元代相对包容开放的经济政策，多民族杂居融合的社会环境，使天文学、数学成就居于世界前列。"元曲"成为这一时期最为典型的文艺形式，书法与绘画也发展到新的阶段。元代绘画作品如黄公望的《富春山居图》，赵孟頫的《鹊华秋色图》《骏马图》《元世祖出猎图》（图4-26）等。其他工艺品如《杂剧陶俑》《元金飞天头饰》等都具有极高的工艺水准。

图4-26　元世祖出猎图（局部）

案例22　《千里江山图》与"千里江山图纸雕灯"

现藏于北京故宫博物院的北宋长卷《千里江山图》是中国十大传世名画之一。该作品以长卷形式，通过烟波浩渺的江河、层峦起伏的群山构成了一幅美妙的江南山水图。渔村野市、水榭亭台、茅庵草舍、水磨长桥等静景穿插捕鱼、驶船、游玩、赶集等动景，动静结合恰到好处。在该作品人物的刻画上，极其精细入微，意态栩栩如生。《千里江山图》不仅是青绿山水发展的里程碑，而且集北宋以米水墨山水之大成，并将创作者的情感付诸创作之中。

目前，围绕《千里江山图》所开发的文创产品很多，较有代表性的如故宫文创开发的"千里江山图纸雕灯"。该产品实际是由数张"千里江山图"纸板模具压制而成，消费者可以独立完成由纸板向纸雕灯成品的组装（图4-27）。

图4-27　《千里江山图》局部与"千里江山图纸雕灯"

六、明清时期

（一）历史脉络

　　明朝从1368年建立到1911年清帝逊位，是中国封建社会和封建制度由巩固到逐渐衰落直至走向灭亡的过程。1368年，明太祖朱元璋称帝，国号大明，定都应天。明成祖朱棣营建并迁都北京，明代北京城是世界上最宏大的皇家建筑群。为巩固北部边防，明政府修筑了西至嘉峪关，东至鸭绿江的长城。为了进一步加强同海外各国的联系，明朝政府派遣郑和七次出使西洋，最远到达非洲东海岸和红海沿岸。明朝中后期，随着商品经济的发展，在江南一些地方出现了"资本主义萌芽"。明朝后期，封建统治腐朽，社会矛盾日益尖锐，爆发了李自成领导的农民起义。1644年，李自成攻入北京城，明朝统治被推翻。1616年，女直族努尔哈赤建立政权，国号大金，史称"后金"。1636年，皇太极改国号为大清。顺治帝登基后，于1644年经山海关定鼎北京，并击败李自成。清朝前期，疆域西跨葱岭，西北至巴勒喀什池，北接西伯利亚，西南达喜马拉雅山脉，东北至黑龙江以北的外兴安岭和库页岛，东临太平洋，东南到台湾及其附属岛屿，南至南海诸岛，幅员辽阔。自1840年第一次鸦片战争至1856年第二次鸦片战争，以及此后的太平天国运动、1894年中日甲午战争、1900年义和团运动与八国联军进北京，清王朝最后70年始终处于内忧外患之中。1911年10月，革命党人发动武昌起义并取得成功。1912年元旦，孙中山在南京就任临时大总统，宣告"中华民国"成立，清王朝及其延续数千年的封建君主专制正式推出中国历史舞台。

（二）技术与文化资源

　　明代文学以小说达到的艺术成就最高，"三言""二拍"就是这种话本和拟话本的代表作。《西游记》《水浒传》《三国演义》《金瓶梅》被称为四大奇书。明代剧作接续元杂剧的辉煌，由汤显祖创作了最负盛名的《牡丹亭》。绘画艺术方面，"吴门画派"崛起，沈周、文徵明、唐寅、仇英被后世称为"明四家"。此外徐渭、张宏也是明朝代表画家。明人绘《出警入跸图》场面宏大、人物众多、笔法精美，是不可多得的艺术长卷（图4-28）。工艺美术方面如明式家具、正德青花瓷（图4-29）、掐丝珐琅工艺、玉石珠宝雕刻镶嵌工艺、纺织与刺绣工艺均已发展至历史最高水平。

图4-28　出警入跸图（局部）

图4-29　青花荷莲鸳鸯纹罐

图4-30　京剧"贵妃醉酒"形象

明清政权对峙并立28年间，明朝官员不断被俘或归降清朝统治集团，因而，满汉文化相容，生活方式交织，亦非一朝一夕之事。康熙之后，满族统治者除在服饰与文字保持其民族特色外，其日常用品、饮食起居、生活方式已与汉族差别不大。四大名著中的《红楼梦》在雍乾年间成书，同治时期徽班进京，形成早期京剧。

清代手工艺品的制作更为复杂，装饰也更加繁复，如清粉彩镂空瓷转心瓶、铜胎书珐琅凰纹花瓣口盘、霁蓝"海晏河清"瓷尊、斗彩海水团花瓷天球瓶、清方形白砂壶等。绘画方面，以意大利人郎世宁为代表的西方画家进入宫廷，使清中期的园林建筑与宫廷绘画呈现出中西合璧的特征；宫廷画家张恺绘制的《普庆升平图》生动地描绘了清代民俗场景。道光二十年至咸丰十年间（1840—1860），在吸收徽戏、秦腔、汉调、昆曲的精华基础上，京剧逐步形成（图4-30）。

案例23　与《西游记》相关的现代文创产品设计

《西游记》在中国文学史上的影响力，不同于其他几部名著。作者通过神奇瑰丽的想象，创造了一系列妙趣横生、引人入胜的神话世界，它独特的思想和艺术魅力，将读者带进了奇幻殿堂。在《西游记》这个虚幻世界中，作者通过塑造一个个丰满的形象，投射出真实世界的世态炎凉，表现出鲜活的人间智慧，具有丰满的现实血肉和浓郁的生活气息。正因如此，《西游记》妇孺皆知，流传最广，成为深度渗透中国百姓日常生活的文学名著，同时也是现代文创产业开发的重要IP。

近年来，围绕《西游记》所开发的文创产品极多，以《西游记》为主题的文创产品设计大赛也层出不穷，如2019年中国西游记文化研究会与连云港市委宣传部联合主办的"西游记主题文创作品征集活动"中，便遴选出一些传播性较好的文创产品，如许翰清所设计的《一念》，以及王顺所设计的《四不大圣》等。杭州玺匠文化有限公司旗下的"铜师傅"品牌所推出的《欢乐西游》《大圣》等文创产品也取得了较好的市场效益。乐高积木"中国英雄专场"2020年5月推出了以《西游记》为主题的"悟空小侠"系列积木玩具，套装中的主角人物以《西游记》经典角色为参考，并结合各式战斗机甲和特殊载具，加入现代审美元素，颇受消费者欢迎（图4-31）。

图4-31　与《西游记》相关的现代文创产品设计

第三节
我国民俗文化中的创意资源及转化

我国是礼仪之邦，文化大国。"礼仪之邦"是指中国人的日常生活中所普遍表现出来的文化内涵。其言谈举止、举手投足、起居坐卧、吃穿用度皆有"礼"可依，有"典"可循。而这些反映在人们日常生活中的"文化"特征，则是今天文化创意产品设计开发所应着重深耕的沃土，是取之不尽用之不竭的文化资源。

俗，人从谷声，原意为人们从土地上所养成习得的生存之道。民俗，民间的风俗习惯。俗语有"十里不同风，百里不同俗"，或曰"五里一风，十里一俗"。说的就是特定人群因其地理区位、自然禀赋、外部环境等差异，经过长期孕育，自然演化出的特有的生产技巧与生活习惯。久而久之，这些生活习惯则以约定俗成、共同认可的方式，被沉淀固定下来，故被称为"俗"。民俗所规范的内容既包括春耕夏耘、秋收冬藏，又包括修路开渠、抬梁架屋，还包括饮食起居、穿衣戴帽，更包括生老病死、婚丧嫁娶。框定着特定区域民众的生产生活与社会交往的基本样式。"俗"不是"理"，却是"理"的群众基础；"理"并非"法"，却是"法"的道德依据。我们通常讲的"情理法"，其"情"为"俗"，其"理"成"礼"，其"法"则不过是"情理"在民俗中所必须坚持，成文固化的强制条文。因此，法的形成，是不同"礼俗"的最大公约数，是族群不断融合，彼此纠缠相互妥协的结果。可见，民俗才是维系社会稳定的最大"不成文法"，是"心领神会"，是"心照不宣"，更是"心心相印"。本质上，习俗即为人们在共同生产劳动、改造自然、生存繁衍过程中，所逐步达成的社交基础。遵从民俗则融入群体，排斥民俗则被孤立。

民俗虽为礼法的基础，却又不是礼法本身，并不具有强制性。因此，民俗的延续传播，则需要借助于文化渲染，形成传播张力。久而久之，习俗的生活经验本质，逐步被故事传说、信俗崇拜、诗歌谚语、行为禁忌等方式所解释、所转译。人们的言谈举止，生活习惯统统被赋予了象征意义与文化内涵，使其深入人心，代代相传。因此，今天我们所保护的"非物质文化遗产"，只不过是在保护"民间习俗"典型化的外在文化载体。我们与其说是在保护"非物质文化遗产"，不如说是通过"保护非物质文化遗产"的形式，尽力维系其背后的民间风俗文化生态。

本节内容以我国晋鲁豫地区的生产民俗、日常民俗、节庆民俗、游艺民俗、民间信俗等为研究对象，以现代文化产品设计开发为视角，提纲挈领，简明扼要地撷取我国民俗中的重点资源，并与本书所重点阐述的历史、非物质文化遗产等部分相互印证，共同构成本书文创产品设计开发的文化资源基础。

一、传统节日中的文化创意

自古以来，以农耕文化为主体的中华民族，将春耕、夏耘、秋收、冬藏视为生存的根本，并在此基础上制定历法、确定节气、展开协助形成各种社会关系。数千年来，在黄河中下游地区世代耕作的先民，将土地上获得的生产经验逐步固定成以"时令节气"为代表的农业历法上。历法是古人们用来指导农事的"规矩尺"，是帮助农民获得丰收的"定盘星"。

二十四节气是我国古代劳动人民长期实践的智慧结晶，包括立春、雨水、惊蛰、春分、清明、谷雨、立夏、小满、芒种、夏至、小暑、大暑、立秋、处暑、白露、秋分、寒露、霜降、立冬、小雪、大雪、冬至、小寒、大寒。而在这些时令节气中，那些处于春耕、夏耘、秋收、冬藏等农事活动的重要节点，便成为人们祭祀诸神祖先、缅怀圣人先贤、祈祷风调雨顺、盼望丰收富足、欢庆安康团圆的节日。

（一）春季节庆民俗

立春，俗称"打春"，二十四节气之首，在大寒之后的第15天，北斗星的斗柄会指向寅位（东北方）。古人认为，这一天是春天的开始，意味着一切周而复始，万物更生。自秦汉以前，立春都会举行盛大的拜神祭祖、纳福祈年、驱邪攘灾、除旧布新、迎春和农耕等庆典，形成今天"春节"与"新年"的基本框架。立春之日，旧时北方各地都有祭"芒神"和"打春牛"的风俗（图4-32、图4-33）。

图4-32　河南"打春牛"

图4-33　绘画中的"打春牛"

"春牛"一般以桑拓木胎为骨，泥皮为面。"春牛"身高四尺，代表四季；头尾长八尺，象征八节；尾长一尺二寸，代表十二月；打春牛的鞭子一般为二尺四寸的柳枝制成，寓意二十四节气。"打春牛"仪式一般为地方政府主导，地方官主持。地方官吏象征性地鞭打"春牛"三下，以示劝农，然后退而向芒神揖礼。接着由差役等人将土牛打碎，民众便争抢被打碎的"春牛土"，俗称"抢春"，抢春者以抢到牛头最吉。春牛与芒神的相对位置，以及鞭打春牛的具体部位，皆有寓意，称为"观春"。若立春在腊月望，则芒神置于春牛之后，鞭打春牛肩，以示春耕早；若立春在正月望，则神在牛前，鞭及牛膝，以示春耕晚；芒神戴帽则寓意春暖，光头则示春寒；穿鞋则表示雨水多，赤脚则表示雨水少。打春牛的习俗现在已不多见，但在立春之日，农家仍将闲了一冬的耕牛牵到地里，象征性地打牛犁地，谓之"打春试牛"。

我国北方地区还有纸扎春牛的风俗，纸扎春牛腹内放置红枣、栗子、核桃、花生等干果面点，象征以春牛所孕育的丰收富足。打春牛后，春牛腹内干果点心撒落一地，任由孩子们哄抢讨吉。

案例24　牛的象征意义与现代文创产品设计

据《山海经》记载：炎帝牛首人身，实际上，炎帝部落以牛为图腾，则侧面印证了我国悠久的农业传统。牛作为被人类最早驯化的动物之一，是农业耕作中重要的劳动力，被赋予了勤劳、忠厚、强壮、忠诚、向上的象征意义，人们视牛为"义畜"，《周易》中称"坤为牛"，因"坤像地任重而顺，故为牛也"，即将"牛"比喻为负载生养万物的大地。今天，牛依然是现代文创产品设计开发的重要文化资源。譬如，在中共深圳市委员会门前，就有一组名为"拓荒牛"的雕塑，象征着深圳第一批改革开放的拓荒者任劳任怨，无私奉献，将一个贫穷的边陲小镇，开垦成一个国际性现代化城市。"拓荒牛"代表的，正是深圳的这种开拓、勤勉精神。文创产品"金牛踏鼓"摆件，象征"牛气冲天""扭转乾坤"等；使用"牛"的形象设计的存钱罐、吊坠、包装等更是不胜枚举（图4-34）。

图4-34　深圳"拓荒牛"雕塑以及"金牛踏鼓"摆件和"牛"存钱罐

"年"字的本意为"谷熟"，《春秋传》曰："大有年。五谷皆孰为有年。五谷皆大孰为大有年。"可见"年"的本意就是农业收获后，人们利用冬季农闲时间，为了庆祝五谷丰登，祭祀祖先诸神，祈祷开春风调雨顺而进行的以家族（家庭）为单位的祭祀典礼与饮宴聚会。

"春节"有辞旧迎新、万物更始的含义，是汉族地区最隆重的传统节日，强调整个过程的仪式感。因此，"过年"一般是从小年（腊月二十三）开始，至除夕（腊月三十）、大年初一达到高潮，一直持续到正月十五才接近尾声，其间会进行一系列的祭祀庆祝宴乐活动。

旧时腊月二十三（清代之前为腊月二十二）为"祭灶日"，家家户户会在这一天祭奠"灶王爷"，北方也称这一天为"小年"。灶王爷传说是玉皇大帝封的"九天东厨司命灶王府君"，也称"灶君""灶神"等，是执掌厨房的神。中国有"民以食为天"的传统，因此，灶王爷也是民间供养最多、信奉最广的"主神"。民间传说，每年农历腊月二十三（有的地方为二十四），灶王爷会上天言事，向玉皇大帝汇报一家人的所作所为，玉帝据此来安排这家人来年的善恶报应。因此，这天晚间，各家各户都会举行"送灶""辞灶"仪式（图4-35）。通常为长者在灶台上贴新的灶王像（有的地方也贴灶王奶奶）（图4-36），并将去年旧的灶王画像连同一匹纸马一起焚烧，摆上糖瓜（麦芽糖）、柿饼、年糕等甜腻黏牙的供品，其意是黏住灶王爷的嘴，让他嘴甜如蜜，"上天言好事，回宫降吉祥"，全家一起叩拜。腊月二十三"小年"家家户户燃放鞭炮，年味渐浓。小年之后，家家户户开始置办年货，打扫厅堂，制作新装，俗称"忙年"。民间一般为腊月二十三蒸年糕，二十四扫屋（除旧），二十五裱糊窗户（布新），二十六宰羊炖猪，二十七杀鸡宰鹅，二十八煮枣发面，二十九贴春联、炸年货。

年除夕，即农历一年的最后一天，也叫"年三十"。即使当年腊月为小月（即只有二十九天），最后一天仍称"年三十"，以求圆满团圆之日。这一天，在外地工作的家庭成员，无论多远，都要回家过年。"春联"本是"桃符"，是在桃木上雕刻绘画书写的辟邪之物，后来逐步演变为纸质的吉祥张贴物。此类张贴物主要包括对联、门神、方子、过门笺（同钱）等。对联是写在红纸上的两句对仗工整的吉祥语，贴于左右门框。上联贴右边，下联贴左边，门楣上贴四字横批。两个门板上贴"方子"（图4-37），或是成对的门神。单门上贴"独站儿"。旧时正月里有债主不讨债，官府不抓人的规矩，因此，民间有"贴得早，过得好"的风俗。除贴春联外，旧时家家户户还会贴窗花，以及在家具陈设上贴四字红符的习惯，如在床腿上贴"身体健康"，在橱柜上贴"黄金万两""衣服满柜"，在车上贴"日行千里"等，以讨好口彩。

图 4-35　百姓祭灶

图 4-36　灶王爷灶王奶奶神龛

图 4-37　贴春联

年夜饭往往是一年最丰盛、最团圆的家庭聚餐。美酒佳肴主食多有吉庆含义，如鸡取"大吉大利"，鱼取"年年有余"，糕取"步步升高"等。年夜饭后，家庭成员往往围坐在一起，互说吉利话，家长也会给子女"压祟钱"，希望晚辈平安健康。大年三十过了"子时"便为大年初一，古时也称元日、元旦。此时晚辈开始向长辈磕头过年，家家户户煮饺子、放鞭炮（图4-38）。农村谚曰"谁家放得早，谁家过得好"，谓之"抢年"。大年初一主要活动为五服之内的家族成员相互拜年，同时进行各种社火庆祝活动，如扭秧歌、抬阁、舞龙灯等。

图4-38　放鞭炮

祭祀祖先是除夕日一项非常重要的活动，旧时世家大族会在家祠中进行，而普通家庭由阖族男性在坟地祭祖的，也有将已故祖先请回家祭祀过年的，谓之"请家堂"。祭祀祖先的目的一是感谢养育之恩，二是向祖先报告当年的家族情况，三是祈求祖先保佑家族兴旺发达，四是重申家族内部相互关系，融洽族人感情，加强内部团结。

大年初二，各地多举行"出行""开市"仪式，很多店铺开始营业。这一天多地均有"回娘家，拜岳父"的风俗，已婚女子一般会在丈夫的陪伴下回娘家，并需携带一定的礼物，新婚夫妻携带的礼物异厚。

大年初五，俗称"破五"，旧时以这一天阴晴来占卜当年骡马的吉凶，因此也被称为"五马日"。这一天很多地方也会置办酒席，迎接财神（图4-39）。山东、河南等地这一天要"送高堂"，即将祖先送回陵茔，新年庆祝告一段落。初六在外工作的人可以离家返回。

图4-39　百姓"破五"迎财神

正月初八为"谷日"，俗信此日天晴，则会五谷丰登。

正月十五是新年第一个月圆夜，俗称"元宵节"，是春节之后最隆重的节日。这一日最重要的活动是赏花灯、放烟火、吃元宵等。民间俗信，正月十五的灯是吉祥之光（图4-40），可以驱妖辟邪，除百病。因此，元宵节也被称为"灯节"，旧时各地家家户户制灯、散灯、放灯、送灯。所谓"散灯"，就是将供桌上点燃的灯祭祀后，分别放在门槛两侧、窗台、锅台、畜栏、井、碾、磨等各处；"放灯"是让男孩子提着灯，信步行走摆放，如街上、山上、路上、河中等；"送灯"则是将灯放在家族祖坟或庙观之中。各地元宵节灯的种类繁多，各具特色。主要有面灯、萝卜灯和彩灯三种。面灯，也叫"面盏"，民间多用白面、豆面或米面捏制，形态多以生肖、神兽为主，祈求健康长寿，寓意人丁兴旺（图4-41）。萝卜灯一般用胡萝卜洗净截段挖坑，然后插入灯芯，注入灯油做成灯。彩灯一般用竹木等材料扎出骨架，外部裱

图4-40　元宵节灯会

糊纸、绢、纱等材料，其上书写灯谜，设计巧妙、制作精美，多悬挂于街道两侧，供游人观赏品评。

元宵节这一天，各地还会举办各种庙会，群众自发举行各种娱乐游行活动，如踩高跷、赶毛驴、舞狮子、划旱船、打花棍等，锣鼓喧天，甚是热闹。元宵节还有做元宵、送元宵、吃元宵的风俗，在北方为"滚"元宵，南方"包"汤圆，寓意团团圆圆。在外谋生读书的人，可以在正月十六离家工作了。

农历二月初二谓"龙抬头"，此时北方大部分地区天气渐暖，雨水渐多，万物初绿，一派初春的生机盎然。此日民间有引龙、打囤、煎饼熏虫、击梁辟鼠、炒豆报捷等风俗。"引龙"也称为"引龙填仓"，旧时人们将炉灰从大门外一直洒落至厨房，并绕水缸一周，称为引龙，寓意趋避害虫，引来财富。打囤，也叫"打灰囤"，即用过年期间（正月十五之前）积下的炉草灰，在家中庭院上围成闭合的圆形，象征"囤仓"。人们会在"囤仓"内放置五谷杂粮种子，第二天观察什么种子先发芽，今年就多种什么粮食。

冬至后的第一百零五天为寒食节，春分后第十五天是清明节，也称"鬼节"，这天要添坟祭祖。北方大部分地区，往往将寒食节与清明节合二为一，这一天有冷食、扫墓、插柳、踏青、打秋千、放风筝等活动。插柳、戴柳主要是为了祛除毒虫。节前傍晚，人们往往会提前折回柳柏树枝，第二天插入磨盘眼、门口、窗口、屋檐等位置，防止毒虫进入。

图 4-41　烟台豆面油灯

（二）夏季节庆民俗

立夏，标志着夏季的开始，此时夏收作物已进入生长后期，年景收成基本定型，因而农谚有"立夏看夏"之说。

农历五月初五为端午节，古时认为五月初五正值阴阳交错，瘟疫毒瘴盛行，是恶月中的恶日，因而需要举行一系列的活动驱邪避瘟，如今一般认为这一天纪念屈原投江。端午节多数地区有插艾草、煮鸡蛋、喝雄黄酒、吃粽子、赛龙舟的风俗（图4-42、图4-43）。插艾草主要用于驱除蚊虫，也有为亲人缝制内部装有驱蚊草药的香荷包。撒龙黄（硫黄）、喝雄黄酒的目的也是为了杀菌驱疫。这一天还有给儿童手腕脚腕缠五彩线驱邪的风俗，俗称"长命缕"或"拴命线"。"长命缕"缠上之后，需待节后第一场雨后，方可解下丢入雨水之中。

六月初一日，一年已经渡过一半，因而称为"半年节""小年下"。

图 4-42　端午节赛龙舟

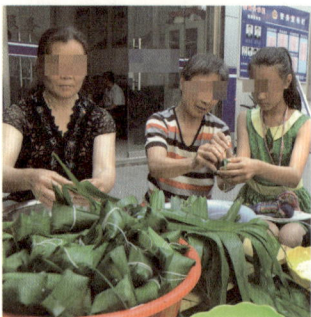

图 4-43　端午节包粽子

相传若遇甲子年或大灾疫之年，百姓往往将这一天当成"大年"来过，以祈祷灾年快些过去。农历六月六已经进入盛夏，北方地区酷暑难当，这一天，人们会将家中衣物、书籍等物，取出暴晒杀菌，防止生虫，因而这一日也称"晒衣节"。按照传统历法，"夏至"这天白昼最长，夜晚最短，人们普遍有食用清凉汤、凉茶、凉面等习俗。

（三）秋季节庆民俗

中国北方的传统节日，大多集中于春秋两季。春季耕播，人民祈盼风调雨顺，五谷丰登。因而要对天敬畏，对神虔诚，希望祖先保佑，春季节日多以"愉神"为主；秋季是丰收的时节，即便年景稍差，也不至于颗粒无收，所以秋天人们的生活相对宽裕，秋季的节日更多地以"悦人"为重，主要包括立秋、乞巧、中元、中秋、重阳等节日。

立秋为大暑之后的十五天，北斗星柄指向西南谓之立秋，民间有"贴秋膘""咬秋"等习俗。

七月七日为"乞巧节"，也称七夕节、香桥会。此时处于棉花收获之前。这一天，家中的女孩子一般会向七仙女中的织女祈求巧手，使其缝纫女红更加娴熟精巧。各地乞巧的风俗不同，山东曲阜有七夕节制"巧果"作供品的风俗。北方地区乞巧节的饮食主要有面条、水饺、馒头、烙果子等，有些地方还会做一种带有各种吉祥图案的油炸面片食品，也称"巧果"（图4-44）。

农历七月十五为"中元节"，传说是城隍出巡的日子，这一天主要祭祀祖先和孤魂，因此又叫"鬼节"。因秋季瓜果新鲜，种类丰富，多用作供品，也被称为"瓜节"。旧时很多地方"放河（荷）灯"以超度亡灵（图4-45）。

农历八月十五，为"中秋节"，民间认为此日月亮最圆，人伦因顺

图4-44　大荔县大豪营村
《乞巧节》

图4-45　放荷灯

应天时团聚，因而也被称为"团圆节"。民间将吴刚伐桂、嫦娥奔月、玉兔捣药等传说与中秋节融合，进一步丰富了中秋节的文化内涵。此日有赏月、拜月、食用月饼的风俗。月属阴，因此俗语有"男不拜月，女不祭灶"的说法。拜月之后，阖家赏月饮宴吃月饼，有的地方还会召集乡亲族人畅饮游戏，孩子们则会将祭祀后的"兔子神"当玩具。在我国很多地区，普遍将中秋节视为看望亲朋好友的重要节日，很多重要的社会关系，若此日不去拜访，便显得非常失礼。因此中秋前拜师访友的习俗非常普遍，除馈赠月饼外，还会赠送酒和水果等。

九九重阳节是秋季最后一个重要节日，在传统文化中"九"为阳数，九月九日谓之"重阳"。此时正值秋菊盛开，茱萸飘香，秋粮丰收之时。因此，各地多有登高祈福、秋游赏菊、佩插茱萸、祭祖敬老等活动。

案例25 "兔儿爷"与星巴克的"可爱兔"茶漏马克杯

在民间传说中，嫦娥是广寒宫的主人，而玉兔则是陪伴嫦娥仙子身边的"宠物"。人们将嫦娥神化的同时，也将玉兔一并艺术化、人格化，乃至神化了。中国民间祭祀"兔儿爷"的记载，可追溯至明代。明纪坤在《花王阁剩稿》中记载："京中秋节多以泥抟兔形，衣冠踞坐如人状，儿女祀拜之。"此后，"兔儿爷"逐步转变成儿童的中秋节玩具。有人仿照戏曲人物，把"兔儿爷"雕造成金盔金甲的武士，有的骑着虎、狮、象，有的背插纸旗或纸伞，或坐或立，威风凛凛却也讨人喜欢。

今天，"兔儿爷"作为"中秋形象大使"，被设计师融入诸多现代审美特征，形态更加规则、制作更加精准、形象也更为萌动。2020年，星巴克推出"全新秋季月兔星杯"系列产品，将"玉兔"形象进一步功能化。如"可爱兔茶漏款浮雕马克杯"设计中，白色兔子被设计成放置茶叶或其他冲泡饮品料包的装置，生动活泼，蓝色杯身结合粉色兔爪及手柄，营造出一种甜蜜可爱的少女感（图4-46）。

（四）冬季节庆民俗

据《礼记·月令》记载，进入十月，"天子始裘"，即天子开始穿上冬衣，标志着冬季的正式到来。宋明时期，农历十月初一，君主还会将冬衣赠予大臣，行"授衣"之礼，体现天子对臣僚的关爱。另有民间说法认为，秦朝孟姜女远涉千里，为丈夫范杞良送冬衣，得知丈

图4-46 "兔儿爷"与星巴克的"可爱兔"茶漏马克杯

夫因修筑长城而累死后，痛哭不止，为丈夫焚化冬衣，哭倒长城。因此，民间将这一天称为"寒衣节"。寒衣节与清明节、中元节，并称中国的三大"鬼节"。"十月初一烧寒衣"，是人们追思已故亲人，为其送上冬衣（焚烧冥衣）的日子。

冬至日是入冬之后重要的节日，这一天北斗星柄指向北方，天下皆冬，谓之"冬至"。这一天北方地区白昼最短，夜晚最长。古人认为，冬至后阳生，是春归的开始，因此有"冬至似大年"之说。宋代孟元老的《东京梦华录》中有载"十一月冬至，京师最重此节，虽至贫者，一年之间，积累假借，至此日更易新衣，备办饮食，享祀先祖。官放关扑，庆贺往来，一如年节"。可见自宋代开始，民间对冬至日便非常重视。民间有"冬至不端饺子碗，冻掉耳朵没人管"的民谚，北方各地普遍吃饺子，喝羊汤，谓之"怯寒"。

进入农历腊月（十二月），天寒地冻，旧社会无所依靠的穷人度日越发艰难，俗语云"腊八腊八，冻死叫花（乞丐）"。为救危扶困，接济穷人，旧时民间普遍有在腊月初八日，以杂粮熬粥施舍穷人的风俗。此日除熬腊八粥外，有些家庭还会制作"腊八蒜"。腊八蒜由蒜瓣在醋中浸泡腌制，一般密封二十三天，至正月初一吃饺子时食用。此时大蒜碧绿如玉，酸辣可口，成为大年三十吃饺子的最佳辅食。

二、生活民俗中的文化创意

日常生活无非是衣食住行，但就是在这些穿衣戴帽、饮食起居、抱拳拱手的细枝末节之中，最能体现出一个地区民间所特有的独特习俗。这些习俗是活着的"非物质文化遗产"，是保持文化多样性最重要的文化沃土。

（一）服饰民俗

服饰是衣裳、冠带、靴履、配饰的总称，具有御寒、遮羞、美化、彰显身份的作用。《易·系辞下》载："黄帝、尧、舜垂衣裳而天下治，盖取诸乾坤。"《鉴略·三皇纪》有"袭叶为衣裳"，《物原·衣原第十一》中提到"有巢始衣皮"，记载有巢氏最早教民用树叶、毛皮做成衣服。中国服饰可以看作由此发端。从几千年的历史来看，中国始终是纺织大国、服装大国。华夏族的"华"字，在夏商周三代之前，其实与花朵的"花"字通假，其意特指古华夏族先民的"服饰华丽，灿烂如花"。相传轩辕黄帝的元妃首创了种桑养蚕之法与抽丝编绢之术，旨定农桑，是以尊为"嫘祖"。春秋时期，越国的美女西施，相传为浣纱女，也就是在河边洗濯棉纱的人。宋末元初的黄道婆更是我国历史上著名的棉纺织家、技术改革家。黄道婆对促进我国棉纺织业和棉花种植业的迅速发展发挥了重要作用，被后人誉为"衣被天下"的"女纺织技术家"。

《史记·五帝本纪》载"帝尧者，放勋。其仁如天，其知如神。就之如日，望之如云。富而不骄，贵而不舒。黄收纯衣，彤车乘白马。"即尧戴的是黄色的帽子，穿的是黑色衣裳，朱红色的车子驾着白马（图4-47）。汉民族服饰形制样式随民族融合、政权更迭、文化影响等因素而不断改变，如赵武灵王胡服骑射、汉武帝北击匈奴、南北朝民族融合、满清入关、民国西化等，均使汉民族服饰系统产生变动。不过，宽袍大袖、交领右衽❶可以视为明代之前汉族服饰始终保留的特点。

先秦时期，帝王衮冕形制，上衣为玄（黑）象征天；下裳黄象征地。也有浅绛色。玄衣广袖，上有朱、白、苍、黄、玄五彩绣织出日、月、星辰、山、龙、华虫等图画。裳也用五彩丝绣出宗彝、藻、火等图案。这些图画和图案的花样合称为"十二章纹"❷（图4-48）。裳前有皮制的芾，朱色，系于腰间革带，蔽之于裳面膝前，裳旁佩玉，裳后系组绶（宽丝带做成的花样垂饰），腰间还用大带系束。可见，自尧舜以来，华夏族的服饰便具有强烈的文化象征意义。

《礼记》有"冠者礼之始也"。就是说冠礼就是礼仪的起点。汉族成年人束发，有"冠笄之礼"。"冠"即为"首上之服"，演化出诸多冠、冕、笄、簪、帽、帻、钗、华胜、花钿、步摇等复杂头饰。

西周之后还出现了一种直筒式的长衫，将衣、裳连在一起包住身子，这种衣服叫"深衣"❸（图4-49），深衣可以作文武官员的次等朝服，也可以做诸侯士大夫饮宴的礼服，还可以作帝王不视朝时的便

图4-47　古代绘画中尧形象

图4-48　十二章纹

---

❶ 右衽为汉族服饰的象征符号之一。而中国古代一些少数民族的服装前襟向左掩，异于中原一带的右衽，称为左衽。此外，左衽也被用来指死者，在陪葬的壁画和绘画先人的画像中，使用左衽，以示阴阳有别。

❷ 十二章纹的起源可追溯到舜帝时期，帝王及高级官员礼服上绘绣的十二种纹饰，分别为日、月、星辰、群山、龙、华虫、宗彝、藻、火、粉米、黼、黻，通称"十二章"。绘绣有龙纹的九章礼服称为"衮服"。十二章内涵丰富：日、月、星辰取其照临之意；山取其稳重、镇定之意；龙取其神异、变幻之意；华虫（花鸟章）取其有文采之意；宗彝取供奉孝养之意；藻取其洁净之意；火取其明亮之意；粉米取粉和米，有所养之意；黼取割断、果断之意；黻取其辨别、明察、背恶向善之意。

❸ 古代凡是服装都是上衣下裳不相连，唯此种衣裳是上下相连，分开裁但是上下缝合，因为"被体深邃"，所以称为"深衣"。

服。深衣也是庶人参加婚、丧、宾礼、祭礼时的唯一可穿的礼服，且不分男女都可以穿。非正式场合，古人可带帻，帻即用来包住头发的头巾。平民百姓日常着"襦裤"，襦是短衣，以短衣长裤为常服，不在外面系裙。贫者着褐，即粗布长袄，颜色多为青、黑两色，丧服为白色。

秦代服制与战国时无大差别，保持深衣的基本形制。西汉男女服装，仍沿袭深衣形式。无论单、绵，多是上衣和下裳分裁合缝连为一体，上下依旧不通缝、不通幅。汉初承秦制，大体沿袭，直至东汉明帝时，始参照三代与秦的服制，确立了以冠帽为区别等级主要标志的冠服制度。服饰整体呈现凝重、典雅的风格。

汉代服饰还实行佩绶制度。佩是身上的玉饰；绶是用来悬挂印佩的丝织带子。佩绶用来区分地位尊卑。佩绶制度在华夏衣冠里为等级尊卑的一种显著特征（图4-50、图4-51）。后来绶的外形、佩带方式都发生了变化，但其作为礼服之明尊卑作用一直保留至明代。

魏晋时期规定宫中朝服用红色，常服用紫色。白色为平民百姓服色。这时的服式仍以"襦"和"裙"为主。妇女装饰比较考究，有金环、银约指、绕腕的跳脱（旧指手镯）等。南北朝服式还有"袍"和"衫"，"衫"在晋时已是必着衣的一种。"裘"是非正式衣服，指皮衣，在过去极为珍贵，以貂裘为最。

经过魏晋南北朝长达三百多年的民族融合，隋唐时期的汉族服饰呈现出多元的特征。男子常服为幞头、袍衫、穿长勒靴。但此时的袍

图4-49 女立佣 汉代　　图4-50 虎纹玉饰 汉代　　图4-51 龙纹玉佩 汉代

衫与汉晋有明显不同,式样为圆领、右衽、窄袖、领袖裾无缘边。官员戴幞头,百姓着短衫。直到五代,变化不大。天子、百官的官服用颜色来区分等级,用花纹表示官阶。隋唐女装富有时装性,往往由争奇的宫廷妇女服装发展到民间,被纷纷仿效。隋唐时期最时兴的女子衣着是齐胸襦裙和高腰襦裙,即短上衣加长裙,裙腰以绸带高系,几乎及腋下(图4-52)。又有从宫廷传开的"半臂"成为潮流。当时还流行长巾子,系用银花或金银粉绘花的薄纱罗制作,一端固定在半臂的胸带上,再披搭肩上,旋绕于手臂间,名曰披帛(图4-53)。

宋代服饰大体沿袭唐制,但在服装式样和名称上略有差异。宋代的缺胯袍衫式样有广袖大身和窄袖紧身两种。宋代官员公服、制服之外的日常便服,主要是小袖圆领衫和帽带下垂的软翅幞头,脚下着更便于平时起居的便鞋。总的来说,宋代的服饰比较拘谨保守,色彩也不及以前鲜艳,给人以质朴、洁净、淡雅之感(图4-54)。

明代恢复汉族的传统,明太祖朱元璋重新制定汉服服饰制度。明代皇帝戴乌纱折上巾(乌纱翼善冠),帽翅自后部向上竖起。明初要求衣冠恢复唐制,其法服的式样与唐代相近,只是将进贤冠改为梁冠,又增加了忠靖冠等冠式(图4-55)。自唐宋以来,龙袍和黄色就为皇室所专用。明代的公服亦用幞头和圆领袍,但这时的幞头外涂黑漆,脚短而阔,名乌纱帽,无官职的平民不得服用。公服除依品级规定服色外,最有特色的是用"补子"表示品级。补子是一块40~50cm见方的绸料,织绣上不同纹样,再缝缀到官服上,胸背各一(图4-56)。官至极品则用玉带,所以"蟒袍玉带"就成为这时大官僚之最显赫的装束。日常穿的圆领袍衫则凭衣服长短和袖子大小区分身份,长大者

图4-52 唐三彩女立俑

图4-53 簪花仕女图(局部)
周昉 唐代

图4-54 蹴场丛戏图(局部) 苏汉臣

图4-55 朱瞻基行乐图卷(局部)

图 4-56　清代一品仙鹤补子

图 4-57　草屦

图 4-58　木屐

图 4-59　舄鞋

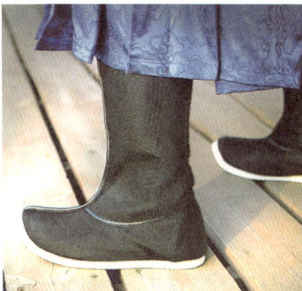

图 4-60　明朝靴

为尊。

　　清朝为满族统治政权，在全国实施"剃发易服"的民族政策，导致汉族服饰作为日常服饰在清朝淡出历史舞台。男子满族服装多为"袍"服，是在满族传统服饰基础上加以变化，并汲取汉族服装特点。一般袖子比较窄瘦，礼服是箭袖，又称马蹄袖。袍身用纽扣系结。右衽大襟，圆领口。皇室的袍有前后左右四开气，而士庶男子只能在左右开气。马褂是清朝特有的满式服装，多为圆领，有对襟、大襟、琵琶襟等式样，有长袖、短袖、大袖、窄袖之分，但均为平袖口。因"剃发易服"政策遭到汉族强烈抵制，清代统治者实行"男从女不从"，汉族妇女依旧保持明代上衣下裳式的袄裙，清代妇女服饰的种类很多，如背心、一裹圆、裙子、大衣、云肩、手笼、抹胸、腰带等。

　　鞋又称"足衣"，可分为屦、舄、履、屐、鞮、靴等。屦原意是指用麻、葛等编织而成的单底鞋，算是草鞋的一种（图4-57）。后来周王室的贵族也开始穿这种鞋，所以在先秦时期，屦就成了鞋的统称。汉朝建立后，"屦"这个字渐渐被"履"字所取代。屐为木拖，简便凉爽，不分等级男女，闲居时都可穿用（图4-58）。舄是贵族穿着的厚底鞋，舄底为木头制作，上部用皮革包裹，还经常涂以红、白、黑等颜色，舄前头上，宽翘，宽而且高，足可以把垂地长裙的前裾缘挑起，以便向前迈步（图4-59）。鞮就是皮鞋，是指用兽皮制作的鞋，生兽皮制作的称为"革鞮"，熟兽皮制作的称为"韦鞮"。与今天我们所穿的皮鞋不同，在古代穿"鞮"是地位低下、家境贫寒的表现，只有庶民百姓才会穿这种鞋子。靴是一种鞋帮呈圆筒状，高到脚踝以上的鞋。靴子本是古代北方游牧民族所穿，赵武灵王"胡服骑射"后，将靴子引入中原，并逐渐流行开来，唐代之后，官员在正式场合下必须着靴，因而也被称为"朝靴"（图4-60）。古代女鞋多用锦绣织物、彩帛、皮革做成的花鞋，明代起，上层妇女中已着用高跟鞋，并有里高底和外高底之分。

案例26　"冠"与现代文创产品设计

　　在我国封建社会，"冠"的不同样式是社会等级的重要象征。故宫文创的产品设计中，大量使用不同类型的"冠"来区分不同人偶的角色（图4-61）。明代官员佩戴"乌纱冠"，因而很好辨认，"点头娃娃状元

点头娃娃状元郎　　　　锦衣卫桌面手机座

御前侍卫桌面便笺夹　　勤政亲贤手机座　　　千岁快客杯

图 4-61　"冠"与现代文创产品设计

郎"与"锦衣卫桌面手机座"属于明代人物。清代官员的官帽称为"大帽"，一为夏季所戴，名"凉帽"；一为冬季所戴，称"暖帽"。凉帽为圆锥形，用藤、竹、篾席、麦秸等编成，外裹绫罗，颜色多为白色，也有湖色及黄色，顶上装有红缨、顶珠，制同暖帽。故宫文创产品推出的"御前侍卫桌面便笺夹"与"勤政亲贤手机座"中的人物形象便佩戴着"凉帽"，两者所不同之处是御前侍卫所佩戴的是单层，而皇帝佩戴的是多层凉帽。暖帽为圆形，周围有一道檐边，材料多为皮质，也有缎质、呢质、布质。暖帽中间装饰有用红色丝绦编成的帽纬，俗称"红缨"。帽纬之上装有顶珠，按品级而异，无品则无顶。"千岁快客杯"设计灵感源于清代皇后的朝冠，其上金色的凤凰显示出"冠"的等级。

案例27　李宁服饰中的国潮文化创意

2008年北京奥运会上，体操运动员李宁高空漫步点燃了火炬，也把"李宁"的品牌认知度推上了一个高峰。2009年，李宁国内销售收入超过多个国际知名运动品牌。2010年之后，李宁公司产品销售出现萎缩，品牌被迫转型。2012~2014年连续三年亏损，累计亏损31亿元。

为改变这种被动的处境，李宁服装从运动视角出发，将中国传统服饰元素与潮流时尚相结合，在服装设计中大量借鉴中国传统服饰中刺绣、补服、图案等元素，大大改变了李宁运动品牌之前呆板的印象。李宁"悟道"系列服装以"自省、自悟、自创"为精神内涵，用运动视角表现对中国传统文化和现代潮流时尚的理解与融合，大胆使用红、黄、白、黑等色彩。"虎鹤双形""云中白鹤"系列卫衣，用刺绣工艺表达中国传统工艺，虎之刚劲威猛、鹤之柔韧灵速，用虎的气与力、鹤的精与神结合，表达刚柔并济的状态。

2018年2月，李宁服装亮相纽约时装周，出乎意料地惊艳全场，成为首个亮相该时装周的中国运动品牌。同年6月，李宁服装产品再战巴黎时装周，仅用了4个月的时间，李宁就上升为"国货之光"，并从一个单纯的运动品牌逐渐转型为"国潮"的代表品牌。新品不但成为各路明星的街拍利器，更让普通消费者趋之若鹜（图4-62）。

图4-62 李宁服饰中的国潮文化创意

（二）饮食民俗

俗话说"民以食为天"，或者说"百姓开门七件事，柴米油盐酱醋茶"。我国农耕文明发端于黄河流域，华夏先民很早就掌握了培植食用禾本植物的种子。中国饮食多以"五谷杂粮"为主食，并辅以肉蛋奶鱼虾蔬果等。所谓"五谷"为"稻、黍、稷、麦、菽"等禾木科植物的总称；杂粮则包括玉米、薯类等其他粮食作物。中国地理环境决定了北方粮食作物的多以黍、稷、麦、菽等耐旱作物为主，而南方湿润的环境更适合稻谷的生产。南北气候差异逐步形成了北方人食面，南方人吃米的习惯。

禾本科植物种子成熟后，干燥后虽便于存储，但嚼咽消化困难需要通过水煮或蒸制，使谷物重新软化，便于食用与消化。"蒸"作为烹饪方式，主要针对研磨成"面粉"的谷物，如我们经常食用"蒸糕、蒸馒头、蒸饼"等；"煮"作为烹饪方式，主要针对未经研磨的原始食材进行加工，如我们常说的"煮饭、煮鱼"等；"炖"是"慢煮"，使食物软烂方便儿童或老人食用，如炖肉、炖鸡等。除以上烹饪方式以外，我国还有"熬、烩、炙、熏、煎、炸、熘"等烹饪方法。我国先秦之前，便出土了大量的炊器（图4-63~图4-67）。考古发现的大量先秦前炊器，更是印证了我国悠久而辉煌的烹饪历史。

我国的面食种类多样，有以蒸为主的面食，如馒头、花卷、包子、烧卖、粽子、糕等；以烤为主的面食，如烧饼、月饼、锅盔、馕；以煮为主的面食，如面条、饺子、凉皮、馄饨、汤圆等；以炸为主的面食，如油条、油饼、麻花、春卷等；以烙为主的面食，如煎饼等。

谷物有了剩余，便可发酵后酿酒。传说中，夏朝国君少康（杜康）发明了酒，《世本》有"杜康作酒。少康作秫酒"的说法；曹操《短歌行》言"何以解忧，唯有杜康"；《说文解字》载"杜康始作秫酒。又名少康，夏朝国君。"可见"杜康酿酒"确成一脉传说。到了商朝，纣王有"酒池肉林，酗酒乱德"的传说。因而，周朝时，周公制礼乐，颁布了《酒诰》树立和弘扬优良的酒风❶夏商周三代，青铜酒器为大宗（图4-68~图4-70）。

《黄帝内经》云"五味之美，不可胜计"。中餐讲究"五味调和"，这五味主要是指酸、甘、苦、辛、咸。在"五味"中，最重要的应属由盐而生的"咸"。相传黄帝大臣夙沙氏在齐地煮海为盐，开创华夏制盐先河，被尊为盐业鼻祖，史称盐神、盐宗。

汉唐两代，中原地区与西域诸国贸易频繁，先后从西域引进石榴、芝麻、葡萄、胡桃、胡萝卜、茴香、芹菜、胡豆、苜蓿，莴笋、胡椒、菠菜、丝瓜、西瓜等作物，使中国人的餐食更加丰富。明朝时期，玉

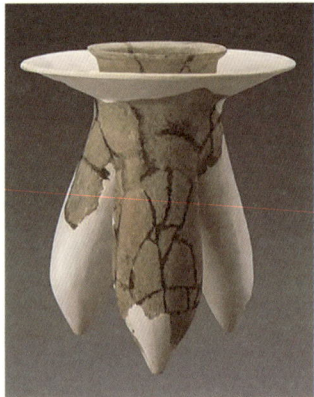

图 4-63　三星堆陶三足炊器

图 4-64　大汶口陶鬶

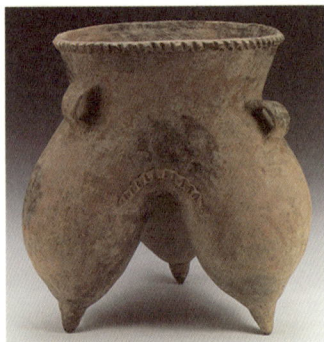

图 4-65　大汶口三乳足鬲式陶

图 4-66　商妇好墓三联甗

图 4-67　商蟠虺纹鼎　商代

---

❶ 周公旦将《康诰》《酒诰》《梓材》三篇作为法则送给康叔。《酒诰》中说道："不要经常饮酒，只有祭祀时，才能饮酒。对于那些聚众饮酒的人，抓起来杀掉。"《酒诰》中禁酒之教基本上可归结为无彝酒，执群饮，戒缅酒，并认为酒是大乱丧德、亡国的根源。这构成了中国禁酒的主导思想之一，成为后世人们引经据典的典范。

图 4-68　青铜兽面纹爵　商代　　图 4-69　铜饕餮纹乳钉出戟觚　商代　　图 4-70　兽面青铜觥　商代

米、薯类、花生等高产农作物传入我国，是明清两代我国人口快速增加的条件之一。

茶被西方人称为"神秘的东方树叶"，是中国最具代表性的饮品。饮茶、品茗成为中国人礼待客人的重要环节。久而久之，中国孕育出的独特茶文化远播东亚，影响世界。茶文化意为饮茶活动过程中形成的文化特征，包括茶具、茶谱、茶艺、茶道、茶德、茶诗、茶联、茶书、茶画、茶学等。

对于中国人，"饮食"绝不仅止于充饥这个层次，而是在漫长的历史中，演进出一套因地取材、因时而就、因题成宴、有礼可循、精致典雅的宴饮社交文化。在我国四大菜系中，相较于川菜、粤菜、淮扬菜等，鲁菜是我国历史上唯一自发形成的菜系，更是黄河流域汉民族烹饪文化的代表。

案例28　"清代银寿字火锅"与"紫禁祥云火锅积木玩具"

战国时期，我国即有以热汤涮煮食材的方式，因食物投入沸水时发出的"咕咚"声而得名"古董羹"；至宋代，火锅的吃法在民间已十分常见，南宋林洪的《山家清供》食谱中便有同友人吃火锅的介绍；元代，火锅流传至蒙古一带，用来煮牛羊肉；到了清代，各种涮肉火锅已成为宫廷冬令佳肴。火锅是中国所特有的饮食方式，火锅的圆形设计，使就餐者集成一个圆圈，也蕴含着中国人讲究团圆的传统习俗。

清光绪清银寿字火锅，由锅、盖、烟囱、闭火盖组成，锅内带炉，可用于烧炭。火锅的闭火盖上雕有镂空"卍"字纹，锅体满布金银圆"寿"字、长"寿"字、蝙蝠纹等，寓"福寿万年"之意。此锅用料讲究，做工精细，造型完美，为清代晚期慈禧太后经常使用的火锅。

故宫博物院文创旗舰店推出的"紫禁祥云火锅积木玩具"产品，以"银寿字火锅"为设计原型，通过不同的形态、质感、色彩搭配，手脑眼并用，提高儿童的形态组合与色彩感知能力（图4-71）。

图4-71　"清代银寿字火锅"与"紫禁祥云火锅积木玩具"

三、居住民俗中的文化创意

我国地貌复杂，有平原、山脉、台地、丘陵、半岛、海岛、湖河港汊，民居建筑也往往因地制宜，就地取材，风格各异。平原地区建筑方正对称，秩序井然；山区丘陵因地布局，错落有致；沿海岸边风大天寒，讲究藏风避气。我国传统城市大都扼守交通枢纽，集军事守备、行政治理、商品交换、文化教育为一体。因此形制多方正对称，高墙深池，区域道路分割多东西南北走向，横平竖直。城中心建有各级官署衙门、城隍庙、文庙、关帝庙、土地庙等公共文化建筑，主干道两旁多为店铺门头，是城市的工商业区域。

北方民居多以四合院为主，其建筑思路也多出自"守备"的需要。四合院格局一般多为一进、二进、三进，对应的布局结构类似于"口"字形、"日"字形和"目"字形。"目"字形的"三进"四合院已属于大宅（图4-72）。这种建筑往往坐北朝南，宅门位于四合院东南角。这是八卦之中"巽"的方位（东南），东南方在五行中为风，为通风之处，所以东南方的宅门叫"巽门"。大门建筑在结构上与最南的"倒座房"往往属同一建筑，宅门对面建影壁，用于遮挡视线，防止煞气。进入大门后向左通过屏门便是前院，与宅门相连的建筑因坐南朝北，门向北开，因而被称为"倒座房"，也可称为南房。这排房子一般分为几个房间，从东到西依次为门房、私塾书房、库房和厕所；由前院通

图 4-72　"三进"四合院

过垂花门（二门）可进入内院，正对二门南向建筑为正房（也可称为正堂、北屋、堂屋），一般为父母长辈的起居会客空间。正房一般为三至五间，中间为会客空间，两侧有东西耳房，可充作厨房或杂物间使用。俗语谓之"上拜高堂"，即是将"堂屋"代指"父母"；"登堂入室"指的是客人可通过二门进入堂屋，比喻与主人关系非同一般。

堂屋东西两侧相对的房屋为东、西厢房，两排厢房以东为尊。旧时一个家庭，若有两子成婚后没有分家另住，往往东厢房住兄嫂，西厢房住弟媳。若家中只有一子独住，西厢房也可住佣人长工或租客。俗语说"房东""东家"，意思就是长工、租客对住在东厢房主人的代称。堂屋后面的一排房子为"后罩房"，大户人家也可将后罩房建成上下两层，一般居住家庭中的女眷，如未出阁的女儿、陪侍的丫鬟等。通常情况下，非家庭男性成员，不得进入后院；家庭女性成员一般情况也不会迈出二门，俗语谓之"大门不出二门不迈"。一般情况下，中庭内院可植双数海棠、柿子、石榴等树木，忌植松、柏、桑、槐、梨、枣树等。庭院中也常放置大缸，平时用于蓄水，突发火灾时用于救火，因此，发生火灾谓之"走水"。

乡村民居大体格局与城市四合院类似，多为坐北朝南，依山靠水，前低后高。但山区因地形限制，房屋朝向并不严格固定。山区百姓建房，窑厂烧制的红砖或青砖价格昂贵，运输不便，而多使用石材建造。

旧时山区民居石墙皆就地取材，富裕人家建房选用大块规整石材，错缝搭接，排列有序；经济一般的人家，石材则大小不一，墙体粗糙，有的将方石与碎石块夹杂使用，有的则直接使用不规则的乱石砌筑，再以碎石填缝加固。墙体不用膏浆抹缝，全部使用碎石干垒而成，形成当地特有的民居风格（图4-73）。山东荣成石岛地区盛产红色花岗石，材质坚硬，色彩喜庆，被称为"石岛红"。红色花岗石砌墙，上覆灰色海草顶，形成当地独特的海草房，属于山东省非物质文化遗产（图4-74）。

图 4-73　临沂山区石房

图 4-74　威海海草房

内陆平原地区的普通民居，也有用土坯砌墙造房。传统土坯砌墙方式多使用"板筑"法，"板"指夹墙板，俗称箔或板箔；"筑"指捣土的杵，后来也有用夯的。"挑墙"是指用铁叉挑泥草混合垛起土墙，也叫叉挑墙。叉挑墙因省去脱坯的工序，而用泥巴堆砌，铁叉修整，有的地方也叫"懒顿"（图4-75）。好的砌墙师傅所筑泥墙可以五十年不倒，坚固耐用，是十里八乡所尊重的手艺人。农居院落往往还会配备饭屋子（厨房）、猪圈、鸡舍、粮囤、地窖子等附属设施。

客家民居是中华文化的瑰宝，在南方建筑里面占有重要地位，主要分布于我国广东、福建、江西和台湾等地区。客家民居在各地有不同的名称，大都以围字命名，围屋、围村、围堡、围楼、围寨、围村屋、围屋村等，主要有三种样式：客家围屋（图4-76）、客家排屋（图4-77）、福建土楼。与中国其他地区传统民居建筑一样，客家民居也有聚族群居的特点。

图 4-75　陕北土坯房

框架式结构是中国传统建筑的重要特点，中国古代建筑主要是木构架结构，即采用木柱、木梁构成房屋的框架，屋顶与房檐的重量通过梁架传递到立柱上，墙壁只起隔断的作用，而不是承担房屋重量的结构部分。"墙倒屋不塌"形象地概括出了中国建筑这种框架结构

图 4-76　围屋

图 4-77　排屋

最重要的特点。这种结构，可以使房屋在不同气候条件下，满足生活和生产千变万化的功能要求。同时，由于房屋的墙壁不负荷重量，门窗设置有极大的灵活性。此外，由这种框架式木结构形成了过去宫殿、寺庙及其他高级建筑才有的一种独特构件，即屋檐下的一束束的"斗拱"。它是由斗形木块和弓形的横木组成，纵横交错，逐层向外挑出，形成上大下小的托座。这种构件既有支承荷载梁架的作用，又有装饰作用。只是到了明清以后，由于结构简化，将梁直接放在柱上，致使斗拱的装饰作用几乎取代了其结构作用（图4-78）。

"四梁八柱"是旧时支撑民居房屋的主要构件，民间俗信，房屋架梁（上梁）是给宅子里的"屋神"安位的日子。这一天要举行隆重仪式，在梁上挂一方红布，表示屋神在脊檩上安位，保佑家宅安康。脊檩上还会贴"安印大吉"红帖，将鞭炮缠在脊檩上，并准备好四条绞梁的大绳和两根绞梁杆子。当在房架四周放鞭炮时，表示东家开始上梁。上梁仪式的高潮即为"浇梁"，就是向梁祭奠酒的意思，即用酒水、面食、铜钱之类的祭祀屋神，并向参加建造的工匠和族人散福。上梁仪式结束后，主家会安排酒宴大些亲友，犒赏工匠。俗语有"上梁酒，自古有"，"喝了上梁酒，能活九十九"。

房屋内部装饰主要是对建筑构件上漆彩绘，原是为木结构防潮、防腐、防蛀，后来逐步突出其装饰性，宋代以后彩画已成为重要建筑不可缺少的装饰艺术。可分为三个等级：和玺彩画、旋子彩画和苏式彩画。和玺彩画是等级最高的彩画，其主要图案题材由各种不同的龙或凤的图案组成，间补以花卉图案，且沥粉贴金，金碧辉煌，十分壮丽。旋子彩画的等级次于和玺彩画。画面用简化形式的涡卷瓣旋花，有时也可画龙凤，可以贴金粉，也可以不贴金粉，一般用次要宫殿或寺庙中（图4-79）。苏式彩画的等级则低于前两种，图案题材为山水、

图4-78 北方抬梁式建筑结构

图4-79 北方建筑藻头彩绘

人物故事、花鸟鱼虫等。房屋的细节装修还包括石雕、木雕等。专门替人裱糊棚顶、窗棂、门楣等为业的匠人则称为裱糊匠。

案例29 紫禁城与"中国传统古建筑积木玩具"

北京故宫是中国明清两代的皇家宫殿，旧称紫禁城，位于北京中轴线的中心。北京故宫以三大殿为中心，占地面积约72万平方米，建筑面积约15万平方米，有大小宫殿七十多座，房屋九千余间。北京故宫内的建筑分为外朝和内廷两部分。外朝的中心为太和殿、中和殿、保和殿，统称三大殿，是举行大典礼的地方。三大殿左右两翼辅以文华殿、武英殿两组建筑。内廷的中心是乾清宫、交泰殿、坤宁宫，统称后三宫，是皇帝和皇后居住的正宫。其后为御花园。后三宫两侧排列着东、西六宫，是后妃们居住休息的地方。东六宫东侧是天穹宝殿等佛堂建筑，西六宫西侧是中正殿等佛堂建筑。外朝、内廷之外还有外东路、外西路两部分建筑。

故宫博物院文创旗舰店推出的"中国传统古建筑积木玩具"产品，以"紫禁城"为设计原型，包括午门、金水桥、太和门、太和殿、中和殿、保和殿等典型建筑。通过想象力，还可以任意搭建出其他中式建筑，手脑眼并用，提高儿童的形态组合与色彩感知能力（图4-80）。

图4-80 "紫禁城"与"中国传统古建筑积木玩具"

四、社交民俗中的文化创意

人是社会性的动物，是整个社会组织关系中彼此相互连接的一个最小单元。婴儿自呱呱坠地，便具备了与生俱来的社会关系。向上可依据父精母血，连接起父亲、祖父母、兄姐、叔伯、姑婶、堂兄姐等族亲关系，以及外祖父母、姨舅、表兄姐等外戚关系。随着个人的成长，向下又逐步连接夫妻、子侄、公婆、翁婿、妯娌等关系，对外还要延续扩展世交、邻里、乡党、师生、同窗、同事等社会关系。因此，本质上，人自诞生之日起，其所继承的并非只是家庭的财富和文化教养，还会继承这个家庭所赋予的一组复杂有序的社会关系，并扮演着相应的社会角色，承担与之相匹配的社会责任。被儒家文化浸润的传统社会重视"父慈子孝，兄友弟恭，内成外平"；倡导"仁、义、礼、智、信、忠、孝、悌、忍、善"；遵从"父子有亲，君臣有义，夫妇有别，长幼有序，朋友有信"的社会关系信条。

"三纲五常"的道德设定，可以扩展至社会交往的所有关系之中，成为旧时人们相互交往的准则。毋庸置疑，在传统的农耕社会中，家国一体、家国同构，甚至是家国不分，所以孟子讲"修身，齐家，治国，平天下"。国就是放大版的家，家就是缩小版的国。君即父，父即君；子侄就是臣属，臣属便是子侄。每个个体，正是通过这些约定俗成的交往规范，去处理彼此之间的社会关系，尽力维系"仁义礼治"的家国稳定。

（一）婚嫁礼俗

自西周始，贵族男子满20岁束发加冠行"冠礼"，表示已经成人，可以参加祭祀娶妻生子。女子则在15岁后行笄礼，及笄之后可以嫁人。自古以来，传统社会对延续子嗣，承接香火有着极大的重视。在古代，很多地方男子16岁"成丁"后，父母便开始为其操持婚事，谈婚论嫁。因而，成人礼与大婚相合并，成为人生之中，除生死之外的第三件大事。

传统的婚姻礼俗，主要继承了以鲁国为代表的儒家礼仪，由传统的纳采、问名、纳吉、纳征、请期、亲迎"六礼"演变而来。不同地方或有增减，但也基本包括议婚、订婚和迎娶等程序。

所谓"议婚"，就是儿女双方在媒人的撮合下去商议亲事。旧时两家联姻，讲求"门当户对"，要求彼此之间的家族名望、政治地位、经济状况等大体相当。一般情况下，男女双方家长会通过媒人，或其他渠道考察了对方家境、德行、人品等情况，若觉得比较合适，便会将孩子的生辰八字、年龄属相等交由专人相看是否匹配，避免相冲相克的情况，这一程序称为"合婚"。合婚之后，若双方八字相合，男女双方家庭也无其他异议，就可进入订婚的环节。

所谓"订婚"，即为确定双方儿女的婚姻关系。订婚的仪式分为"小定"与"大定"。小定名目不一，以"传小启"居多。即由儿女双方家庭相互"换帖"，以书面的形式落实婚姻意图。男方家庭一般会在送女方定帖时，附赠耳坠、戒指、手镯等礼品，称为押帖物。一般情况下，女方回帖时也会回赠男方一些礼品。"小定"之后，男方一般不得悔婚，女方则可悔婚，叫作"羞男不羞女"。大定，也叫"传大启"，指的是双方正式签订婚约，确立联姻关系，具有法律效力，类似今天的登记结婚。男女双方在换龙凤帖时，也会互赠礼物，一般比"小启"更为丰富贵重，此时男方须送给女方一定数量的订婚钱，以显示对女方家庭的尊重，以及对未来媳妇的认可。大定之后，严格意义上讲，新娘已经是夫家的人了，双方就可以"亲家"的身份相互庆吊。

"备喜"就是指男女双方家庭为正式迎娶所做的准备工作，"送日子"即为确定迎娶大婚的具体良辰吉日，并围绕这个时间点进行准备。一般男方家庭准备婚房，婚床的安置也颇有讲究，需按规矩按部就班进行，以求新人婚后吉祥如意，早生贵子。女方主要准备嫁妆，女方家族势力越大，家财越多，陪送的东西也就越多，是彰显身份地位的重要手段。我国各地在迎娶过程及仪式方面存在较大差异，但主要包括迎亲、等亲、送亲几个过程和仪式，具体习俗讲究各有不同。在古代，比较冗长繁杂，讲究颇多，现代城市中的迎娶过程及仪式虽略有简化，但依然不能少了这几个基本的程序。具体形式，此处不再赘述。

案例30　拼酷（PIECECOOL）"十里红妆"立体拼图

"千工床、万工轿"是清末民初浙江一带"十里红妆"嫁女文化的典型器物，宁波"万工轿"朱漆铺底，木质雕花，饰以金箔贴花，远远望去金碧辉煌，犹如一座微型的宫殿。轿上采用圆雕、浮雕、透雕等三种工艺手法进行装饰，雕有250个人物，花鸟虫兽无数，所以宁波人也称它为"百子轿"，花轿因制造时耗费了一万多个工时，故称"万工轿"。

浙江象山的"千工床"集朱金木雕、泥金彩漆、螺钿镶嵌、拷头拼攒、薄意玉璧等工艺于一身。床内四周雕刻绘画，床外层层楼阁挂面，贴金朱漆极其富丽，而且梳妆台、点心盒、文具箱以及马桶等生活用具一应俱全，强调热烈的喜庆气氛。

明代"霓裳阁"所制造的嫁衣以红色锦缎为底，上绣凤凰纹样，下饰海水江崖纹，边缘点缀金纹，裙摆及地三尺，摇曳生姿，美轮美奂。

东莞市微石塑胶金属科技有限公司"拼酷（PIECECOOL）"品牌推出的"十里红妆"系列立体拼图文创产品，将凤冠、嫁衣、宫灯、千工床、万工轿等传统婚俗中重要的器物以金属拼图的形式再现出来（图4-81）。

图4-81 传统婚嫁器物及"拼酷"文创产品

（二）生育礼俗

生儿育女在传统社会是大喜事，与上梁盖屋、结婚等齐，因而，妇女怀孕称为"有喜""得喜"了。旧时妇女一旦怀孕，丈夫往往会带着鸡鸭鱼肉去媳妇娘家道喜，并在其门口燃放鞭炮。

"十月怀胎，一朝分娩"，民间认为怀胎九个月产下的婴儿即为足月，早于九个月叫"抢月"，拖后的叫"懒月"，不足月的孩子有"七活八不活"的俗信。对于预产期拖后的孕妇，孕妇母亲往往会携带礼物登门看望女儿，一般是新生孩子使用的物品，以及孕妇产后恢复的营养品，期望女儿早日临盆，这种风俗叫"催生"。

旧时妇女一般在家中产子，分娩过程中的婴儿降生，通常不能生在床上，怕血污冲撞了"床神"，对母子不利。因而，在妇女临盆时，北方很多地区会在床上铺谷草、麦秸、麦草等做成草垫，孕妇分娩孩子生在草上，因而称为"落草"；还有一些地区，也有孕妇在大盆上生产的，因此叫"临盆"。民俗对于剪脐带、处理胎衣等都有很多讲究。产妇分娩后，身体虚弱，重滋补、怕风寒，因此，产后三天不下床、一个月不出门，俗称"坐月子"。

旧时民间认为，婴儿出生后的前三天，生命非常脆弱，容易夭折，待孩子平安度过三天，生命无虞，则可向亲朋好友通报添丁入口的喜讯，称为"报喜"。我国很多地区会以不同形式的方式"报喜"。在自家门口挂桃枝红布报喜称为"挑红"，这是古代"悬弧""设帨"的遗风。各地挑红的悬挂物品与样式虽有所区别，但大致都是在大门口房檐中间插桃枝，并在桃枝上系红布条，得子则在宅门左侧挂"弓"，生女则在宅门右侧悬挂"佩巾"。也有的地方，除在桃枝上悬挂红布条外，还会悬挂枣、栗子、葱（聪明）、铜钱（富裕），染红的大蒜（精打细算）、白果、花生（长寿）等物品，预示孩子健康成长、文武双全、秀外慧中等美好祝福。

山东鲁西南地区，家中得子添丁则向亲友赠送"红鸡蛋"报喜。用红纸染过的鸡蛋叫"报喜蛋""红吉子"等。有的地方送双数表示生男孩，送单数表示生女孩。亲朋好友也会回赠鸡蛋、红糖、婴儿服装用品之类贺喜。胶东潍坊、淮北一带，向亲友报喜还会"送喜面"，即煮好的面条，象征长长远远，子嗣延绵不绝。收到喜面的人会在空碗中放上钱币、鸡蛋或米，作为回礼，也表示婴儿见财。给产妇娘家报喜，更是生育礼俗的重要环节，一般由丈夫带着礼物向岳父母报喜，赠送的礼物各有特点，但此环节不可忽略，否则会被视为婆家失礼。

除向亲朋好友报喜外，还要给婴儿沐浴，称为"洗三"或"洗三朝"，意为去除婴儿生产时的秽污，预防疾病，也是为了给孩子壮胆，长大之后临事不慌。给婴儿洗澡的热汤中一般会放入艾叶、花椒等草药，杀菌消毒。也有的地方会放入葱姜等，希望孩子将来聪明伶俐。

时至今日，我国大部分地区都比较重视婴儿降生后的一个月、一百天、一周岁、三周岁这几个时间点，并会为孩子举行相应的庆祝活动，孩子三岁后，便渡过了幼儿期。婴儿出生后一个月，称为"满月"。因为通过一个月的观察，基本可以确定孩子的身体各项特征正常稳定，身体健康，孩子家长会宴请亲朋，为孩子办"过满月"，谓之"弥月之喜"。亲朋好友也会赠送贺礼，前往祝贺。俗话说"请客不去，两家无趣"，除非特殊原因，并且得到主人的谅解，家中亲戚都要参加孩子满月。满月酒主要宴请女方家亲友，如外祖父母、舅姨亲属等，以示答谢，男方亲属张罗作陪。满月当天，很多地方还会给孩子"剃满月头"。

婴儿降生百日，身体日渐结实强壮，家人也会举行相应的庆祝，叫"做百日""过百岁"等。这一天，各地大都会为孩子举行穿衣仪式，给孩子戴上长命锁、手镯、脚镯、帽子等物品，身上穿戴尽量齐全。待孩子穿戴整齐后，还要坐布老虎，此时家人会将准备好的糖果、花生等大把大把地向天上撒，任由人们哄抢。北方有些地区，姥姥还会为孩子扎条裤子作为贺礼，裤腿中一般会放置馍馍、核桃、硬币等物品。给孩子穿裤子时，孩子会将裤子里的东西蹬出来，家长同时会说"左蹬馍、右蹬钱，孩子活到万万年。"过"百岁"所有的活动，充满了为孩子祈福祈岁的意味。

孩子满一岁，古称"周晬"，现称"周岁"，家长会宴请亲朋好友，客人也会为孩子送上各式礼物。旧时这一天会为孩子举行"抓周"仪式，观察孩子的兴趣爱好，预测孩子长大成人后的事业走势。依各地民俗不同，家长会在簸箩、升、桌子上摆放文房四宝、算盘尺子、弓箭珍宝、针头线脑、玩具糕点等各式器物，任由孩子抓取。如孩子抓取印章，则谓长大后官运亨通；若抓文具则会考取功名；若抓算盘，必成陶朱事业等。这种活动多半是家庭游戏，付之一笑而已，很少有人相信此举就会决定孩子的前途命运（图4-82）。孩子过完三岁生日，表示婴儿时期结束了，此后每逢孩子生日，家长仍然会孩子准备美食，赠予礼物，以表达对孩子的美好祝愿。

图4-82　幼儿祈福与"抓周"文创产品

（三）寿诞礼俗

中国人过生日，在传统上有重两头、轻中间的特点，即比较看重新生儿一至三岁的生日，六十岁之后老年人的寿辰。给婴儿过生日，称之为"庆生"，给老年人过生日称之为"做寿"。俗话说"孩生日，娘苦日""怀胎十月报娘恩"，因此，成年人在自己生日这天，一般会感谢母亲的生养之恩。

按照传统，只有老人才有资格称"寿"，庆祝活动称为"做寿""祝寿"。但什么年龄可以称为"老人"，各地则有不同风俗。一般而言，60年为一甲子，年过六旬的人可以称寿过生日了；也有的地方，年过半百即视为老人，可以"做寿"；还有的地方，若是儿子已经成家立业，抱上孙子，就可以"做寿"，而不拘于年龄限制。

民间对于不同年龄的寿诞也有特定的称谓，六十为"下寿"，七十为"中寿"，八十为"上寿"，九十称"耆寿"，百岁为"期颐"。其中七十七曰"喜寿"，八十八曰"米寿"，九十九曰"白寿"，一百零八曰"茶寿"。老年人一般逢十为"整寿"，祝寿礼仪隆重。尤其是六十岁、八十岁这两个生日，庆祝甚隆。其他不是整寿的"散生日"，只做一般庆祝，基本不邀请亲戚之外的人参加。但也有些地方回避"整寿"，谓之"过九不过十"，"九"是至阳之数，又与"久"同音，寓意天长地久，而"十"与"死"谐音，民间忌讳，因而一般提前一年庆祝。如"五十九"当"六十"来过，"六十九"作为"七十"来过。

寿辰当日一般会准备寿桃、寿面、寿糕、寿字馒头等，上罩寿字剪纸，糕点尽可能叠成山形，寓意"寿比南山"。席中绝不能缺长寿面，最好是长长的一根，一口不断地吃下去，寓意长寿绵延。古时的寿辰礼俗颇丰，现如今虽有简化，但依然受到老百姓的重视。

第四节
我国非物质文化遗产资源中的创意资源及转化

有形的"物质文化遗产"与无形的"非物质文化遗产"是一个整体，共同构建了中华优秀传统文化的整体样貌。如果仅仅对特定区域自然历史遗迹与物质文化遗产采取保护措施，而不对该区域民众普遍认同的，且世代延续的生活方式、文化礼仪、口头传说、风俗习惯、造物智慧进行完整系统的保护，则无异于将文化遗产视为"死的标本"，最终，会因为缺乏"活态文化系统"而失去价值。在文创产品设计实践中，设计师不单应深入研究有形的历史文化资源中所蕴含的器物特征及其文化语义，更应关注无形的非物质文化遗产所呈现出特有的生活方式、造物智慧以及审美意境。

国家级名录将非物质文化遗产分为十大门类，分别为民间文学，传统音乐，传统舞蹈，传统戏剧，曲艺，传统体育、游艺与杂技，传统美术，传统技艺，传统医药，民俗。在十大门类中，民间文学230项，传统音乐401项，传统舞蹈324项，传统戏剧445项，曲艺193项，传统体育项、游艺与杂技124项，传统美术359项，传统技艺506项，传统医药137项，民俗426项。

我国所有非物质文化遗产项目众多，以下仅从文创产品设计开发着眼，对民间文学类，传统舞蹈类，传统戏曲类，传统美术类，传统体育、游艺与杂技类等五项进行简要介绍。

一、民间文学

汉语结构形式多样，书写复杂，且字形与发音之间并无直接联系。因而，即使是将汉语作为母语的中国人，也必须经历较长的时间的学习过程，才能掌握汉字的识记与书写。

我国民间有着以口头形式集体创作、流传、修改加工的文学形式，称为"神话传说"或"民间故事"。神话传说虽有别于由文字构成的信史，但却往往比信史更加久远、内容更为丰富、表述更为生动，是信史骨架上的血肉。民间故事更是包罗万象，体现了人民群众的生命感悟与生活智慧，是人民群众形成善恶评价、施行自我教化的基础。因此，这些民间文学形式作为我国重要的非物质文化遗产，目前已以文字、声音、影像的方式被加以保护。

我国的民间文学，概括起来大体可分为"始祖传说""神话传说""人物传说""民间故事"等几类，当这些民间传说以"说唱"形式讲述时，则就形成各地所特有的"说唱歌舞"形式。这些说唱形式虽没有成熟戏曲那样系统完善，但也集合了特定区域的方言俚语、民俗风情，是最真实、最生动的民间文艺形式。

　　"始祖传说",如盘古传说、女娲传说、炎帝创说等,大多早于正史,虽未必全然可信,但也并非有悖于正史。实际上,《史记》中的"五帝本纪"也多有司马迁对当时共识性传说的提炼。在大量的"神话传说"与"民间故事"中,如白蛇传说、八仙传说、东海孝妇传说、董永传说等,人民群众并不禁锢于儒释道三家之中,而是通过瑰丽的想象、生动的人物,将儒家仁义道德、佛教因果报应、道家升仙得道统统糅合于故事之中,形成教人向善的"劝人方"。在很多地方的民间故事中,还包括了原始宗教内容,成为人类学研究的重要依据。众多的"人物传说",如二十四孝传说、孟母教子传说、杨家将传说、李时珍传说等,包含着故乡民众对当地"名人先贤"的追思与怀念,更包含了对身边榜样的颂扬与崇拜,发挥了以"身边事"教育"身边人"的作用。

案例31 "八仙传说"与文创产品设计

　　八仙传说最早见于《太平广记》,经民间流传和历代文人渲染,传说内容不断丰富。明代吴元泰创作小说《八仙出处东游记传》,正式确定传说主人公为汉钟离(钟离权)、张果老、韩湘子、铁拐李、曹国舅、吕洞宾、蓝采和、何仙姑八位仙人。八仙在蓬莱阁上把酒临风,游兴大发,各显神通过海,由此引发了与东海龙王三太子的矛盾。后经观音菩萨调停,两方罢斗和好。

　　八位仙人分别是世俗社会不同阶层的代表,八仙过海传说将独具特色的"仙文化"与浓厚的世俗人情有机地融合在一起,是脍炙人口的山海传奇,它不畏艰险的开拓精神深刻影响着广大民众。八仙传说具有浓郁的人文色彩和地域风格,目前入选国家级非物质文化遗产"民间文学"(第二批)代表性项目名录。

　　明代"青花八仙人物纹五孔水盂"现藏于中国国家博物院,可以视为附着于"八仙传说"较早的器物。水盂高8.8厘米,口径13.4厘米,直腹,圆顶,顶有五孔,孔有四圆和一长方形,中心圆孔隆起,内有一柱与底相接,其余四孔与腹相通。通体青花纹饰,顶面钴蓝地绘白色折枝莲花纹,腹壁通景绘道教人物纹,体现嘉靖浓郁的道教色彩和吉祥祈福的画风。近代之后,"八仙"人物形象越发生动,成为木雕、牙雕、泥塑、面塑、砖塑等工艺美术作品的常用体裁。目前,设计师将"八仙传说"融入现代审美特征,开发出萌宠可爱的"八仙摆件"与"国潮八仙积木"(图4-83)。

图4-83 "八仙传说"传统器物与现代文创产品设计

二、传统音乐与舞蹈

《毛诗序》中有"诗者，志之所之也。在心为志，发言为诗。情动于中而形于言，言之不足故嗟叹之，嗟叹之不足故永歌之，永歌之不足，不知手之舞之，足之蹈之也"。其大意为：诗，就是心中的志向与希望。存在心中的希望，一旦以语言的方式表达出来，便是诗。这就是心灵被情感所触动而情不自禁的语言表达。语言尚不能表达内心的情感，便会感叹连连；感叹还不足以表达其情感，便会有感情地吟咏与歌唱；歌唱仍不足以表达内心的情绪，便会情不自禁地双手舞动、双足跳动。换言之，所谓歌舞，其实是情之所至的自然流露，是内心情感的生动表达。因此，《诗经》作为中华民族诗歌渊源，其实是孔子亲自修订的先秦时期关于百姓与庙堂之上的歌曲"歌词"，有歌曲，则定有音乐、有舞蹈。可见，华夏民族具有悠久的音乐歌舞历史。

《左传·成公·成公十三年》中有"国之大事，在祀与戎"。换言之，国家最重要大事，无非是对内祭祀与对外战争。祭祀先祖神灵是为了风调雨顺，开疆辟土，兴旺发达；对外战争则必须保证号令统一、集体行动。因此，就早期的原始歌舞而言，其起源往往来自于劳动场景、战争行为与祭祀活动。

古人在搬运重物、打夯抬梁、纤船拉车的劳动过程中，需要统一人们的发力节奏，因此产生"搬运号子""江河号子""海洋号子"；在播种插秧、斩麦打场的过程中，也需要统一的节奏来指导生产，调节气氛，各地便有了"四季生产调""采茶调"等；在行兵布阵、指挥战争中，便需要"闻鼓声而进，闻金声而退"，因而，各地有了各式各样的"鼓舞"，如鲁西南鼓吹乐、晋南威风锣鼓、韩城行鼓、兰州太平鼓、安塞腰鼓等；农业丰收、战争胜利后，则需要庆祝丰收以娱人、迎接凯旋以犒军、祭祀神灵以飨祖，因而各地便有不同形式的民间祭祀庆祝歌舞，如傩舞、秧歌、龙舞、狮舞、高跷、乞粒舞等。

案例32　傩舞与兰陵王面具设计

傩舞（傩戏）源流久远，最初流行于黄河、长江流域，后来传播到边远地区。素有中国舞蹈"活化石"之称。傩舞一般认为源于上古氏族社会中的图腾信仰，为原始文化信仰的基因，是广泛流传于各地的一种具有驱鬼逐疫、祭祀功能的民间舞，是傩仪中的舞蹈部分。

"傩"字本意为行动有节、举止到位，殷墟甲骨文卜辞中已有傩祭的记载。周代时，傩舞纳入国家礼制，称傩舞为"国傩""大傩"，乡间也叫"乡人傩"，《周礼·夏官》中有"方相士，狂夫四人。掌蒙熊皮，黄金四目，玄衣朱裳，执戈扬盾，帅百隶而时傩，以索室驱疫❶"；《论语·乡党》记载，当时孔夫子看见傩舞表演队伍到来时，曾穿着礼服站在台阶上毕恭毕敬地迎接。

先秦文献记载，傩礼是希望调理四时阴阳，以求寒暑相宜，风调雨顺，五谷丰登，人畜平安，国富民强。傩舞融合了上古神话传说，如颛顼时傩以驱疫鬼之子神话、神荼郁垒缚鬼饲虎神话、黄帝杀蚩尤以其形厌邪魅神话、黄帝以次妃嫫母为方相护丧神话等。有的神话反映了上古人类与自然斗争和社会斗争，如赣傩中《开天辟地》的盘古神话、《后羿射日》的羿射十日神话、《傩公傩婆》的伏羲女娲创生神话等。2006年，傩舞被列入第一批国家级非物质文化遗产名录。

傩舞"摘下面具是人，戴上面具是神"，表演时一般都佩戴某个角色的面具，由此构成庞大的傩神谱系。傩舞的这种"面具化"的表演形式深刻影响到我国此后戏剧人物的造型特征，"面具与脸谱"成为我国戏曲的典型特征。南北朝时期的《兰陵王入阵曲》以及唐代的《秦王破阵曲》均带有傩戏的明显特征。唐代，傩舞成为军礼之一，隶属太卜属。大傩每年有三次，分别于季春毕春气、仲秋御秋气、季冬送寒气。除夕夜逐疫是最隆重的一次。日本奈良时代，傩从中国传入日本，叫追傩式，由神道教神社负责。源光在《大日本史》记载"本朝所传乐制，五音六律，盖始受之于隋唐"，唐时传入日本的《兰陵王入阵曲》保留了几份真实面貌。日本每年除夕和立春都会举办追傩式。

"兰陵王面具"设计分青铜与黄铜两种材质，其基本形态特征主要来源于三星堆遗址青铜人面像以及商周青铜器上的饕餮纹形态。但面具并非只是将二者的形态语言进行简单地拼合，而是力图使用与现代流行文化与审美特征接轨的形式语言。面具的整体造型语言趋于简洁化、规则化，其形态虽头部长角，口露獠牙，但尽量避免狰狞恐怖之感，给人以均衡、稳定、安全、现代的视觉感受（图4-84）。

---

❶ 其大意为"方相氏（前秦民间普遍信仰的神祇），狂夫（没有爵的武士）四人身披熊皮，头套面具，上有黄金铸成的四目，上衣玄色，下裳朱色，执戈举盾，率领众隶傩舞，为国家驱逐疫鬼精怪。"

婺源傩舞《丞相操兵》　　日本《兰陵王入阵曲》中的　　南丰傩舞面具
　　　　　　　　　　　　　　　　"兰陵王"形象

图 4-84　傩文化与"兰陵王面具"文创产品

案例33　基于"鼓子秧歌"的文创产品设计开发

　　秧歌在中国已有千年的历史，是我国民间重要的社火活动，明清之际达到了鼎盛，广泛流行于今陕北、山东、河南、河北、辽宁等地。清代吴锡麟《新年杂咏抄》载："秧歌，南宋灯宵之村田乐也。所扮有耍和尚、耍公子、打花鼓、拉花姊、田公、渔婆、装态货郎、杂沓灯术，以博观者之笑"。"秧歌"起源的说法，大致可分为两种：一种是认为古时农民在插秧、拔秧等农事劳作中，以歌声为"号子"协调劳动节奏，减轻劳作之苦；另一种说法认为"秧歌"起源于抗洪斗争，古代黄河岸边百姓成功抵御洪灾后，大家以抗洪工具为道具，载歌载舞，相互庆祝。后来逐步将舞蹈动作与组合形式格式化，形成今天的秧歌。今天，比较著名的地域秧歌风格包括河北昌黎地秧歌、山东鼓子秧歌、胶州秧歌、海阳大秧歌，陕北秧歌及辽宁抚顺地秧歌等。可见，山东秧歌类型最为丰富，是我国民间秧歌舞的重要传承地。

　　鼓子秧歌最初发源于济南商河县，相传具有二千多年的历史，汉鸿嘉四年（公元前17年）河堤都尉许商开凿商河，为祝贺竣工，民众自发以"鼓""伞"齐舞以示庆贺。与其他地区的秧歌相比，商河鼓子

图4-85　鼓子秧歌中的伞、鼓、棒、花四类角色

秧歌作为大型群体舞蹈，具有明显的民间乐武、军事操演的特征。参与表演的角色主要包括伞、鼓、棒、花四类角色：持伞而舞的男性舞者被称为"头伞"，在表演中具有军事指挥者的意味；擂鼓或持鼓而舞的男性舞者动作整齐划一，具有规范舞蹈动作、激励士气的意味；持双短棒而舞的男性舞者在舞蹈过程中，多有相互搏击的武术动作；持手帕而舞的女性"花角"舞者百媚千红，其舞蹈动作像是欢迎德胜凯旋的战士。表演期间有负责勘察演出场地的"探马"，有负责引导秧歌队伍行进的"炮手"，也有穿插队伍之中诙谐滑稽的"丑角"，以及演绎民间故事的"外角"等。完整的鼓子秧歌表演宛如军队出征、战斗、得胜、庆祝的军事行动，鼓舞呐喊，气势恢宏（图4-85）。

　　鼓子秧歌的各种角色在人数搭配上没有统一规定，大型秧歌表演参与人数往往百人以上，并依照约定俗成的"场图"❶统一行进表演，动作整齐划一，气势雄壮。鼓子秧歌是商河当地民间庆祝丰收，展示实力、载歌载舞的一种民间艺术形式。每年元宵节，鼓子秧歌演出最为集中。秧歌队伍庞大，人数众多，角色各异，锣鼓齐鸣，热闹非常。2006年，鼓子秧歌被列入第一批国家级非物质文化遗产名录。

　　根据鼓子秧歌设计的文创产品"香茗鼓韵"茶具分为茶壶、公道杯、茶杯、茶盘与香插等几部分组成。茶壶与公道杯共同构成"头伞"的卡通形象，饱满圆润、憨态可掬；"头伞"的头部为茶壶，头顶结总发髻为杯盖钮；身体部位为公道杯，公道杯服饰花纹由"红掌、蝴蝶兰"提炼组成卷曲适合纹样；配四盏由"红鼓"形态变形而来的茶杯；茶盘形态以"花角"演员手持的方巾为形态原型，茶盘上部印鼓子秧歌场图，下部印"中国商河"篆印，当茶盘反向使用时，也可盛放茶点；平顶伞正向放置时，可与公道杯侧面"手形"双耳插接，形成完

---

❶ 鼓子秧歌的"场图"用于规范众多舞者表演行进的位置秩序，图形主要借鉴以传统古代战阵、仪仗、建筑、图案、动植物等形象布局，经过世代演练，现有一百多种阵图。

整的"头伞"形象，反向放置时可以作香插使用（图4-86）。

通过对"香茗鼓韵"茶具使用功能的设计安排，我们将"鼓子秧歌"中的典型形象、主要道具，以及商河县"红掌、蝴蝶兰"花卉产业集群融会其中。在使用者饮茶过程中，香气与茶气相互交融，似商河温泉雾气缭绕，雨露蒸华。

"鼓舞声威"盘香蓝牙音响摆件，设计要素的提炼仍使用鼓子秧歌头伞角色为主要形象。但与上例不同，此处的"头伞"运用较为写实的表现手法。舞者呈现出踏鼓而舞、蹈厉之态。平顶伞随舞者的快速转动中向上翻飞；白髯、头巾、上衣下摆在激烈迅猛的动作中向同一方向飘然蹁跹。头伞角色其下的红鼓比例经过放大，更加呈现出欢欣鼓舞的气势（图4-87）。

图4-86 "香茗鼓韵"茶具设计

图4-87 "鼓舞声威"盘香蓝牙音响摆件设计

三、传统美术

"美"是人们的基本需要，文化越悠久，审美也就越精致。评价一个民族的文明程度，不一定要去考察该民族的宫殿、绘画、陵墓等庙堂经典，仅观察其民众日常起居之物，茶酒饮食之器，便能感受到该民族对待生活的态度，以及承续文化的深度。中国作为世界文明古国，美术贯穿于我们的传统社会生活之中，是上至王侯公卿、下至庶人百工、居家女性的必要技能。

旧时中国女性讲"三从四德"❶，在"三从四德"中，"妇功"是对女性是否称得上秀外慧中、温良和顺的重要评价标志。这里讲的"妇功"便主要指织布、染织、缝纫、刺绣、编结、剪花、面花等女性日常工作。在倡导"无才便是德"，绝大多数女性甚至目不识丁的年代里，女性却在日常"女红"工作中呈现出黼黻纹饰的高超审美感受与美术技能。手艺人也在抬梁架屋、饮食起居、生老病死、拜神祭祖、婚丧嫁娶、节日庆典中表现出丰富的工艺美术技能。这些民间传统美术技巧，丰富了器物的审美形式，装点了人们的日常生活，满足了人们的情感需要，成为今天非物质文化遗产中的重要组成部分。在我国传统工艺美术中，木版年画、手工剪纸、挑花刺绣、雕刻镶嵌、编织彩扎、建筑彩绘、面泥塑造等可谓"大宗"，历史悠久、流派众多，渗透在生活的方方面面。

案例34　基于传统剪纸的文创产品开发

中国剪纸是用剪刀或刻刀在纸上剪刻花纹，用于装点生活或配合其他民俗活动的一种民间艺术。在中国，剪纸具有广泛的群众基础，它交融于各族人民的社会生活，是中华民俗系统的重要组成部分。其传承赓续的视觉形象和造型格式，蕴涵了丰富的文化历史信息，表达了广大民众的社会认识、道德观念、实践经验、生活理想和审美情趣，具有认知、教化、表意、抒情、娱乐、交往等多重社会价值。

剪纸的手法，即为对材料的"镂雕剔刻剪刺"，其历史最早可以追

---

❶ "三从四德"是中国古代封建社会用于约束妇女的行为准则与道德规范，是"三从"与"四德"的合称。根据"内外有别"的原则，由儒家礼教对妇女的一生在道德、行为、修养方面进行规范要求。"三从"指妇女未嫁从父、出嫁从夫、夫死从子；"四德"指妇德、妇言、妇容、妇功。

溯到西周。战国时期又出现了在皮革、银箔等材料上的镂空刻花装饰工艺。

迄今发现最早的剪纸作品为北朝时期的五幅使用重复折叠发射状的六方连续纹样，具备了今天剪纸的典型特征。唐杜甫《彭衙行》诗中有"暖汤濯我足，剪纸招我魂"的句子，可见，以剪纸招魂的风俗当时就已流传民间。宋代造纸业成熟，纸品名目繁多，为剪纸的普及提供了条件，当时已有专门的"剪镞花样"者，剪纸用途也渐由招魂转为喜庆的"礼花"与"窗花"。明清两代剪纸工艺日趋成熟，主要用于喜庆节日寿诞的吉祥张贴摆衬，如门栈、礼花、窗花、柜花、鞋花、喜花、斗香花、棚顶花等。另外，剪纸也可作为刺绣印染的底样，常有丰衣足食、人丁兴旺、健康长寿、万事如意之意。

剪纸的种类有单色、彩色和立体之分，可分为折叠、撕纸、点染、套色、分色、填色、木印、勾绘等方式。北方较有代表性的剪纸流派如山东剪纸、山西剪纸、陕西剪纸、蔚县剪纸等。南方有沔阳雕花剪纸、佛山剪纸、福建剪纸、扬州剪纸、浙江剪纸等。国家非物质遗产代表名录中，剪纸申报地包括河北、河南、陕西、浙江、安徽、黑龙江、吉林、辽宁、甘肃、内蒙古、宁夏、湖南、湖北、广东、云南、贵州、江西、福建、上海共19个省区市的52个地区，遍布全国，成为很多民族共同的民间工艺习俗。

今天，剪纸造物智慧与艺术风格正在被当代设计师所借鉴，拓展嫁接于其他功能产品，或呈现出与时代相呼应的审美风貌。图4-88分别为石岩设计的"金箔剪纸富贵猪"，设计师周彤与非遗传承人孙立峰设计制作的剪纸小夜灯，以及获得2013年金点设计奖的"祥云剪纸护角"。

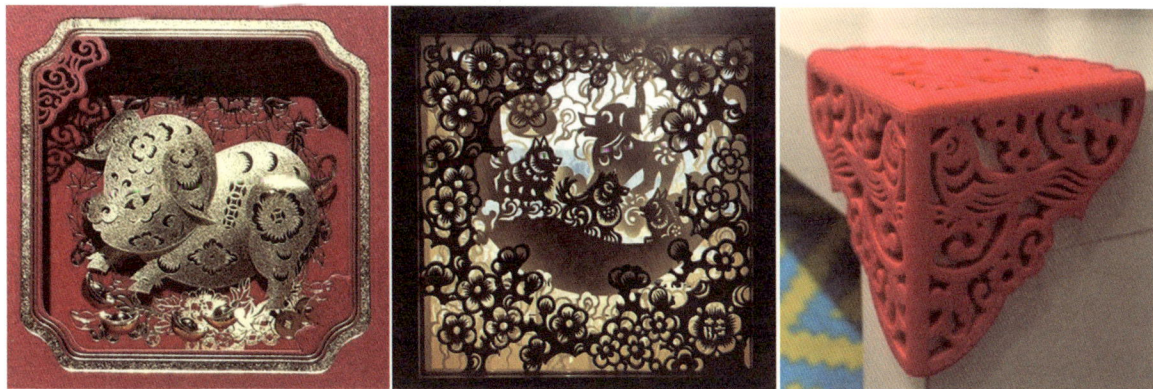

图4-88　金箔剪纸富贵猪、剪纸小夜灯、祥云剪纸护角

案例35 传统刺绣与"开物成务"文创产品开发

刺绣在古代称"黹""针黹",是对服装为主的纺织品的"纹饰"。《尚书》的章服制度中有"衣画而裳绣"的记载;《诗经》中有"素衣朱绣"的描绘;东周也有"绣缋共职"的记载。"以布为纸、以线当墨、以针做笔",刺绣在中国至少有两三千年历史,贯穿于每一个古代深闺女子的一生。

中国刺绣主要有苏绣、湘绣、蜀绣和粤绣四大门类。刺绣的技法有错针绣、乱针绣、网绣、满地绣、锁丝、纳丝、纳锦、平金、影金、盘金、铺绒、刮绒、戳纱、洒线、挑花等,刺绣的用途主要包括生活和艺术装饰,如服装、床上用品、台布、舞台、艺术品装饰。除了四大名绣,还有京绣、鲁绣、汴绣、瓯绣、杭绣、汉绣、闽绣等地方名绣,而我国的少数民族如维吾尔族、彝族、傣族、布依族、哈萨克族、瑶族、苗族、土家族、景颇族、侗族、白族、壮族、蒙古族、藏族等也都有自己特色的民族刺绣。

开物成务文化科技有限公司是一家专注传统工艺美术材料创新应用的文创产品设计公司,该公司将刺绣、雕漆等中国传统工艺美术材料,结合新工艺、新科技、新装备和商业模式创新,通过工业设计的手段,将其应用在普通消费产品之上,实现基于关键技术优化和文化再造基础之上的非遗保护和传统消费产品升级,也让更多的普通人能够享用充满"中国气质"的身旁美物。

开物成务所开发的"手工刺绣系列电子产品"是其代表作品,也比较充分地体现其设计价值与社会责任。该公司以非物质文化遗产"湘绣"为文创产品着眼点,通个现代设计思维对产品进行整体设计,并雇佣大量绣娘对产品的图案进行手工刺绣。为保证产品符合批量化、标准化的质量要求,公司会为每一位绣娘发放全部刺绣材料与工具,对刺绣过程中的细节进行规范化过程管理。手工刺绣与现代电子产品的结合,使很多相对贫困的妇女,从家政服务公司中解脱出来,重新回归家庭,再次成为绣娘,切实推动了湘绣的传承与发展(图4-89)。

图4-89 湘绣与开物成务"手工刺绣系列电子产品"

四、体育、游艺与杂技

武术作为中国传统体育项目中最具代表性的名片，是中国传统游艺活动，不仅是单纯的娱乐活动，还包含着体育、杂技、武术的特征。

汉语中的"止戈为武"是指武术可以理解为"制止干戈的办法"，或是消停战事、维护和平的技术。商周时期，利用"武舞"来训练士兵，鼓舞士气。故认为武术可以以舞蹈形式演练。中国武术强调"上武得道，平天下；中武入喆，安身心；下武精技，防侵害"，所以，武术并不是一味地强调"搏击"，其对内的强身健体作用远大于其对外的攻击伤害意图。因此，它不仅是"技"的层次，而早已"以武入哲"，升华到"道"的范畴。

东汉名医华佗所编创的"五禽戏"，我们可以将其理解为中国最早的"广播体操"，当然也可以将其理解为中国强身健体的武术动作。华佗在《庄子》"二禽戏"（"熊经鸟伸"）的基础上创编了"五禽戏"。其名称及功效据《后汉书·方术列传·华佗传》记载："吾有一术，名五禽之戏。一曰虎，二曰鹿，三曰熊，四曰猿，五曰鸟。亦以除疾，兼利蹄足，以当导引。体有不快，起作一禽之戏，怡而汗出，因以著粉，身体轻便而欲食。普施行之，年九十余，耳目聪明，齿牙完坚。"

南北朝时，陶弘景在其《养性延命录》中对五禽戏有比较详细的记载："虎戏者，四肢距地，前三掷，却二掷，长引腰，侧脚仰天，即返距行，前、却各七过也。鹿戏者，四肢距地，引项反顾，左三右二，左右伸脚，伸缩亦三亦二也。熊戏者，正仰以两手抱膝下，举头，左擗地七，右亦七，蹲地，以手左右托地。猿戏者，攀物自悬，伸缩身体，上下一七，以脚拘物自悬，左右七，手钩却立，按头各七。鸟戏者，双立手，翘一足，伸两臂，扬眉鼓力，各二七，坐伸脚，手挽足距各七，缩伸二臂各七也。夫五禽戏法，任力为之，以汗出为度，有汗以粉涂身，消谷食，益气力，除百病，能存行之者，必得延年"。

再如太极拳，其拳名源出《周易·系辞》："易有太极，是生两仪。""太"就是大的意思，"极"就是开始或顶点的意思。宋朝周敦颐在《太极图说》中第一句话就是"无极而太极"，并非说太极从无极产生，而是"太极本无极"之意，意即"太极"是产生万物的本源，含有"至高、至极、绝对、唯一"之意，太极拳取的也是这个意思。太极图是我国古人的一种最原始的世界观，拳术和太极说的结合，逐步形成了太极拳术。因此，太极拳是以中国传统儒、道哲学中的太极、阴阳辩证理念为核心思想，集颐养性情、强身健体、技击对抗等多种功能为一体，结合易学的阴阳五行之变化、中医经络学、古代的导引术和吐纳术形成的一种内外兼修、柔和、缓慢、轻灵、刚柔相济的中国传统拳术。目前，河北永年杨氏太极拳、河南焦作陈氏太极拳、武氏太极拳、河北永年吴氏太极拳、天津市武清区李氏太极拳、河北任县王其和太极拳、河南温县和氏太极拳均已被列入国家非物质文化遗产代表性项目名录。

又如八段锦，则是结合了"舞蹈"与"武术"的两种特点，形成一套完整独立的健身功法。八段锦为传统医学中导引按跷中绚丽多彩之瑰宝。一般有八节，锦者，誉其似锦之柔和优美。正如明朝高濂在其所著《遵生八笺》中"八段锦导引法"所讲："子后午前做，造化合乾坤。循环次第转，八卦是良因。""锦"字，是由"金""帛"组成，以表示其精美华贵。除此之外，"锦"字还可理解为单个导引术式的汇集，如丝锦那样连绵不断，是一套完整的健身方法。

中国杂技则将中国的"武术"与"体育"项目相糅合，形成中国特有的游艺观赏项目。杂技大体源于原始先民狩猎中，逐步形成的劳动技能和自卫攻防技巧，在休息和娱乐时被再现为一种自娱游戏的技艺表演，这就形成了最早的杂技艺术。《汉书·武帝纪》中有记载"三年春，作角抵戏。"此处的"角抵戏"实为"两两相当角力，角技艺射御，故名角抵，盖杂技乐也"。(出自《魏志·乐志》)。我国传统的中幡、抖空竹、线狮、花键、翻九楼、高杆船技、蹴鞠、戏法等，皆有杂技的特征。

案例36 传统抖空竹与现代空竹产品

抖空竹在中国有着悠久的历史，明《帝京景物略·春场》中记载："空钟者，刳木中空，旁口，荡以沥青，卓地如仰钟，而柄其上之平。别一绳绕其柄，别一竹尺有孔，度其绳而抵格空钟，绳勒右却，竹勒左却。一勒，空钟轰而疾转，大者声钟，小亦蛙蛙飞声，一钟声歇时乃已。制径寸至八九寸，其放之，一人至三人。"到了清代，关于"空竹"的记述逐渐多了起来，抖空竹遂成为人们喜爱的一种游戏。典型的空竹一般分为单轴和双轴两种，轮和轮面为木制，轮圈为竹制，竹盆中空，有哨孔，旋转时可发出嗡嗡嗡的响声。空竹中柱腰细，以便于缠线绳抖动时旋转。抖空竹者双手各持两根二尺左右长短的小木棍（或小竹棍），其顶端皆系一根约1.5m长的棉线绳，两手握住小木棍的两端，使线绳绕轴一圈或两圈，一手提一手送地抖动，加速旋转使之发出鸣叫声。

清代的空竹除了在民间儿童中流行，还被传入宫中，为宫中妇女所喜爱，并出现了不同形式的抖动方式。清人无名氏《玩空竹》诗中言："上元值宴玉熙宫，歌舞朝朝乐事同。妃子自矜身手好，亲来阶下抖空中。"抖空竹的花样繁多，如"鹞子翻身""飞燕入云""响鸽铃""攀十字架""扔高""张飞骗马""猴爬竿"等。尤其是"扔高"式，有的能将空竹抛向空中达数丈高，待其下落再以抖线承接，准确无误，堪称一绝。清代以后，抖空竹在民间广为流传，也成为杂技艺术中的重要表演形式。2006年，抖空竹列入第一批国家级非物质文化遗产名录（图4-90）。

目前，市场上销售的空竹已由过去的竹木材质发展成工程塑料材质，配有1~5个不等的轴承，并有多种颜色可选，空竹内部置有LED灯，夜晚随着空竹上下翻飞熠熠生辉，赏心悦目。

图4-90 清代抖空竹的人、现代抖空竹与悠悠球产品

思考与练习

1. 根据所学内容，以扩展阅读的方式，精读与中国历史、中国传统生活方式、中国工艺美术史等相关的著作，整理出不同历史时代典型器物的器型目录。思考在我国特定区域、特定历史时期、特定民族的经济、政治、文化、生活方式等因素如何体现于器物形式之中。

2. 收集整理我国各个历史时期代表性的雕刻、绘画作品等，复原其生活场景，认真总结在当时的历史环境下，于"衣食住用娱信"相关的器物形制中所反映出哪些文化信息，并以某些器物所蕴含的文化信息为起点，展开文创产品设计。

3. 观察特定区域、特定民族的生活方式与造物传统，思考在这些造物传统中，哪些能够对今天的文创产品设计产生启发。

4. 根据本章内容，思考我国的传统生活方式哪些沿袭至今，哪些趋于消解，分析出现这种状况的内在原因？

5. 思考在维系我国传统生活方式的器物中，哪些器物还保持原来面貌，哪些器物呈现出现代设计特征，为什么会产生这种状况？

6. 根据本章论述的某项民间习俗，为其设计开发适当的文创产品。

7. 访问中国非物质文化遗产网或中国非物质文化遗产数字博物馆，了解我国国家级非物质文化遗产代表性项目，并从"衣食住行用娱信"七个角度，对民间文学，传统音乐，传统舞蹈，传统戏剧，曲艺，传统体育、游艺与杂技，传统美术，传统技艺，传统医药，民俗等门类进行分类整理。

8. 联系在地非物质文化遗产项目，深度调研 3~5 项国家级非物质文化遗产，认真思考这些非物质文化项目如何实现文创产品的设计转化。

9. 根据特定非物质文化遗产项目所呈现的器物形式，构思设计一款文创产品。

第五章
文创产品设计主题的确定

第一节
设计主题的比较、归纳、提炼、整合

文化创意产品设计开发往往基于特定区域的文化资源、产业资源、旅游资源三个子系统，为文创产品设计开发提供文化、产业、旅游渠道等支撑。同时，文创产品设计开发向区域各产业赋能。国家典型的文化资源，根植于特定省、市、县的历史文化资源；但特定省、市、县的历史文化资源，却未必能上升为国家典型文化符号。我国有34个省级行政区，333个地级行政区，县级和乡级行政区数量庞大，每个行政区均有其典型的文化特征，这就需要我们对这些文化特征进行比较、归纳、提炼、整合。

一、比较

这里的"比较"需要明确的"参考系"，以确保所提炼的文化特征具有"不可替代"性。以"国家"为参照，则必须与世界其他国家进行对比，以避免与他国相重复。如黄河、长江是我国典型的自然资源，但几乎所有的大国均有自己代表性的河流，因此，"江河文化"不易上升为国家典型特征。但以孔子为代表的儒家文化、以长城为代表的抵御外侮的精神，就可上升为国家特征。

以"省"为参照，则必须与全国其他省份所特有的文化特征进行对比，以避免与他省相重复。例如，以泰山为代表的平安文化，便具有独一无二的差异性，能够很好地代表山东；但以京杭大运河山东段为代表的"运河文化"，以烟台、青岛、威海为代表的"海洋文化"却并非山东独有，因而不易将其上升为山东文化特征。

案例37　孔子与"诗礼夫子"文创产品设计

孔子是中国古代伟大的思想家、政治家、教育家，儒家学派创始人，是春秋时期世界上同时代最博学的学者之一，被后世尊为孔圣人、至圣先师、大成至圣文宣王先师、万世师表等。六艺是指中国周朝贵族教育体系中的六种技能，即礼、乐、射、御、书、数。《周礼·地官司徒·保氏》中记载："养国子以道。乃教之六艺：一曰五礼，二曰六乐，三曰五射，四曰五御，五曰六书，六曰九数。"孔子倡导"六艺"教育，认为这六项技能是君子所必须具备的素质。

山东壹心文化创意产业有限公司将"孔子"与"六艺"相结合，设计"诗礼夫子"人偶套装，人偶卡通形象提炼历史记忆中孔子典型形象，并添加了趣味性和时代性，传递孔子谦卑好礼、雍容大度的形象（图5-1）。

图 5-1　孔子与"诗礼夫子"文创产品设计

二、归纳

所谓"归纳"，主要是指不宜"以偏概全"，我国各省级行政区均有各自的典型文化特征，这些特征如果下沉到"省"一级的行政地理范围，可能是"独一无二"的文化特征，如秧歌、龙舞、狮舞（图5-2）、鼓舞、木版年画、剪纸、刺绣、武术等。但如果上升一个维度，站在全国的维度来看，各地的非物质文化遗产，其共同特征远远大于其地域差异。这种情况，便需要对其进行归纳，形成最具中国特色的文化艺术形象。

图 5-2　现代文创产品设计中"狮子"的形象

三、提炼

"提炼"是一个去粗取精、去伪存真的过程，在文创产品设计中，是将特定区域的文化特征进一步典型化、差异化的过程。除与自然历史景观、文化名人、区域土特产外，很多地区的非物质文化资源，往往与其他省市乃至国家的文化资源在某种程度上出现类似，这就需要设计者对其进行"差异化"的提炼，通过将其与周边文化生态进行嫁接，构建与整个区域文化生态之间的关系。削弱其相同要素，放大其"不同"特征，强化其文化辨识度，从而实现其独特的区域代表性。例如，"茶叶与瓷器"曾是中国最具代表性的产品，然而自工业革命以来，印度、孟加拉国、越南等国家大量种植茶叶，而欧洲很多国家制瓷水平也持续提高，中国的"瓷茶"出口已不再具有优势。然而，如果我们将"丝、瓷、茶"进行嫁接，并赋予中国特色的器型设计，则仍然能够成为代表中国文化的典型文创产品。

案例38　以"茶丝瓷"为核心的文创礼品设计

2016年9月，20国集团领导人齐聚中国杭州，参加G20峰会第十一次峰会。杭州峰会成为我国为全球治理顶层设计贡献中国理念和中国智慧的宝贵机会。中国作为G20杭州峰会的东道主，为与会各国元首夫人精心设计了"夫人礼盒"，包括一个滤茶杯、一条真丝丝巾以及一瓶养生茶。淡蓝色的滤茶杯是G20国宴时，元首夫人们使用过的"夫人瓷"餐具中的一件，包括1个杯子、1个茶滤、1个杯盖、1个杯座共4样配件。茶杯图案使用国画手法演绎的中国国花牡丹，呈现轻松、雅致的生活气息。"花境绕蝶丝巾"设计灵感源于古诗词中"蝶恋花"的唯美意境。底色取自西湖清澈的湖水，百合花图案象征着纯洁与爱，蝴蝶在花丛间飞舞，一片欣欣向荣，同时代表了合作与共赢（图5-3）。

无独有偶，瑞育朋公司所设计的"茶丝绸之路"系列伴手礼，以

图5-3　G20杭州峰会元首夫人礼品

"丝路"为概念，将普洱茶、瓷茶杯、丝绸杯垫相结合，呈现出充满浓郁中国特征的"茶礼"设计，给饮用普洱茶添加了鲜明时尚的色彩。该设计获得2017年德国红点设计奖、金点设计奖等奖项（图5-4）。

图 5-4　瑞育朋公司所设计的"茶丝绸之路"系列伴手礼

四、整合

所谓"整合"，是指文创产品设计中，对类似的文化现象，并不是单纯地"合并同类项"，不是"1+N=1"，更不是"1+N=N"，而是"1+N=1.n"的状态。例如，"鼓舞"是中华民族极具代表性的民间舞蹈形式，汉族主要有河南隆尧招子鼓、山西平定武迓鼓、山东广饶陈官短穗花鼓、山东栖霞八卦鼓舞、陕西横山老腰鼓、北京花钹大鼓等；其他民族有四川羌族羊皮鼓舞、藏族螭鼓舞、瑶族长鼓舞、湘西苗族鼓舞、彝族铜鼓舞、田林瑶族铜鼓舞、沧源佤族木鼓舞等。如果我们在塑造中华"鼓舞文化"主题的过程中，仅突出汉族地区为代表的"中原鼓舞"，则犯了"1+N=1"的错误，即"鼓舞文化的形象突出但不够丰满"；但如果将各地鼓舞形式等量齐观，进行无差别的排列，则又会出现"1+N=N"的问题，即"鼓舞文化的形象丛杂而不突出"。因此，在塑造"中华鼓舞文化"主题的过程中，应对我国各民族的"鼓舞"形式追本溯源，分清主流与分支，在呈现方式上既体现出一般，又保留特色，呈现出"1+N=1.n"的状态，从而融会出独具中国特色的"鼓舞文化"。

案例39　"鼓舞文化"与文创礼品设计

在远古时期，"鼓"被尊奉为通天的神器，主要是作为祭祀的器具。在狩猎征战活动中，鼓是军事指挥的重要信号源。按《礼记·明堂位》记载，"伊耆氏"之时就已有"土鼓"，即陶土做成的鼓。由于鼓具有良好的共鸣作用，声音激越雄壮且传声很远，所以很早就被华夏祖先作为军队指挥战争的重要器具。在我国古代战争中，往往"闻鼓声而进，闻金声而退"。相传黄帝征服蚩尤的涿鹿之战中，"黄帝杀夔，以其皮为鼓，声闻五百"❶。《左传》中的《曹刿论战》曾记载："夫战，勇气也。一鼓作气，再而衰，三而竭。彼竭我盈，故克之，夫大国，难测也，惧有伏焉。吾视其辙乱，望其旗靡，故逐之"。因此，我国古代城墙两侧往往设置钟楼与鼓楼，作为军事指挥设施，有暮鼓晨钟之说。鼓的延展意义已经深入我国传统语言体系，与"鼓"相关的成语如一鼓作气、欢欣鼓舞、大张旗鼓、鼓舞人心、锣鼓喧天、金鼓齐鸣、紧锣密鼓、重整旗鼓等都具有积极向上之意。

以"鼓"为设计原型的文创产品很多，如广东物宜本分设计工作室所设计的"鼓励蓝牙音箱"；"锄山鼓·心动吊坠"则是以江西武宁县国家级非物质文化遗产"锄山鼓"为参照的文创产品设计；北京故宫博物院推出的"制宫鼓庆圆团茶具套装"文创产品，将宫廷中喜庆祥和的气氛烘托得非常充分；"凤妮鼓舞"作品创作灵感源于畲族功德舞，将生活元素巧妙融于艺术中，既表现了畲家山民质朴的性格特征，也从设计作品中感受到了丰富内涵和畲族文化无限魅力（图5-5）。

图5-5　以"鼓"为设计原型的文创产品设计

第二节
文学创作思维下的文创产品转化

一、文学作品中的主题、体裁、题材、素材

在文学创作过程中，往往会涉及主题、体裁、题材、素材等概念，它们之间既相互关联，又有所区别。

---

❶《太平御览》卷五八二引《帝王世纪》。

（一）主题

主题是指文学作品的思想主旨，如《诗经·关雎》主题为"苗条淑女，君子好逑"；贾谊《过秦论》主题为"以秦为鉴，巩固统治"；曹操的《短歌行》主题为"招贤纳士，天下归心"；李白的《将进酒》主题为"人生失意，借酒消愁"；南唐后主李煜《虞美人·春花秋月何时了》主题为"寄人篱下，怀念故国"；辛弃疾《丑奴儿·书博山道中》主题为"中年之愁，欲说还休"；《西游记》主题为"历难修心，终成正果"；老舍《茶馆》主题为"旧社会各阶层面对帝国主义、军阀、政府的层层压迫盘剥，逐渐消亡的悲惨结局"；魏巍《谁是最可爱的人》主题为"歌颂抗美援朝志愿军战士保家卫国，无畏牺牲"等。主题是文学作品的灵魂，在文学创作中处于核心地位。

（二）体裁

文学作品的语言形式，如诗歌、词曲、散文、小说等称为体裁。文学体裁之间虽无高下之分，但不同体裁的文字含量与行文规则，会影响主题表现的广度与深度。诗词歌赋结构精巧，语言凝练，但此类体裁所能承载的信息也相对有限；小说话本戏剧对文字与题材信息的承载量并无一定限制，语言更加丰满细致，因此适合具体、多层次、多角度的特定主题，具有较高的信息丰富度。因而，主题与体裁之间是内容与形式的关系，内容附着于形式，形式服务内容。

将诗词歌赋、小说话本集于一体的，四大名著中的《红楼梦》最为典型。在这部章回体长篇小说中，曹雪芹前八十回总共写了大约61万字，其中包含了诗词歌赋、戏曲小段、对联酒令、谜语典故等多种文学形式，伏延千里，从人物情感纠葛、家族荣宠沉浮、国家权力更迭等多个维度，立体展现了中国封建社会全景画，成为中国古典小说的高峰。

（三）题材

题材是指构建文学作品，表现文学主题的主要内容，如爱国题材、历史题材、革命题材、战争题材、爱情题材、托物言志题材、借景抒情题材等，同一个题材可以表现不同的主题，同一个主题也可以使用不同的题材加以表现。《红楼梦》中的诗词丰富，以即兴题咏最多。其中既有主题相同、体裁相同，但题材不同的案例；也有体裁与题材相同，而主题不同的案例。例如，书中第三十七回"秋爽斋偶结海棠社，蘅芜苑夜拟菊花题"中，贾宝玉与大观园众姐妹结成"海棠诗社"，以"海棠"为题（主题），限韵"盆、魂、痕、昏"即兴咏诗。

薛宝钗诗为："珍重芳姿昼掩门，自携手瓮灌苔盆。胭脂洗出秋阶影，冰雪招来露砌魂。淡极始知花更艳，愁多焉得玉无痕？欲偿白帝宜清洁，不语婷婷日又昏。"

林黛玉诗为："半卷湘帘半掩门，碾冰为土玉为盆。偷来梨蕊三分白，借得梅花一缕魂。月窟仙人缝缟袂，秋闺怨女拭啼痕。娇羞默默同谁诉？倦倚西风夜已昏。"

贾宝玉诗为："秋容浅淡映重门，七节攒成雪满盆。出浴太真冰作影，捧心西子玉为魂。晓风不散愁千点，宿雨还添泪一痕。独倚画栏如有意，清砧怨笛送黄昏。"

虽均以"海棠"为题，以物喻德、以诗言志，又皆为七言律诗，但因薛宝钗、林黛玉、贾宝玉在小说中的人物性格设定不同，诗中所选择的题材及其主旨立意，也呈现出很大差异。宝钗诗中的海棠呈现出矜持沉稳、端庄自重的性格特征；而黛玉诗中的海棠，却呈现出孤芳独寂、高冷哀怨的气氛；宝玉则以"杨贵妃出浴""病西施捧心"来比喻薛宝钗和林黛玉，或许还包括晴雯，充分体现了宝玉"多情公子"的形象。可见，相同的题材，可以表现不同的主题。

《红楼梦》第七十回"林黛玉重建桃花社，史湘云偶填柳絮词"，这是大观园人物最后一次组织诗会，以"咏柳"为题，以物言志。主题虽都是"柳"，且体裁皆为词，但词牌名不同，韵脚也各异。

史湘云《如梦令·咏柳》："岂是绣绒残吐，卷起半帘香雾，纤手自拈来，空使鹃啼燕妒。且住，且住！莫使春光别去。"

林黛玉《唐多令·咏柳》："粉堕百花州，香残燕子楼。一团团逐对成逑，漂泊亦如人命薄，空缱绻，说风流。草木也知愁，韶华竟白头！叹今生谁舍谁收？嫁与东风春不管。凭尔去，忍淹留。"

薛宝钗《临江仙·咏柳》："白玉堂前春解舞，东风卷得均匀。蜂团蝶阵乱纷纷，几曾随逝水，岂必委芳尘。万缕千丝终不改，任他随聚随分。韶华休笑本无根，好风凭借力，送我上青云！"

薛宝钗、林黛玉、史湘云三人虽同样寄居贾府，但词中的意境却大不相同。宝钗以柳絮自比虽无依无靠，寄人篱下，但终会借风上云霄，表露出她希望借助"金玉良缘"，融入封建贵族阶层的个人追求；而林黛玉的悲剧色彩较为浓厚，"以春写秋""嫁与东风春不管"一句，已经暗示宝黛姻缘无望，因此只剩下"粉堕香残、漂泊命薄、愁白头，忍淹留"的离别败丧情绪；而史湘云的词中却充满了对未来美好生活（婚姻）的自信与向往，因而才有"纤手自拈来，空使鹃啼燕妒"之语。

案例40 《红楼梦》中的文创设计资源

　　《红楼梦》是一座巨大的文化宝库，其中蕴藏着极为丰富的文创设计资源。例如，"金玉良缘"与"木石前盟"是纠缠贾宝玉、林黛玉、薛宝钗之间的"情感魔咒"。在小说第五回的《终身误》中有"都道是金玉良缘，俺只念木石前盟"的语句。这里的"金"便指薛宝钗所佩戴的"金锁"，"玉"则是指贾宝玉与生俱来的"通灵宝玉"。曹雪芹为了表明金玉之间的姻缘，还在通灵宝玉上刻有"莫失莫忘，仙寿恒昌"八个字，又在金锁上刻上"不离不弃，芳龄永继"为对。"木石前盟"中的"木"是指林黛玉前世为"绛珠仙草"，"石"则象征贾宝玉前世为"神瑛侍者"，神瑛侍者以甘露之水灌溉绛珠草，使其得换人形，修成个女体，绛珠仙子情愿随神瑛侍者下凡历劫，为报灌溉之德，这就是"木石前盟"。事实上，"金玉良缘"与"木石前盟"成为此后很多器物材质的文创基础。在图5-6中，清代"满绿翡翠算盘笔筒"的材质选择上便暗合了"木石前盟"的典故；而在2008年北京奥运会"金镶玉"奖牌设计中，则暗合了"金玉良缘"的文化语义。"宝黛喵"中的两只猫，虽已完全脱离人物的影子，以"猫"喻"人"。但熟悉《红楼梦》的读者一眼便可看出，这两只小猫实际模仿了《红楼梦》第二十三回"西厢记妙词通戏语　牡丹亭艳曲警芳心"中的"宝

清代满绿翡翠算盘笔筒　2008年北京奥运会奖牌金镶玉设计　　　　"宝黛喵"设计

贾宝玉卡通形象　　　林黛玉卡通形象　　　薛宝钗卡通形象　　　史湘云卡通形象

图5-6　"红楼梦"相关文创产品设计开发

黛共读《会真记》"的情节。通过以上情形的讲述，可以很容易分辨出在卡通人物形象设计中贾宝玉、林黛玉、薛宝钗和史湘云四个人物的形象特征。

不同的题材表现相同的主题，如以民国时期的批判现实主义文学为例，鲁迅的短篇小说《祝福》、中篇小说《阿Q正传》，老舍的长篇小说《骆驼祥子》与《四世同堂》，均堪称是这一时期的扛鼎力作。四部小说的主题都是表现旧社会多重压迫下，勤劳善良的普通民众如何走向绝望与死亡。《祝福》讲述了江浙乡镇一个叫"祥林嫂"的普通劳动妇女的悲惨一生；《阿Q正传》刻画了江浙乡镇一个甚至没有名字的底层劳动者如何走向死亡；《骆驼祥子》记叙了一个叫作"祥子"的北平底层洋车夫的悲剧人生；而《四世同堂》则展现了住在北平小羊胡同中居住的几个家庭的没落史。以上四部小说虽题材各异，但主题一致。

不同作家，在表现同一主题时，会选择不同题材，这与作家的个人经历和生活感悟密不可分。以鲁迅与老舍为例，二者皆是批判现实主义作家，但鲁迅的小说，无论是《阿Q正传》《祝福》，还是《孔乙己》《狂人日记》，为我们勾画的生活场景大多来自其儿时生活的故乡，充满了浓郁的绍兴味道。反观老舍，他是世居北平的满洲正红旗人，对北平的人物见闻，市井生活有着深刻的洞察。因此，无论是《茶馆》《四世同堂》，还是《骆驼祥子》，其题材大都以北平的市井人生为主，自成一个完整丰满、"京味"十足的世界。

（四）素材

素材是指文学作品表现主题、丰富题材过程中，所必需参照的生活经验。这种"经验"可以是作者成长生活中所亲身经历的直接经验，也可能是以其他途径所获得的间接经验。以经验形态呈现的素材，可以经过作家的概括、提炼、夸张、补充、丰富、重构、转换，形成文学作品。但无论如何加工，文学作品均应当符合读者的基本认知，能够被读者理解，推动主题的呈现。素材的丰富程度，以及选择加工的角度，直接影响到艺术作品的主题表现与情感张力。

二、文学创作相关概念对文创产品设计的启发

文学作品中的主题、体裁、题材与素材的概念，可以形象地比喻为佳肴美味中"味道、容器、菜肴与食材"之间的关系。食材是菜肴

烧制的物质基础，菜肴是味道呈现的物质基础，容器是菜肴摆放的形式框定，而此三者都是为了"味道"这一主题。本质上，此四者的相互关系，可以向其他一切文艺创作过程推演。

如果将艺术的类别，以表现载体予以划分，可以分为口头语言艺术表现形式，如评书、相声、歌唱等；文字语言表现形式，如诗歌、词曲、散文、小说、剧本等；视觉语言艺术表现形式，如书法、绘画、雕塑、摄影、工艺美术等。上述艺术形式加入时间与空间因素予以综合，其艺术表现形式，如音乐、舞蹈、曲艺、建筑、戏剧、影视等。听觉艺术的"艺术语言"是由"声音与静默"组成的节奏与韵律，视觉艺术的"艺术语言"为点、线、面、体、色彩与质感；而其他综合艺术形式，则在糅合上述艺术语言的基础上，加入时间与空间的线索。

这样，就可以将不同的艺术形式理解为文学创作中的"体裁"，而各种艺术形式所表现的内容理解为"题材"，艺术语言形式本身理解为"素材"，此三者共同构成艺术作品的主题。不同的艺术形式可以表现同一主题，如《红楼梦》中的"黛玉葬花"，可谓文中有画，书中在第二十三回"西厢记妙词通戏语　牡丹亭艳曲警芳心"、第二十七回"滴翠亭杨妃戏彩蝶　埋香冢飞燕泣残红"、第二十八回"蒋玉菡情赠茜香罗　薛宝钗羞笼红麝串"均有描写。其中第二十七回中的《葬花吟》优雅脱俗，被音乐、舞蹈、绘画、雕塑、书法、戏剧、影视作品反复表现。再如《西游记》中的"大闹天宫"，《水浒传》中的"武松打虎"，《三国演义》中的"火烧赤壁"等故事情节。更是因为被不同艺术手段反复表现，才成为老少皆知的经典。

文化创意产品设计，因为加入了使用功能因素，因而与纯艺术作品不同，但单就产品设计的创意过程而言，似与文学作品又有异曲同工之妙。以特定地域的文创产品设计为例，其设计构思过程也必然涉及主题、体裁、题材、素材四者之间的关系（表5-1）。

在文创产品设计过程中，我们可以将前期调研视为对设计素材的收集；将调研资料的整理概括视为对题材的把握；将特定区域文化特征的聚焦凝练视为对主题的确定。任何抽象主题必须通过具体题材予以表现，主题与题材之间的相互关系可以概括为三种可能：一是主题不同，表现题材各异；二是主题相同，表现题材各异；三是主题不同，表现题材相同。

表 5-1　文创产品设计与文学创作的对应关系

文学作品	文创产品
主题	文创产品所应表述的典型文化特征
体裁	文创产品所应具备的使用功能，以及独特的生产加工工艺
题材	产品在表述文化特征时，所整合调动的符号意向、视觉形态语言的总和
素材	特定区域、组织（如政府机构、企事业单位）所能被挖掘的文化资源总和

　　我们可以将文创产品设计所要表现的主题，理解为是对特定区域典型文化特征或特定文化符号的提炼与概括。如黄河始祖文化、儒家圣人文化、道家养生文化、孝亲仁爱文化、海洋工商文化、运河文化、红色革命文化、节日民俗文化、少数民族文化等。区域典型文化符号如孔子、孙子、泰山、黄河、水浒文化、龙山文化等。上述文化符号虽未言明地域，但不言自明、尽人皆知，因而属于典型的地域文化符号。

　　从传播学的角度来说，传播的关键不在于媒介，而在于特征。因此，特定地域文创产品设计应着重表现其不可替代的文化主题。主题是文创产品设计开发的起点，是统御产品功能、形态、材质等要素的核心，这一点与文学艺术创作并无二致。应当特别明确的是：每个地区都有自己的文化特征（符号），下一级文化特征可以向上跃升，即县市一级的文化特征可以成为省一级的文化特征；省一级的文化特征也可由多个县市的文化特征予以概括提炼。如"儒家文化"并不单指曲阜或者山东，而是中华民族儒家文化的集合；"海洋文化"则是我国沿海各区域的文化集合；"黄河文化"与"运河文化"更是全流域跨地区的整体文化形象。

　　就文创产品的体裁而言，我们既可以将其理解为文创产品的使用功能，也可以理解为文创产品的实现工艺。文创产品的具体功能，就是该文创产品的体裁。

　　与现代批量化、机械化、标准化的普通产品的生产加工不同，目前在文创产品的生产加工过程中，仍会涉及传统手工艺的生产加工方式，且很多传统手工艺已成为国家级、省级非物质文化遗产。因此，在文创产品设计过程中，选择适当的传统手工艺，将其合理嵌入文创产品设计开发中，以现代手工艺的加工方式实现其产品功能，表现其文化主题，不仅能够起到保护传统手工艺的作用，还可以达到产品功能、工艺美术、文化主题三者相互融合的效果，使文创产品的价值更具张力。全国传统手工艺种类丰富，衣、食、住、行用无所不有，涵盖了人们生活的方方面面。

相较于纯粹的艺术作品，文创产品的题材可以理解为其产品的形态、色彩、材质、图形、纹样等视觉要素。本质上，以功能产品为媒介表达文化主题，本身就是一个由"抽象概念语言"向"实体可见语言"转译的过程。例如，我们以文创产品的方式表现"孔子"这一文化主题，可以使用孔子的形象作为产品形态设计的主要题材，如孔子画像、孔子雕塑、孔子人偶，印刷有孔子形象的扇面、吊坠、文房四宝等，但如果我们以产品为媒介，去表现儒家文化、红色文化、黄河文化这样的抽象主题，或者去表现诸如北京、南京、西安、开封等这样的城市文化特征，则需要对此类文化主题进行细致深入的调研，对众多与文化主题相关的素材进行选择提炼、归纳概括。这一过程就是将杂多繁乱的素材提炼为能够有效反映主题的题材，将抽象观念转为具象诉说的过程。这一过程，也就是针对特定区域文创产品进行设计开发的过程。

第三节
结合调研确定文化主题

确定特定区域，特定文化类型的文创主题，是在详细调研的基础上，使用比较、归纳、提炼、整合的方法，抽丝剥茧、去粗求精，甚至会"以偏概全"的提炼与转化。以下将以"山东曲阜文化创意产品开发"为例，介绍特定区域文化产品设计主题的确定过程。

一、曲阜文创资源前期调研

曲阜，古为鲁国国都，被誉为"东方圣城"，东连泗水，西扺兖州，南临邹城，北望泰山，名闻古今，蜚声中外，是山东省乃至全国重要的历史文化名片。

孔子是中国古代伟大的思想家、教育家、儒家学派创始人。曲阜作为孔子故里，1982年，被评为首批国家历史文化名城；1991年，被文化和旅游部评为中国旅游胜地40佳；1994年，孔庙、孔府、孔林列入联合国《世界遗产名录》；1997年，文化和旅游部又把曲阜确定为中国35个王牌旅游城市之一。曲阜域内有鲁国故城、孔庙、孔府、孔林、汉鲁王墓群、颜庙、尼山孔庙及书院、西夏侯遗址、防山墓群、孟母林墓群、景灵宫碑、周公庙12处国家级重点文物保护单位；另外还有少昊陵遗址、仙源县故城、少昊陵、梁公林等17处山东省重点文物保护单位。曲阜楷雕、尼山砚、扶兴和毛笔、姚村凉席等手工艺产品，均是具有悠久工艺传承的非物质文化遗产。

山东曲阜作为古鲁国的治所，具有悠久历史文化底蕴，文化信息庞杂丰富。如何通过对前期调研资料汇总与梳理，逐步确定其文化主题，进而形成本案文创产品设计开发方向，是"山东曲阜国际慢城文创产品设计开发"的首要任务。

表5-2、表5-3列出了曲阜主要历史文化资源与产业资源，基本总结出该区域的旅游类型——知识学习与过程体验的复合型旅游类型。通过分析，我们可以明确，曲阜虽不具备独特的自然景观，但曲阜是周代礼法的重要传承地，是孔子故里，更是儒家文化的发祥地与传播中心，这些文化资源在全国，乃至世界都是独一无二的。因此，曲阜的文化主题可以确定为："以孔子生平为线，以儒家文化发展特征为面，以优秀传统文化传承与发展为体"的独特文化主题。

表5-2 曲阜区域自然、历史文化资源

资源类别	资源内容
自然景观	曲阜位于山东省西南部，北、东、南三面环山，域内有凤凰山、九仙山、石门山、防山、尼山等山分布其中，中西部是泗河、沂河冲积平原，是鲁中南山地丘陵区向华北平原区的过渡地带，构成了东北高、西南低的基本地势
区域历史	曲阜之名最早见于《礼记》，东汉应劭解释道："鲁城中有阜，委曲长七、八里，故名曲阜。"大约公元前2700年，中华民族的人文初祖轩辕黄帝诞生于曲阜寿丘。继黄帝之后，少昊曾在曲阜营建都城。相传少昊在位84岁，寿百岁，崩葬曲阜城东北寿丘云阳山，与二帝三王（尧、舜、禹、汤、文、武）周公、孔子并称万世享祀。公元前2100年前后，曲阜属上古尧舜时代九州之一的徐州。公元前16世纪后的商代，曲阜为奄国国都，并一度成为商王朝的都城。公元前1066年，西周武王伐纣灭商，武王将其胞弟、王国宰辅周公旦封于故奄地曲阜，立国为"鲁"。公元前249年楚国灭鲁，始设鲁县，公元596年定县名为曲阜
民间传说	孔子诞生传说、孔子周游列国、颜子传说、孟母教子传说、鲁班传说
历史名人	黄帝、少昊、柳下惠、孔、颜子、鲁班、谷梁赤、申培、孔安国、孔融、孔伋、左丘明、孔孚、孔继涑、孔尚任、贾应宠、桂馥等
民间习俗	曲阜方言隶属于北方方言系统的中原官话区，每年进行祭孔大典

续表

资源类别	资源内容
民间技艺	尼山砚、桑皮纸制作技艺、弓箭制作技艺、曲阜楷木雕刻、曲阜大庄绢花、拓片制作技艺、曲阜扶兴和毛笔制作技艺
民间艺术	曲阜碑帖、孔门礼乐、箫韶乐舞
文化遗迹	鲁国故城、周公庙、孔庙、孔府、孔林、汉鲁王墓群、颜庙、尼山孔庙及书院、西夏侯遗址、防山墓群、孟母林墓群、景灵宫碑共国家级重点文物保护单位 12 处；少昊陵遗址、仙源县故城、少昊陵、梁公林、东颜林、林放墓、姜村古墓、韦家墓、安丘王墓群、九龙山摩崖造像石刻、曲阜明故城城楼、洙泗书院、石门寺建筑群、九仙山建筑群、四基山观音庙、曲师礼堂及教学楼、朱总司令召开军事会议会址共山东省文物保护单位 17 处，以及济宁市文物保护单位 5 处，曲阜市文物保护单位 152 处等

表 5-3　曲阜区域产业资源

资源类别	资源内容
自然矿产资源	曲阜市花为兰花、市树为桧柏、市鸟为鹭鸶；截至 2012 年，曲阜境内矿产主要有煤炭、石灰岩、耐火黏土、磷、混合花岗岩、花岗石、磷矿、耐火黏土、地热、矿泉水、河沙等。已探明的煤炭储量约为 10 亿吨，石灰岩储量 16.6 亿吨
农副土特产品	孔府宴、孔府糕点、曲阜香稻、果旦杏；孔府家酒、楷雕如意、全毛地毯、龙头手杖和尼山石被誉为"鲁中五绝"；孔府煎饼、熏豆腐也是曲阜的特色美味和馈赠佳品
手工艺产品	曲阜楷雕、尼山砚、扶兴和毛笔、姚村凉席、孔府菜烹饪技艺、曲阜大庄绢花制作技等
民用产品生产	孔府家酒、菱花味精、燕京啤酒、华龙方便面、小松山推、裕隆生物、如意毛纺集团等

二、文化点提炼

在艺术创作中，任何抽象的主题都必须以合适的题材为表现基础，并通过相应的艺术语言予以转译诉说。文创产品设计有其相似之处。孔子本人便是"以物言志""观物比德"的大师。后世流传记录孔子言行的著作中，大量出现孔子观山、见水、抚琴、佩兰、敬柏、爱玉、善射、好鲤的故事。我们通过对孔子生平史迹的梳理，并结合儒家中庸、仁恕、礼义、精进、包容的思想内核，撷选与孔子相关的竹简、古琴、蝉、飍屃、松柏、兰花、白鹭、山水等题材，赋予其象征意义，作为文创产品设计开发的符号表征。

案例41 "竹简"与"竹简铅笔"形态语义的功能转化

竹简是古代用来写字的竹片，是我国造纸术发明普及之前主要的书写材料。竹简也是我国古代使用时间最长的书籍形式，是祖先经过反复比较和艰难选择之后，确定的文化保存传播载体。因此，竹简对中国文化传承起到了至关重要的作用，也正是它的出现，才得以形成春秋时期百家争鸣的文化盛况，同时也使孔子、老子、荀子等思想巨匠的文化成果得以流传至今。

"韦编三绝"是孔子勤读《易》书的一则典故。《史记·孔子世家》中记载："孔子晚而喜《易》，……读《易》，韦编三绝。曰：假我数年，若是，我于《易》则彬彬矣"。韦，熟牛皮，古代竹简用牛皮条编缀成册；三，指多次；绝，断。孔子晚年喜《易》，花了很大的精力，将《周易》反反复复读了许多遍，又附注了许多内容，孔子这样读来读去，把串联竹简的牛皮带子也给磨断了几次，不得不多次换上新的再使用。以此比喻读书勤奋用功。《论语·述而》中记载："子曰：加我数年，五十以学《易》，可以无大过矣。"加与假意近。此句意为：如果从五十岁就开始学习《周易》，那么就可以不犯大错误了。

"鲁壁藏书"，据史书记载，秦始皇焚书时，孔子九代孙孔鲋将《论语》《孝经》《尚书》等儒家经典简册砌于孔子故宅墙壁中，得以幸免。汉武帝时，鲁共王刘余扩建宫室苑围，拆毁孔子故宅，始发现这批简册。为纪念此事，后人于孔子故宅（现孔庙）院内另砌一壁，称为"鲁壁"并勒石以志（图5-7）。

可见，竹简是孔子时期最为重要的书写材料，也是我国包含儒家思想在内的传统文化记录传播的重要物质载体，可以作为山东曲阜国际慢城文创产品设计开发的设计题材之一。

"竹简铅笔"通过"韦编三绝""鲁壁藏书"等典故，将"竹简"与孔子本人及儒家文化进行连接。以"竹简"为符号语言进行功能转化，首先要考虑将其"书写"的语义予以延续，另外还应结合当前生活需要，对位生活中常用的使用功能。因此将"竹简"的形态语义向"铅笔"的功能语义转化（图5-8）。

图5-7 孔府鲁壁

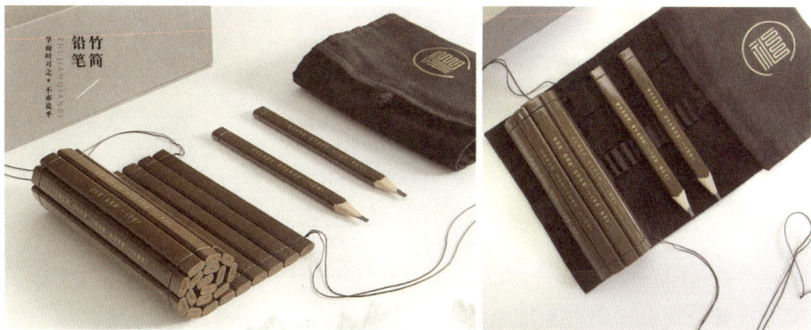

图 5-8　文创产品"竹简铅笔"设计　张焱

本设计以竹简的形态特征为基础，结合铅笔的使用功能，以麻线连接二十四支铅笔。铅笔的一侧为儒家经典《论语》中文选句，另一侧为名句的英文翻译。设计寓意为"一卷竹简，一部论语；一支铅笔，一句智慧"。

案例42　"古琴"与"古琴移动电源"形态语义的功能转化

古琴又称瑶琴、玉琴、七弦琴，是中国传统拨弦乐器，有三千年以上历史。古籍记载琴的创制与中华文明之初的帝王有关。《琴操》中记载："伏羲作琴"，《琴当序》中记载："伏羲之琴，一弦，长七尺二寸。"《礼记》中记载："舜作五弦之琴，以歌南风。"汉代桓谭《新论》中记载："神农之琴，以纯丝做弦，刻桐木为琴。至五帝时，始改为八尺六寸。虞舜改为五弦，文王武王改为七弦。"古琴音域宽广，音色深沉，余音悠远（图5-9）。2003年11月7日，联合国教科文组织世界遗产委员会宣布，中国古琴被选为世界文化遗产。2006年被列入中国非物质文化遗产名录。

《史记·孔子世家》中记载孔子学琴于师襄子，十日不进。师襄子曰："可以益矣。"孔子曰："丘已习其曲矣，未得其数也。"有间，曰："已习其数，可以益矣。"孔子曰："丘未得其志也。"有间，曰："已习其志，可以益矣。"孔子曰："丘未得其为人也。"有间，有所穆然深思焉，有所怡然高望而远志焉。曰："丘得其为人，黯然而黑，几然而

图 5-9　传统古琴

长，眼如望羊，如王四国，非文王其谁能为此也！"师襄子辟席再拜，曰："师盖云《文王操》也。❶"

《论语·述而》中有"子在齐闻《韶》，三月不知肉味。"即当孔子在齐国听到迎接贵宾的韶乐后，精力集中，废寝忘食，三个月吃肉都不知其美味，并评价韶乐"尽美矣，又尽善也"。可见，孔子一生痴迷于礼乐，本人又精通琴道，现在仍有以孔子名字命名的"仲尼式"古琴。在中国古代社会漫长的历史阶段中，"琴、棋、书、画"历来被视为文人雅士修身养性的必由之径。古琴因其清、和、淡、雅的音乐品格寄寓了文人风凌傲骨、超凡脱俗的处世心态，而在文人艺术中居于首位。因此，我们可以将"古琴"作为山东曲阜国际慢城文创产品设计开发的又一设计题材。

以"古琴"为符号语言进行功能转化，首先要将其特有的形态语义予以延续，并结合当前生活的现实需要，对位常用的使用功能。因此，我们将"古琴"的形态语义向"移动电源"功能语义转化。本设计以古琴为形态特征，结合移动电源的使用功能，采用红木镶银传统工艺，对木、银、铜等材质进行组合，形成既具备现代使用功能，又具备东方传统审美特征的文创产品设计（图5-10）。

图 5-10　文创产品"古琴充电宝"设计，2019 山东省文化和旅游商品创新设计大赛概念组金奖作品，2019 年山东友好城市大会官方纪念品　张焱

案例43　"蝉"与"USB闪存盘"形态语义的功能转化

蝉又名知了，在古人的眼中，蝉是一种神圣的灵物，有着很高的地位，寓意着纯洁、清高、通灵。蝉在古人的生活中是一种不可或缺

---

❶ 孔子在学习方面是很虚心，尤为刻苦。有一次孔子随师襄学鼓琴。曲名是《文王操》。孔子苦苦地练了很多日子，师襄子说："可以了。"孔子说："我已经掌握了这个曲子的弹法，但未得其数。"又练了很多日子，师襄子又说："可以了，你已于其数。"可是孔子仍说："不可以，未得其志。"又过了相当的时间，师襄子认为这回真的可以了，可是孔子仍然认为自己没有弹好这首乐曲。最后，孔子通过反复钻研，体会琴曲的内涵，直到他看到文王的形象在乐曲中表现出来了，才罢休。

的物品，被人们推崇着。从汉代开始，人们都以蝉的羽化来喻之重生。若是身上有蝉的佩饰，则表示其人清高、高洁。《史记·屈原贾生列传》中记载："蝉蜕于浊秽，以浮游尘埃之外。"指的是蝉在脱壳蜕变之前，一直生活在淤泥中，脱壳化蝉后，飞到树上，喝风饮露，可谓出淤泥而不染，故古人认为蝉性高洁。唐虞世南更以蝉德比喻清官的德行，咏有"垂緌饮清露，流响出疏桐。居高声自远，非是藉秋风"的名句。《庄子·外篇·达生》中有记载孔子与蝉的故事，加上蝉的寓意，故可将蝉作为文创产品设计的一个题材。

以蝉作为文化符号语义进行现代产品的功能转化，不但可以与孔子生平典故进行连接，还可以充分延展其丰富的象征意义，以喻君子品质，清官之德。另外，蝉本身的形态尺度较小，适宜向小体量的功能产品进行转化。因此，我们将蝉的形态语义向USB闪存盘功能语义转化。

本设计以汉代玉蝉为设计原型，结合USB闪存盘的使用功能，采用黄铜为壳体主要材质，形成既具备现代电子产品使用功能，又体现独特东方气质与文化内涵的文创产品（图5-11）。

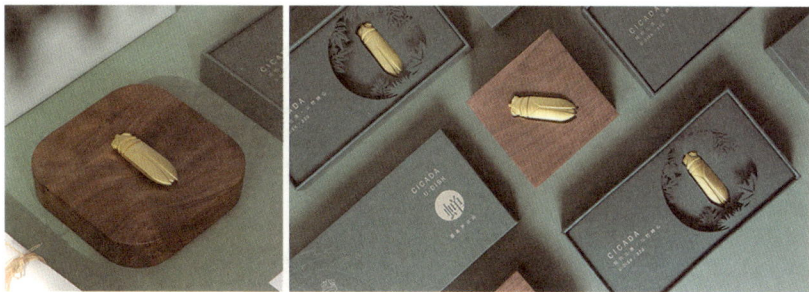

图5-11 文创产品"金蝉U盘"设计 国家艺术基金2021年度成果运用项目 张焱

案例44 "松柏修竹"与"笔"形态语义的功能转化

公元前489年，63岁的孔子被围困于陈国与蔡国交界处，断粮七日，他与学生只得以野菜充饥。身处困境的孔子心地坦然，无所畏惧，依旧抚琴放歌，坐而论道。并以寒冬松柏劝导学生："内省而不穷于道，临难而不失其德，天寒既至，霜雪既降，吾是以知松柏之茂也。陈蔡之隘，于丘其幸乎！❶"越是困难，才越能磨炼自身的意志，升华自己

---

❶ 出自《庄子·让王》，原句为："故内省而不穷于道，临难而不失其德，天寒既至，霜雪既降，吾是以知松柏之茂也。陈蔡之隘，于丘其幸乎！"孔子削然反琴而弦歌，子路扢然执干而舞。子贡曰："吾不知天之高也，地之下也。"

的德行。子路、子贡等学生深受激励，胸中如有松柏挺然，豪情陡生，怨气尽消。

孔子以树比德，对松柏寄情尤深，并赞松柏"岁寒，然后知松柏之后凋也"，《庄子·内篇》中也赞松柏"受命于地，唯松柏独也正，在冬夏青青；受命于天，唯尧舜独也正，在万物之首"。松柏无论季节变换、冷暖更替，始终如一地固守着长青本色。孔子从松柏常青的特点看到了坚毅执着、恒常不变、好德守正的高贵品质。孔子将松柏与远古圣君尧舜类比，并赞颂其与尧舜一样独得天地之正气，是做人处事的楷模。松柏被后世看作喻义坚贞、坚韧不拔的象征。因此，今天孔府、孔庙、孔林中遍植松柏，其中不乏千年古树。

松柏与修竹在我国传统文化中，既喻君子之德，又喻清官之德。本设计将劲松与修竹的外在特征向钢笔、签字笔的功能形态转化，以钢笔借助劲松形态喻坚贞不屈；签字笔借助修竹形态喻高风亮节（图5-12）。

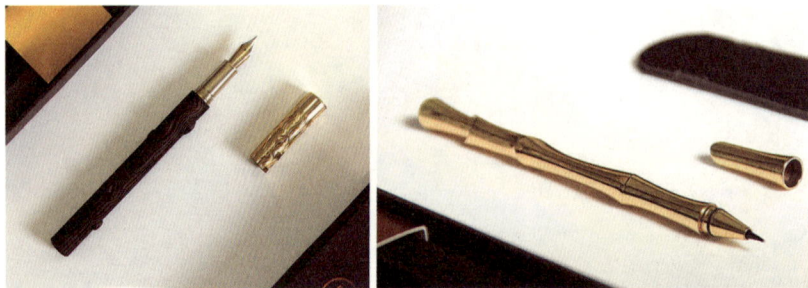

图5-12　文创产品"高风亮节"钢笔、签字笔设计　张焱

案例45　"赑屃"与"无线鼠标"形态语义的功能转化

赑屃又名霸下、龟趺、填下、龙龟等，是中国古代传说中的神兽，似为玄武的变体，为鳞虫之长瑞兽龙之九子第六子。上古传说中，赑屃常背起三山五岳来兴风作浪。后被夏禹收服，为夏禹立下不少汗马功劳。治水成功后，夏禹就把它的功绩，让它自己背起，故中国的石碑多由它背起的。《坚瓠集》云："一曰赑屃。形似龟。好负重。今石碑下龟趺是也。"赑屃是长寿和吉祥的象征，它总是奋力地向前昂着头，四只脚顽强地撑着，努力地向前走，并且总是不停步。寓意其负重致远、自强不息的精神品质。

赑屃和龟十分相似，但细看却有差异。赑屃有一排牙齿，而龟类却没有，赑屃和龟类在背甲上甲片的数目和形状也有差异。曲阜孔庙碑林是我国四大碑林之一，碑林中矗立着198块碑刻，很多是我国古代不可多得的碑刻精品，赑屃驮碑形象随处可见，其中洪武、永乐、成化、弘治四通御制碑形态巨大，其下赑屃形象尤为生动。

"龙龟"鼠标将赑屃的形态语义向无线鼠标进行转化，采用铜木材质结合创新，既满足鼠标的使用功能，又体现了赑屃吉祥长寿、负重致远的美好寓意（图5-13）。

图 5-13　文创产品"龙龟"鼠标设计　张焱

案例46　"兰、松、鹭"与"书签"形态语义的功能转化

在我国传统文化中，文人墨客往往将兰花视为淡泊朴实、高雅纯洁、坚贞不屈的象征。孔子观物比德，赞颂兰花有君子之道，王者之气。蔡邕《琴操·猗兰操》中有"夫兰当为王者香，今乃独茂，与众草为伍，譬犹贤者不逢时，与鄙夫为伦也"的名句。

历代文人墨客偏爱种兰、赏兰、咏兰和"写兰"，有着挥之不去的兰花情结（图5-14）。唐韩愈曾模仿孔子《幽兰操》作歌"兰之猗猗，扬扬其香。不采而佩，于兰何伤。今天之旋，其曷为然。我行四方，以日以年。雪霜贸贸，荠麦之茂。子如不伤，我不尔觐。荠麦之茂，荠麦之有。君子之伤，君子之守。"

鹭，因其头顶、胸、肩、背部皆生长毛如丝，故称鹭（图5-15）。在古代，白鹭象征着自由、高贵和纯洁。而且白鹭在飞翔时群而有序，旧时就以鹭序寓百官班次，在明清的官服补子纹样中，白鹭是六品文官的补子纹样（图5-16、图5-17）。

"鹭"与"禄"谐音，白鹭也喻官德。白鹭与青莲花，寓意"鹭禄清廉"，用以祝颂为官清正廉明。白鹭与芙蓉花在一起寓意"一路荣华"；白鹭与牡丹一起表达"一路富贵"等。因此，古代文人多以鹭鸶

图 5-14　明代永乐剔红梅兰纹圆盒

图 5-15　鹭鸶

图 5-16　清六品文官官方鹭鸶补子

图 5-17　孔庙中的柏树

为题吟咏，如唐李绅《姑苏台杂句》："江浦迥看鸥鸟没，碧峯斜见鹭鸶飞。"宋文同《蓼屿》诗："时有双鹭鸶，飞来作佳景。"唐代杜牧有诗"雪衣雪发青玉嘴，群捕鱼儿溪影中。惊飞远映碧山去，一树梨花落晚风"。宋代欧阳修有"风格孤高尘外物，性情闲暇水边身。尽日独行溪浅处，青苔白石见纤鳞"。

兰花、松柏、鹭鸶分别是曲阜的市花、市树和市鸟。儒家经典《大学》中所倡导的"格物""致知""诚意""正心""修身""齐家""治国""平天下"，均是以自我充盈为其出发点，重在立志、重在读书、重在学习。因此，可以将兰花、松柏、鹭鸶三个文化符号向"书签"功能转化，既满足使用者在阅读过程中的锚定作用，又可观物比德，以物映心。

书签图案是对兰花、松柏、鹭鸶形象进行提炼概括，并与孔子时代所使用的计算工具"算筹"功能相结合，体现孔子所倡导的"六艺"教育中的"数"。本书签采用黄铜片材质镂空而成（图 5-18）。

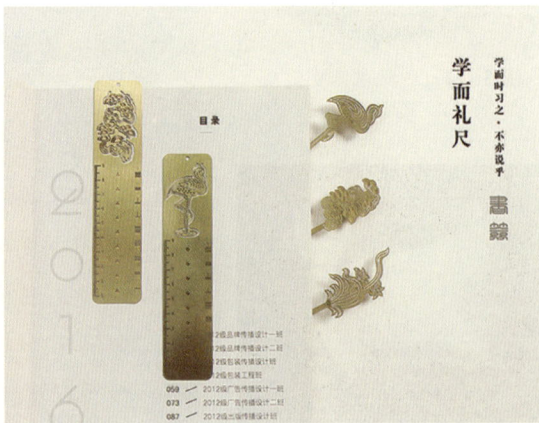

图 5-18　文创产品"兰柏鹭"书签设计　张焱

案例47 "山水"情怀与"文房四宝"形态语义的功能转化

　　山水，是一种自然形态，也是一种文化符号，在中国文化与哲学中，山水具有一种象征意义，包容着儒、释、道三重智慧。孔子诞生于尼山，临洙泗二水，其一生多次以"山水"喻德，用水的特性比喻智慧，用山的特征比喻仁义，因而《论语·雍也篇》中有："子曰:'知者乐水，仁者乐山;知者动，仁者静;知者乐，仁者寿'。"《孟子·尽心上》中有"孔子登东山而小鲁，登泰山而小天下"的记载。孔子在沂水河畔曾有"逝者如斯夫，不舍昼夜"的名句。

　　另外，孔子与老子均认为"水"所具备的特征是处世的最高智慧。老子曾对孔子说："上善若水。水善利万物而不争，处众人之所恶，故几于道。"孔子深受启发，并认为"夫水者，启子比德焉。遍予而无私，似德;所及者生，似仁;其流卑下，句倨皆循其理，似义;浅者流行，深者不测，似智;其赴百仞之谷不疑，似勇;绵弱而微达，似察;受恶不让，似包;蒙不清以入，鲜洁以出，似善化;至量必平，似正;盈不求概，似度;其万折必东，似意。是以君子见大水必观焉尔也。"

　　自孔子寄情于山水之后，在中国传统文化中，山水成为文艺作品创作最重要、最常见的题材之一（图5-19）。"山水为诗，山水入"画成为中国文人创作的思维传统。"登山则情满于山，观海则意溢于海"道出了中国文人特有的山水情怀。

　　山水虽为具象形态，但须表现抽象精神。因此，具体事物的精神生发、具象形态的抽象提炼以及具体物态的功能转化，是文创产品设计开发中必须面对的问题。山水可以"为诗""成画"，同样可以"入器"。将经过概括的山水意向，与文房四宝进行结合，借助山东澄泥

图5-19　江山万里图卷　赵芾　南宋

砚传统加工工艺，以现代创新设计思维，重构兼具山水形式语言与
精神特征，设计出富有现代审美体验的文房四宝文创产品（图5-20）。

图5-20　文创产品"儒风岱览"文房四宝设计　张焱

思考与练习

1. 结合本章内容，认真思考文学创作与文创产品设计中"主题"塑
造的相似性。

2. 精读我国"四大名著"中的某一章节，将该章节中所描述的器物
形式以手绘方式呈现出来，思考这些器物在传统生活方式中所发挥的文
化作用。

3. 结合本章相关案例所呈现的调研方法，针对特定区域进行调研，
并尝试确定该区域文创产品设计开发主题。

第六章
文创产品品牌设计开发

成功的文化创意产品设计开发，绝不仅是对单个产品或几款产品的单点突破，而是架构在特定文化生态上的系统开发与整体诉说。这需要文创产品应首先建立能够准确表述特定文化主题的品牌形象，或明确以某个文化品牌形象为载体进行设计开发。文创产品的品牌形象设计，负有框定文创产品设计开发整体风格与基本走向的责任。因此，品牌设计是文创产品设计开发的先导，是对产品知识产权保护的必要条件，是产品销售推广的重要依托，更是文创产品开发项目投融资的基础。因此，立足文化主题，建立产品的品牌形象整体特征，是文化产品设计开发的起点与基础。

企业形象识别系统虽然属于传统视觉传达设计的范畴，但视觉识别系统的设计开发过程与本书着重讨论的文创产品设计开发的"创意构思"环节，有很多共通之处。它们主要表现在：视觉识别系统中的标志、标准字、标志色、辅助图形、吉祥物等核心要素的设计开发，其过程均是将抽象的精神文化理念信息，转化为具体的视觉物象符号的过程；两者都涉及根据具体文化主题，对相关题材与素材进行提炼概括，都是将创意与智慧转化为产品的过程。因此，文创产品设计领域的设计师，应对企业视觉识别系统有较为深入的了解与掌握。本章撷选多个不同层面的企业视觉识别系统案例，并对其进行讲解，利用视觉传达设计的思维方式，快速掌握文创产品设计的创意方法。

第一节
企业形象识别系统基本构成

企业品牌识别系统的（Corporate Identity System）主要任务是将企业品牌文化与经营理念统一设计，利用整体表达体系（尤其是视觉表达系统），传达给企业员工与外部公众，使其对企业品牌产生一致的认同感，以形成良好的品牌印象，达到促进产品销售的目的。

进入20世纪，欧美主要发达国家的工商业进入充分竞争阶段，卖方市场向买方市场过渡，商品的生产与销售已经在全球市场进行资源配备。相同品类的产品生产企业大量涌现，企业迫切需要建立自身独特的品牌特征，以便于与竞争对手相区别。自此，企业开始有意识、

图6-1 柏林通用AEG标志设计

有计划地塑造自身品牌形象。如1914年，彼得·贝伦斯❶为柏林通用电气公司设计的标志及办公用品；1919年，经爱德华·约翰斯顿最终调整后的英国伦敦地铁标志及其视觉识别系统（图6-1）。

企业品牌识别的系统化发生在第二次世界大战之后，欧洲经济快速复苏，企业家逐步认识到"好的设计就是有销路的设计"。新的市场观念使企业逐步意识到产品不仅只是"物"，也包括承载在"商品"之上的无形价值，其中最为重要的便是社会认同。一个商品，社会认同度越高，它的销路往往就会越好，这就需要企业在公众视线中树立独特、良好的整体形象。当企业开始构建"拟人化""符号化""典型化"的形成特征，并将这一特征在生产、包装、推广、销售、售后一系列环节中予以贯彻体现，就与其他企业区别开来。

企业形象识别系统可以分为企业理念识别（Mind Identity）、企业行为识别（Behavior Identity）和企业视觉识别（Visual Identity）三个组成部分。

一、企业理念识别系统

企业理念识别系统是企业所决定坚守的价值信条与精神理念，其内容包括：企业精神、企业价值观、企业文化、企业信条、经营理念、经营方针、市场定位、产业构成、组织体制、管理原则、社会责任和发展规划等。企业理念识别系统对内统一企业员工的思想，形成企业员工所共有的价值共识，进而影响企业的决策、活动、制度、管理；对外则向公众传递统一有力的企业价值理念，影响企业的对外宣传与形象塑造。

二、企业行为识别系统

企业行为识别系统是企业实践经营理念与创造企业文化的行动实践，对企业运作方式所做的统一规划而形成的动态识别系统。企业品牌主体正是通过一系列的实践活动将企业理念的精神实质推展到企业内部的每一个角落，汇集起员工的巨大精神力量。包括企业的组织制

---

❶ 彼得·贝伦斯，德国现代主义设计的重要奠基人之一，著名建筑师，工业产品设计的先驱，"德国工业同盟"最著名的设计师，被誉为"第一位现代艺术设计师"。

度、管理规范、行为规范、干部教育、职工教育、工作环境、生产设备、福利等制度系统的制订与运行；对外主要包括企业的市场调查、对外服务、公共关系、营销活动、流通对策、产品研发、公益性、文化性活动等。

三、企业视觉识别系统

人们所感知的外部信息，有83%是通过视觉通道传达的。也就是说，视觉是人们接受外部信息的最重要和最主要的通道。企业视觉识别系统是将企业理念识别与行为识别系统等非可视内容，转化为视觉识别符号，在视觉层面上广泛进行快速传播。视觉识别系统是传播企业经营理念、建立企业知名度、塑造企业形象最直接的方式。其设计范围主要包括基础要素与应用要素两个部分。

（1）基础要素包括标志、标准字、标准色、辅助图形、吉祥物，以及上述要素的标准组合形式。

（2）应用要素主要包括办公用品（如信封、信纸、便笺、名片、徽章、工作证、请柬、文件夹、介绍信、账票、备忘录、资料袋、公文表格等），企业外部建筑环境（如建筑造型、公司旗帜、企业门面、企业招牌、公共标识牌、路标指示牌、广告塔、霓虹灯广告、庭院美化等），员工服装配饰（如工作服、制服、工作帽、领带、领结、手帕、领带别针、伞等），企业产品包装展示（如产品包装、产品展示、产品运输交通工具外饰等）（表6-1）。

表6-1　企业形象识别系统构成

子系统	拟人化表述	系统要素
企业理念识别系统	价值观——如何想？	企业精神、企业价值观、企业文化、企业信条、经营理念、经营方针等
企业行为识别系统	实践论——如何做？	组织制度、管理规范、行为规范、干部教育、职工教育、工作环境、生产设备、福利等
企业视觉识别系统	形象气质——什么样？	基础要素部分：如标志、标准字、标准色、辅助图形、吉祥物等
		应用要素部分：办公用品、企业建筑环境、员工服装、企业产品包装展示等

在整个品牌识别系统中，理念识别是品牌整体塑造的灵魂与核心，关系到品牌的文化定位、经营理念、服务人群与独特价值；行为识别系统以理念识别系统为基础，对品牌运行过程中企业所制订的服务标准，用于规范企业员工的行为方式；视觉识别系统则是理念识别系统与行为识别系统的外化视觉表现形式。如果将企业品牌比喻为独立的人格，理念识别则是其世界观、人生观与价值观的自我确认，是"质于内而形于外"的根本性因素；行为识别系统是其为人处世，待人接物，与外界联系沟通的具体行动标准与行为方式，是企业理念内化所牵引的实践过程；视觉识别系统则是其"穿衣戴帽，形象气质"的具体外在形式，是精神品质和行为方式的外化投射，三者相辅相成。

第二节

相关品牌案例特征分析

20世纪初，欧美企业开始有意识地导入企业识别系统，如柏林电器公司、英国伦敦地铁公司、美国可口可乐公司等。第二次世界大战结束后，欧美等发达国家进入经济高速发展与国家快速重建的轨道。新公司如雨后春笋般大量涌现。新技术广泛应用，使社会生产力显著提高。

自20世纪70年代以后，欧美主要发达国家、亚洲的日本、韩国以及中国台湾与中国香港地区等经济较为发达。日用消费品市场由卖方市场向买方市场过渡。在此期间，众多企业集中导入企业识别系统，进入品牌化发展与差异化竞争阶段。

20世纪末至21世纪初，互联网在世界范围内广泛应用，海运、航空与陆路交通变得更加快捷高效，跨国企业在全球整合资源，高速发展。鉴于此种情况，各个新兴发展中国家以及不同的城市，为创造更好的营商环境，吸引更多企业落户，促进各自国家和城市的经济发展与快速进步，纷纷有意识地营造国家形象、城市形象。更多城市通过积极主办大型赛事、国家会议、论坛、展会的形式，拉动基础设施建设、扩大城市知名度。在此背景下，企业识别系统开始向非营利机构与部门转变。更多国际组织、政府机构、教育部门、专业赛事、国际（国内）大型展会等，均开始导入"企业识别系统"，有计划地塑造自身形象。时至今日，最初以商业竞争为目的的"企业形象识别系统"开始向非营利的"组织品牌识别系统"过渡，整个过程形成了浓厚的文化内涵。

一、国际商业机器公司（IBM）品牌特征

1914年，托马斯·沃森在创办IBM公司伊始，便为公司制订了"行为准则"，包括"必须尊重个人；必须尽可能给予顾客最好的服务；必须追求优异的工作表现"。这些准则一直被公司每位员工牢记在心，任何一个行动及政策都直接受到这三条准则的影响，"沃森哲学"被看作最早的企业理念识别系统，对公司的成功所贡献的力量，比技术革新、市场销售技巧或庞大财力所贡献的力量更大。

1956年，美国国际商务有限公司导入CIS体系，该CIS被人们认为是真正意义上的企业形象识别系统设计。1952年，小托马斯·沃森接任董事长后，受到意大利平面设计师奥瓦尼·平托里为奥利维帝——意大利办公设备公司设计的视觉识别系统的启发[1]，决定重新构建以企业视觉识别系统（图6-2）。

图 6-2　IBM 标志演化过程

IBM公司的首席顾问爱洛特·诺伊斯在与小托马斯的一次交谈中曾说："虽然贵公司具有较强的开拓精神和现代意识的创造精神，但如果不被大众了解，就等于什么都没有！贵公司在今后参与市场竞争、开发世界市场的工作中，应有意识地在消费者心目中留下一个具有视觉冲击力的形象标记。也就是说，需要设计一个足以体现贵公司开拓精神、创造精神和富有鲜明个性的公司标志。贵公司的全称是

[1] 1947年，意大利平面设计师奥瓦尼平托里为 Olivetti 设计了没有大写字母的无衬线体字母企业标志，广泛应用于与公司相关的各个方面，从名片、文具纸张、企业报告、产品表面及包装、展览看板等成为引人瞩目的"Olivetti"形象。这是继 AEG 之后最为完整，视觉效果最为量化的 VIS 设计，具有划时代的意义，并影响后来的IBM公司。

'International Business Machines'，这样长的名称不但难记忆，而且不易读写。显然，这是贵公司在形象宣传上的一大障碍，非解决不可。"美国著名设计师保罗·兰德❶主持设计IBM公司视觉识别系统。将International Business Machines 三个首字母组合成"IBM"，并以此设计新标志。1978年，新设计的线形形象成为公司的统一标志，在世界范围内进行传播。IBM公司力图通过视觉识别系统的统一化，向公众展示企业的独特价值，以此赢得巨大成功（图6-3）。

图 6-3　IBM 标志设计

二、可口可乐（Coca-Cola）品牌特征

1885年，美国佐治亚州药剂师约翰·彭伯顿发明了一种可以止咳镇定的深色糖浆，被称为"彭伯顿法国酒可乐"（Pemberton's French Wine Coka）。同年5月8日，彭伯顿的助手偶然在这种饮料中混入苏打水（二氧化碳+水），加冰块饮用味道更好，由此可口可乐的配方基本确定。彭伯顿的合伙人罗宾逊从古柯（Coca）叶子和可拉（Kola）果实两种糖浆主要成分中获得为新饮料命名的灵感，将"Kola"的K改C，并在两个词中间加一横，最终形成了今天"Coca-Cola"的名字。罗宾逊凭借自身对字体设计的独特理解，将两个"C"字母放大，并尝试采用当时流行的斯宾塞字体书写了"Coca-Cola"，给人以悠然跳动、连贯流畅之感，于是可口可乐最初的标志就此诞生。1915年，美国鲁特玻璃公司为可口可乐设计了经典的玻璃瓶形。此后，美国"工业设计之父"雷蒙德·罗维为可口可乐改进了标志，并设计了产品包装、饮料零售机以及可口可乐销售车。可口可乐基本具备了今天的品

---

❶ 保罗·兰德为美国杰出的图形设计师、思想家及设计教育家。年仅23岁便成为 Esquire Coronet 广告公司的艺术指导，在随后的三十多年里他一直担任纽约广告代理公司的创意指导，也曾受聘为许多美国著名大公司的设计师或设计顾问，其中包括美国广播公司、IBM公司、西屋电器公司、NEXT电脑公司、UPS快递公司等艺术顾问。从1956年开始，他担任耶鲁大学艺术设计学院平面设计教授，其后也曾在普拉特设计学院、库柏设计学院等著名院校任设计教授，多次获得各种由专业组织颁发的大奖，包括数枚"纽约艺术家协会"金奖，并被英国授予"荣誉皇家设计师"头衔。

牌样貌（图6-4）。

图6-4　可口可乐不同时期的瓶形与海报

　　1927年，Coca-Cola进入中国市场，先是被翻译为"蝌蝌啃蜡"，随后被蒋彝教授翻译的"可口可乐"所代替，正式有了今天的中文名称。2003年，香港设计师陈幼坚对1979年重返中国市场一直沿用的"可口可乐"中文标志进行再设计，将中文字体转化为波浪状、流畅的飘带图案，与原英文标志风格相得益彰（图6-5）。

图6-5　可口可乐中英文标志

三、2008年北京奥运会识别系统

　　2008年北京奥运会是我国第一次举办奥运会，也是亚洲时隔20年第三次举办夏季奥运会。此次奥运会成为我国集中向世界各国人民展示国家形象的重要契机。而这个国家形象，应该具备国际化的诉说语境，但更应具备鲜明的中国特征。因此，北京奥运会的整体形象设计成为打造国家形象的重要名片。

　　2003年8月3日，在北京天坛祈年殿隆重发布了由张武、郭春宁、毛诚等设计的"北京奥运会会徽"设计作品。此设计以"中国印·舞动的北京"为主题，标志由三个部分构成：人形"京"字中国印、汉语拼音"Beijing"和"2008"字样以及奥运五环，综合表现2008年北京奥运会形象特征。标志字采用了汉代竹简文字的风格，将其中的笔画和韵味有机地融入"BEIJING 2008"字体之中。自然、简洁、流畅，与会徽图形和奥运五环浑然一体。会徽标志色被命名为"中国红"与"水墨黑"，充满了浓厚的中国文化底蕴。除奥运会会徽外，申奥标志、残奥会标志、志愿者标志、文化节标志、环境标志、火炬传递标志在字体、色彩的使用上采用了系列风格（图6-6）。

图 6-6　2008 年北京奥运会标识系统

北京奥运会"福娃"系列吉祥物，由韩美林教授设计（图6-7）。"福娃"是5个拟人化的娃娃，它们的原型和头饰象征着与海洋、森林、火、大地和天空的联系，应用中国传统艺术的表现方式，展现博大精深的中国文化。北京奥运会吉祥物的每个娃娃都代表着一个美好的祝愿：鲤鱼贝贝象征繁荣、熊猫晶晶象征欢乐、圣火欢欢象征激情、藏羚羊迎迎象征健康、雨燕妮妮象征好运。娃娃们带着北京的盛情，将祝福带往世界各个角落，邀请各国人民共聚北京，欢庆中国北京的2008年奥运盛典。5个福娃"贝贝""晶晶""欢欢""迎迎""妮妮"，各

图 6-7　北京奥运会吉祥物设计

取它们名字中的一个字有次序地组成了谐音"北京欢迎你"。

北京2008年奥运会火炬外观由联想（北京）有限公司创新设计中心设计成"祥云火炬"，并由航天科工集团设计研发的火炬内部燃烧系统为北京2008年奥运会火炬技术方案，形成了北京2008年奥运会火炬的完整设计（图6-8）。

图6-8 北京奥运会祥云火炬设计

祥云火炬设计中的"云"，被赋予了祥瑞的文化含义，其文化概念具有上千年的时间跨度。火炬造型的设计灵感来自中国传统的纸卷轴。纸是中国四大发明之一，通过丝绸之路传到西方，人类文明随着纸的出现得以传播。源于汉代的漆红色在火炬上的运用，使之明显区别于往届奥运会火炬设计，红、银对比的色彩产生醒目的视觉效果，有利于各种形式的媒体传播。火炬上下比例均匀分割，祥云图案和立体浮雕式的工艺设计使整个火炬高雅华丽、内涵厚重。

自此，北京奥运会的标志、标准字、标志色、吉祥物、辅助图形及圣火火炬全部设计完成，体现出浓郁的中华文化特征。

四、广州城市识别系统

2017年12月，《财富》全球论坛在广州市举办，这也是《财富》全球论坛首度落户广州。广州市委宣传部以此处《财富》全球论坛为契机，首次推出全新的城市标志设计，打造广州形象。此标志为广州美术学院视觉艺术设计学院曹雪教授团队设计（图6-9）。

城市标志是一座城市象征性的视觉符号，其主要目的是用于城市形象的推广与传播。所以，标志的视觉特征与文化内涵应能够承载广州市绝大部分市民的文化认同和时代认同。广州城市标志由中文"广州"二字组合，其整体形态提炼于广州地标建筑"广州塔"，具有极强

广州塔

GUANGZHOU

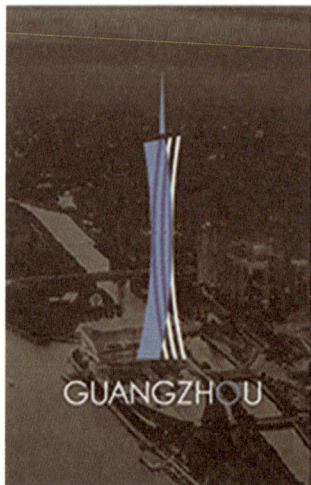

图6-9 广州城市形象标志设计

的辨识度。同时，"广州"二字也似船帆与飞鸟的形态，呈现出千年商都海纳百川、生机勃勃的繁荣景象。整个图形凸显出国际化、智慧型城市的风格特征。

五、"铜师傅"品牌特征

"铜师傅"是2013年成立的杭州玺匠文化创意股份有限公司的旗下品牌，主要从事铜质工艺品的设计制作与销售。短短数年时间，玺匠文创股份获融资总额累计超过4.2亿元。目前，"铜师傅"已经跻身为线上家居饰品类文创品牌的"头部品牌"。

继"铜师傅"之后，玺匠文创又先后策划了"铜木主义""玺匠"等文创品牌。其中，铜师傅专注于铜工艺品的设计和制作，铜木主义聚焦于线上家具领域，玺匠则为将来开拓线下渠道的品牌储备。

"铜师傅"文创品牌先后与中国国家博物馆达成IP授权，与中国美术学院达成战略合作。还相继拿下了漫威IP《复仇者联盟》的授权，刘慈欣原著改编的电影《流浪地球》的授权，大英博物馆的授权，著名艺术家韩美林的授权。并邀请黄渤、六小龄童等公众人物作为形象代言人。借助"文创+""设计+""互联网+"的模式，以网络众筹、大师设计、经典复刻、IP延展、馆院合作、粉丝传播、线上销售等手段，通过标准化、工业化的加工手段，快消品的销售方式构建其商业模式（图6-10）。

图6-10　"铜师傅"标志与典型产品设计

六、"曲阜文化国际慢城"标志设计分析

慢城概念最早在意大利提出，倡导建立一种安静恬适、田园牧歌式的生活方式与城市形态。以反污染、反噪声，支持绿色能源、传统手工业，实现可持续发展为理念。意大利奥维托成为世界上第一个慢城，其核心是人们处于一个慢节奏、绿色与休闲的生活环境中。

2015年7月，山东曲阜"九仙山－石门山"片区正式被授予国际慢城称号，这是我国继江苏省南京市高淳区桠溪、广东省梅州市雁洋镇后中国大陆第三家国际慢城。曲阜慢城以绿色产业为支撑，大力发展生态经济，重点发展生态旅游，打造乡村旅游品牌，培育出葫芦套民俗村、梨园村等十几个乡村观光旅游精品示范村。发展家庭农场和星级农家乐，构建集观光旅游、餐饮娱乐、休闲度假于一体的多层次乡村旅游产业体系。

曲阜文化国际慢城建设延伸了曲阜三孔文化旅游产业链条，丰富休闲娱乐、民俗文化、拓展健身、青山绿水等生态游、体验游的内容形式。不仅推动美丽乡村建设，改善农村环境，提升乡村旅游品质，促进农民增收致富，构筑了全域旅游发展新格局；更对推动孔子文化走向世界、打造世界知名旅游目的地有着重要现实，将成为"传统文化＋美丽乡村＋乡村游"建设的范式。

意大利国际慢城组织的标志为一只红色蜗牛背上驮着城市建筑，象征慢生活、慢城市。标志下部为"慢城"的英文单词"cittaslow"。此标志虽直观地表达了慢城的文化特征，但标志中物象与曲阜为代表的东方儒家文化传统有很大区隔，需要进行再设计。再设计的曲阜文化慢城标志，在表现曲阜独特的传统物象与东方审美神韵的同时，仍应兼顾到国际慢城标志的最初创意，使二者之间能够产生必要文化联系。新的标志设计分为三个备选方案，以便委托方选择。

（一）曲阜文化慢城标志设计方案一

方案一的设计思路，是对国际慢城现有标志图形要素的中国化转译与丰富的过程。我们将蜗牛形象替换为赑屃形象；将蜗牛背上的西方城镇建筑形象替换为孔庙杏坛建筑形象；将赑屃的足部变形发展为尼山与洙泗二水意象。通过中国笔墨韵味线条，表现东方空灵的审美特征（图6-11）。

图6-11　曲阜文化慢城标志设计方案一

赑屃，是中国古代传说中的神兽，寓意负重致远、自强不息的精神品质，是长寿和吉祥的象征。孔庙杏坛是为纪念孔子办学设教而建造的纪念物，位于孔庙大成殿之南，相传为孔子聚徒讲学的地方。现在杏坛也多指教书授课的地方，或用来比喻教育界。孔子诞生于尼山，临洙泗二水。孔子一生多次以"山水"喻德，用水的特性比喻智慧，用山的特征比喻仁义，因而《论语·雍也篇》中有"知者乐水，仁者乐山；知者动，仁者静；知者乐，仁者寿"之说。

（二）曲阜文化慢城标志设计方案二

如果说方案一是对现有国际慢城标志图形要素的中国化转述，那么，方案二则是对国际慢城标志的意向化转述。本方案选用传统的"中国印"为整体形式特征，使用阳文（阳刻）表现方式；以篆体"慢"字的字形框架构成标志的整体结构，左侧"忄"字旁通过变形，形成树木生长的意向形态，象征曲阜慢城绿色生态宜居；右侧"曼"字旁通过要素分解，分别呈现出太阳、祥云以及山水的符号意向，标志的右上部为中国传统建筑的檐顶。整个标志的设计呈现出浓郁的东方文化韵味（图6-12）。

图6-12　曲阜文化慢城标志设计方案二

（三）曲阜文化慢城标志设计方案三

方案三是以传统中国阴文（阴刻）印的方式，对古城墙、兰花、松柏、鹭鸶的概括组合，综合表现曲阜文化慢城恬静、惬意的东方田园生活意境。兰花、松柏、鹭鸶分别是曲阜的市花、市树、市鸟。孔子以树比德，对松柏寄情尤深，并赞松柏"岁寒，然后知松柏之后凋也"，更赞"受命于地，唯松柏独也正，在冬夏青青；受命于天，唯尧舜独也正，在万物之首"。因此，松柏被比作喻义坚贞、坚韧不拔、松柏常青的象征。因此，今天孔府、孔庙、孔林中遍植松柏。孔子赞颂兰花有君子之道，王者之气。历代文人墨客也偏爱种兰、赏兰、咏兰和"写兰"。"鹭"与"禄"谐音，白鹭也喻官德。白鹭与青莲花，寓意"鹭禄清廉",用于代表为官清正廉明。古代文人对鹭鸶多有吟咏,如宋代欧阳修有"风格孤高尘外物,性情闲暇水边身。尽日独行溪浅处,青苔白石见纤鳞"(图6-13)。

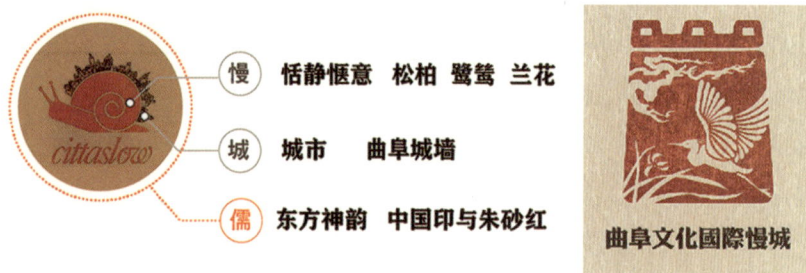

图6-13 曲阜文化慢城标志设计方案三

思考与练习

1. 结合本章内容,以拓展阅读的方式,认真学习与品牌策划、企业视觉识别系统设计(VIS)相关的知识。

2. 针对特定区域的文创企业或文创产品,概括品牌特征,策划品牌文案。

3. 针对特定区域的文创企业或文创产品,展开品牌视觉设计,包括标志、标准字、标志色、辅助图形、产品包装、展示空间等。

第七章
文创产品设计中的功能转化

文创产品设计开发与普通产品设计开发不同，必须面对"文化符号语义"向"功能形态语义"的转化问题。换言之，具体的功能产品必须结合特定的文化语义，使其在满足使用功能的同时，具备深层文化象征意义。因此，文创产品设计开发所依托的文化资源不同、品牌定位不同、服务人群不同、表现主题不同，因而其最终所指向的产品使用功能也会呈现差异。

文创产品设计开发，往往呈现出两种相向而行的开发次序：

一种是首先确定功能载体，然后赋予文化特征。例如，我们首先确定开发折扇类产品，然后确定折扇之上所附着的文化信息。另一种是首先确定文化特征与符号语义，然后根据文化特征与符号语义，确定其产品的使用功能。例如，首先确定以赑屃这一具体符号表现"负重致远、自强不息"主题，然后以此为题材，寻求与此形态语言相匹配的产品功能。前者的开发次序大多针对特定功能产品生产企业，而后者则多针对特定文化区域、文化单元的文创产品设计开发。

第一节

单一物象形式语言的功能转化

同一文化主题，可以使用不同题材予以表述；同一题材也可以表述为不同文化主题。在文创产品设计开发过程中，如果"A物象"的形式语言向"B功能"转化，或者"B功能"产品的形态借鉴了"A物象"的形态语义，这种设计方法就称为"单一物象形式语言的功能转化"方式。

以图7-1中的四个文创产品为例，它们均是受传统器物启发而设计的文创产品。其中图7-1（a）为提取釉陶绿釉茶炉意象设计的釉瓷加湿器。釉陶绿釉茶炉现藏于拉萨布达拉宫，是藏族人家普遍使用的温差器具。茶炉中的火保持在文火状态，可以使酥油茶得以长热不凉；其造型优美，釉色均匀，是民间陶器的上乘之作。釉瓷加湿器以釉陶绿釉茶炉为主要形态语义，将传统制瓷烧制工艺与现代技术工艺相结合，使加湿器呈现出浓郁的民族特征。

图7-1（b）是以清乾隆白玉雕福寿纹如意为原型所设计的U盘。白玉如意以整料原石雕琢而成，作云叶式首，首面四周起如意云纹边框，内琢浮雕正面卷体的穿云升龙。柄身中部微隆，由上而下渐宽，至趾部呈元宝形。柄身正面浅浮雕三只做飞翔状蝙蝠，蝙蝠四周围绕

祥云，最上面的蝙蝠衔有磬佩。如意柄身五只蝙蝠意象连结，所谓"五福"，据《尚书·洪范》所载："一曰寿，二曰富，三曰康，四曰修好德，五曰考终命。"U盘设计参照玉如意形态，因功能需要在长宽比例上予以缩短，U盘整体为黄铜拉丝材质，首面采用五只蝙蝠连结围绕的寿字纹，柄身正面为"福"字纹，U盘配有红珠中国结，呈现典型的中国传统文化特征。

图7-1（c）为故宫文创所推出的以北京天坛祈年殿为设计灵感的"盛世杯"。天坛在明、清两代是帝王祭祀皇天、祈五谷丰登的场所。天坛是圜丘、祈谷两坛的总称，有坛墙两重，形成内外坛，坛墙南方北圆，象征天圆地方。主要建筑在内坛，圜丘坛在南、祈谷坛在北，二坛同在一条南北轴线上，中间有墙相隔。圜丘坛内主要建筑有圜丘坛、皇穹宇等，祈谷坛内主要建筑有祈年殿、皇乾殿、祈年门等。"盛世杯"杯盖仿照祈年殿形制，呈现出双层金翎杯盖，金属盖钮。在传统易经数理中，17被认为是突破万难刚柔兼备之数，含有坚韧不拔的含义，因此，杯身防滑螺纹被设计成17道，暗合易经数字。

图7-1（d）为以战国龙首纹玉璧为原型所设计的玉石机械腕表。中国自古便有崇玉、敬玉、佩玉的传统，以美玉之质比君子之德，使玉成为仁、义、礼、智、信等社会道德的象征，也成为中国玉文化的丰富思想和精神内涵。目前，市场上销售的很多品牌的玉石手表，均取"玉德"之意，将古人以玉比德、敬玉佩玉的传统注入了现代功能与时代特征，赋予其新的生命力。

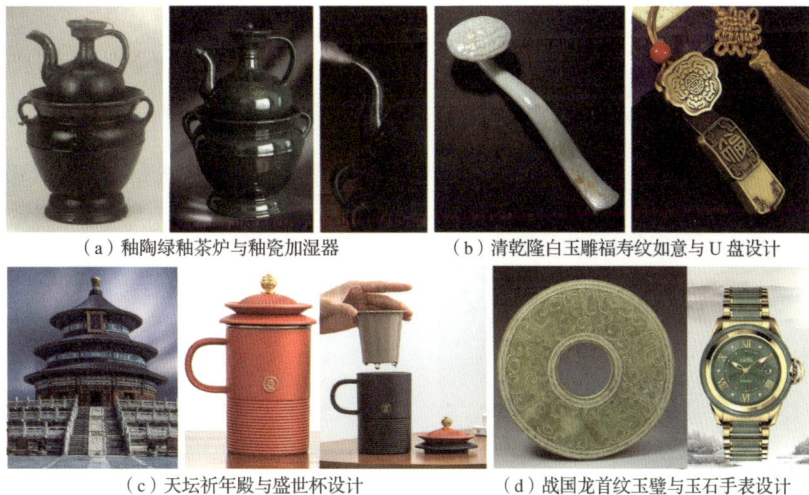

（a）釉陶绿釉茶炉与釉瓷加湿器　　　（b）清乾隆白玉雕福寿纹如意与U盘设计

（c）天坛祈年殿与盛世杯设计　　　（d）战国龙首纹玉璧与玉石手表设计

图 7-1　单一物象的功能转化文创产品设计

案例48　马蹄金琉璃日晷笔插日历设计

春风得意马蹄疾，一朝看尽长安花。《汉书·武帝纪》记载，太如二年三月诏曰："有司议曰，往者朕郊见上帝，西登陇首，获白麟以馈宗庙，渥洼水出天马，泰山见黄金，宜改故名。今更黄金为麟趾、豪蹄，以协祥瑞焉。"汉武帝晚年将麒麟骏马视为祥瑞之物，命人以黄金铸麒麟骏马之蹄，赏赐诸侯，故谓"马蹄金"。

古法琉璃是在1400℃高温下将水晶琉璃母石熔化后烧制而成，经过十多道工艺的精修细磨，整个过程纯为手工制作。其流云漓彩、美轮美奂，晶莹剔透、光彩夺目。琉璃又称"五色石"，古时烧制琉璃极为不易，因此古人将琉璃看得比玉器还珍贵。山东淄博博山元代之后开始成规模地烧制琉璃。明景泰年间，博山西冶街有大炉4座用于生产琉璃；至嘉靖、万历年间，博山琉璃生产已成为我国琉璃烧制生产的中心。2008年6月，琉璃烧制技艺入选国务院批准文化和旅游部确定的第二批国家级非物质文化遗产名录。

本设计以"马蹄金"为主要造型元素，在博山西冶工坊完成琉璃器形加工，上部铜日晷依据方位调整角度后，可实现计时功能；日晷指针为签字笔，配以16张圆形卡片，卡片正面为各月日历及二十四节气等信息，背面为山东十六地市相关信息（图7-2）。

图7-2　马蹄金琉璃日晷笔插日历设计　2019山东省文化和旅游商品创新设计大赛金奖　张焱、秦文艺

第二节

多重物象形式语言的功能转化

单一物象、单一形态语义的功能转化相对单纯；而多重物象、多重形态语义的功能转化则复杂得多。在打造区域文创产品名片过程中，如何通过对单一功能产品为载体，进行"多重文化符号"的赋意，去综合表现特定地区的历史文化特征，是区域文创产品设计开发过程中最常遇到的问题之一。

以下以"山东新汶矿业集体文创产品设计开发""山东省抗击新冠肺炎疫情先进个人奖章""山东赠送康涅狄格州友好省州礼物设计"为例，通过三个案例的分析，综合呈现文创产品设计中，多重物象形式语义的功能转化与综合赋意过程。

一、山东新汶矿业集团文创产品功能转化

根据对山东新汶矿业集团的前期实地调研，可以发现新汶矿业集团是一家以煤炭开采为核心产业，以煤电、煤化工等重工业为支柱，并向煤炭开采装备机械制造产业、轻工产业、建材产业、新的农业、服装业辐射，横跨三大产业的大型集团公司（图7-3）。该企业的文化纪念品设计开发可以从体现行业特征、表述文化内涵、强化艺术属性三方面展开构思。

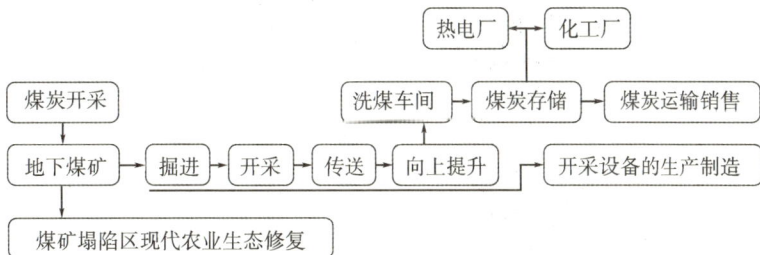

图7-3　传统大型煤矿企业产业结构分布与延伸结构图

体现行业特征主要是指：纪念品设计应充分体现集团公司的行业特征，在表现煤炭产业"采掘运提"等生产环节的同时，又能适当体现集团以煤炭为核心的产业板块以及企业煤电、化工、现代农业、服务业等产业特征，使受赠者能通过纪念品较为直观地了解企业的行业特征与科技水平。

表述文化内涵主要是指：纪念品设计应充分体现山东能源集团"明德立新、包容超越"的核心价值观，与"超越资源，多元发展；超越差异，共赢未来；超越地域，走向世界；超越历史，创新驱动；超越小我，敢当大任"的五大超越理念以及"新、严、细、实、精、和"的六字文化特质，使受赠者直观感受集团公司独特的文化精神。

强调艺术属性是指：通过对相关形态的抽象提炼和艺术概括，在方寸之间显内涵、见真谛，以艺术化的表现手段，展示企业的行业特征与精神内涵。通过强调其审美特征与馈赠属性，使纪念品既具有一定的摆陈收藏功能，又具有公司的行业特征与文化特质。

按照上述文化主题及设计开发思路，我们以"煤块""磐石""巨舰"为主要形态创意点，以"磐石巨舰——新矿光明起航"为主题进行设计开发。煤也被称为太阳石，是近现代世界工业化浪潮中最重要的能源基础。新矿集团的文创产品对原煤的基础形态进行抽象提炼，体现企业主营业务与行业特征。本设计保留煤块形态特征，取"坚若磐石，岿然不动"之意；整个形态的侧面肌理层层堆叠，如地形断面，表现"地下千米深井"。设计中将基础形态向"航母"形态转移嫁接，犹如巨舰船舷乘风破浪，踏波前行。暗喻集团公司"光明起航，开辟新型矿业

图7-4 文创产品"磐石巨舰——新矿光明起航"摆件设计 张焱

发展之路，实现千亿新矿；争做行业巨轮"的发展目标（图7-4）。

纪念品基础形态的上部削平，一是表现巨舰甲板宽阔平稳之意；二是为了便于放置新汶矿业集团总部微缩厂区。形态上部的微缩厂区以新矿总部整体布局为基础，分别为总部办公大楼、主井与副井、洗煤车间、运输履带机、大型煤仓、火车装载等地上生产环节，并在前部镶嵌"山东能源新汶矿业集团"的标志与标准字。

形态侧面分别为三组浮雕，左侧与后侧浮雕分别表现掘进机、采煤机、液压支护设备、员工通勤中巴、运输履带机等"采掘运提"生产流程的相关设备；右侧浮雕为集团公司内蒙古与新疆生产基地电力、化工产业浮雕。通过侧面浮雕全面反映企业的煤矿开采、热电化工能源转化等生产业态。

纪念品下部的插接底座主要由银色金属形态、金色金属底座及木质底托三部分组成。5条自然流动的银色曲线形态，嵌入金色底座。银色曲线为"山水"的形态语义，金色象征"沃土""荣誉"与"财富"，即"绿水青山就是金山银山"的生态发展理念。五条银色曲线形态前半部分的文字为"超越资源、多元发展；超越差异，共赢未来；超越地域，走向世界；超越历史，创新驱动；超越小我，敢于担当"的发展理念，后半部分的文字为"新、严、细、实、精、和"6字工作作风。

二、"山东省抗击新冠肺炎疫情先进个人奖章"设计

自2019年末，新冠肺炎疫情在全球爆发，这是中华人民共和国成立以来我国遭遇的传播速度最快、感染范围最广、防控难度最大的重大突发公共卫生事件。面对突如其来的疫情，山东各条战线在控制省内新冠肺炎疫情，支援湖北抗击新冠肺炎疫情工作中做出突出贡献。中共山东省委、山东省人民政府决定对山东省抗击新冠肺炎疫情先进个人和先进集体进行表彰，先进个人的奖章应结合山东地域特色与"生命重于泰山"的精神。

"山东省抗击新冠肺炎疫情先进个人奖章"设计以"生命重于泰山"为主题，通过对泰山、日出、兰花、海浪、黄河等意象符号的抽象提炼，反映"黄河入海，海岱山东"的地域特征，以及被表彰对象"兰生于幽谷，不以无人而不芳"的高尚品质。金色象征光荣，红色象征勇敢、忠诚与热情。金色与红色搭配，象征抗击新冠肺炎疫情工作

者在党中央，省委、省政府的坚强领导下，团结一致、众志如山、顽强斗争的精神品质（图7-5）。

泰山：国泰民安　　云海：朝气蓬勃　　日出：希望新生

兰花：君子如兰　　黄河：百折必东　　海浪：勇敢无畏

泰山意象提炼
海浪意象提炼
"V"，胜利
云纹
兰花
红色背景与泰山图形
共同形成泰山日出
生命重于泰山
黄河意象提炼

图7-5　"山东省抗击新冠肺炎疫情先进个人奖章"设计　潘鲁生、张焱

三、山东赠送美国康涅狄格州友好省州礼物设计

2021年是我国山东省与美国康涅狄格州缔结友好省州35周年，双方按照惯例，应互赠礼品以示祝贺。

山东省，东临黄渤海，遥望太平洋，是中华文明的重要发祥地，域内发现有距今8500年的后李文化，7300年前的北辛文化，4000年前的岳石文化，距今4300~2500年的大汶口文化与龙山文化。公元前1046年，周武王分封文王子曹叔振铎封于曹，武王弟周公旦于鲁，姜太公于齐；孕育了灿烂的齐鲁文化。山东是儒、墨、法、兵、医、阴阳等思想的发祥地，这些思想文化成果极大影响着中华文化的整体样貌。

美国康涅狄格州位于美国东部沿海，是美国独立时期13州联盟之一。"康涅狄格"源自印第安语，意为"潮汐河流域"。康涅狄格州制造业十分发达，主要是制造核潜艇、飞机引擎、球承轴、塑胶、钟表、电业、电气器材及打字机等。州内著名大学有耶鲁大学、康涅狄格大学、费尔菲尔德大学、三一学院等，州内历史名人如世界著名作家马克·吐温、比切·斯托夫人。良好的就业机会和教育机构、优美的居住环境，吸引了很多的移民。

山东省赠送给康涅狄格州的礼品，围绕"志合者，不以山海为远"的设计主题，在体现中国气派与山东特色的基础上，通过均衡呼应、骈俪对照方式，表现山东与康涅狄格州友好交往合作的关系。在设计体裁的选择上，应以艺术陈设品为主，结合山东手工艺特征，围绕手工挂毯、鲁绣双面屏风、潍坊红木嵌银工艺屏风、青铜鼎等器物进行设计。

1.礼品设计素材选择与提炼

无论是手工挂毯、鲁绣双面屏风、红木嵌银屏风还是青铜鼎，其上均应出现反映山东省与康涅狄格州特征的相关纹饰，因而，针对省州礼品纹饰的意象选择与提炼，是本设计的重点。

在礼品的纹饰意象中，山东撷取泰山、曲阜孔庙、黄河、迎客松、东营黄河口丹顶鹤、菏泽牡丹等意象；康涅狄格州则撷取耶鲁大学、马克·吐温故居、比切·斯托夫人故居、肯特瀑布、山桂、白橡、知更鸟等意象。选择"海上日出"意象，贯穿整个画面，象征双方"志合者，不以山海为远"，喻示山东与康涅狄格州携手合作的美好未来（图7-6、图7-7）。

设计素材采取相互对照、等量齐观的排列组合方式，将山东省和

山东泰山，五岳之首，国泰民安　　山东曲阜孔庙，东方儒家文化摇篮　　康涅狄格州耶鲁大学，西方现代教育名校　　康涅狄格州肯特瀑布州立公园，高山流水

迎客松，松柏常青　　东营丹顶鹤，松鹤同长　　菏泽牡丹，花开盛世　　康涅狄格州花：美国山桂　　康涅狄格州鸟：知更鸟，雀鸟报春　　康涅狄格州树：白橡树，越折越强

图7-6　山东省与美国康涅狄格州的文化意象

| 泰山 | 曲阜孔庙 | 耶鲁大学 | 肯特瀑布 |

| 迎接松 | 丹顶鹤 | 牡丹 | 山桂 | 知更鸟 | 白橡树 |

图 7-7　山东省与美国康涅狄格州的意象提炼

图 7-8　设计要素排列组合线稿

图 7-9　设计要素排列组合填色稿

康涅狄格州双方最具代表性的特征融为一体（图 7-8、图 7-9）。

　　因康涅狄格州在地图中居于山东以东，遵照习惯，画面左侧表现山东主题，画面右侧表现康涅狄格州主题；画面的中部交互区域，以丹顶鹤与知更鸟代表双方友好交往的使者，牡丹花与山桂花和谐共生，相映成趣，象征双方 35 年的友好交往繁花似锦。画面下部"海上朝晖如意纹"，象征双方"志合者，不以山海为远"，共创美好明天。

2.壁毯设计

自古以来，位于欧亚大陆连接处的阿拉伯国家，发挥着沟通东西经济文化的重要作用。以阿拉伯民族为代表的游牧民族用壁毯作为帐幕，用于御寒或装饰。壁毯的室内装饰属性也逐步为欧亚大陆的其他民族所接受。中国最早的壁毯实物是新疆罗布泊楼兰古国遗址出土的西汉时期的平纹编织"人物头像"残片；欧洲现存最古老的壁毯是11世纪法国制作的巴约挂毯。可见，壁毯已深度嵌入中西方生活方式，并为本设计提供了丰富的文化语义附着空间（图7-10、图7-11）。

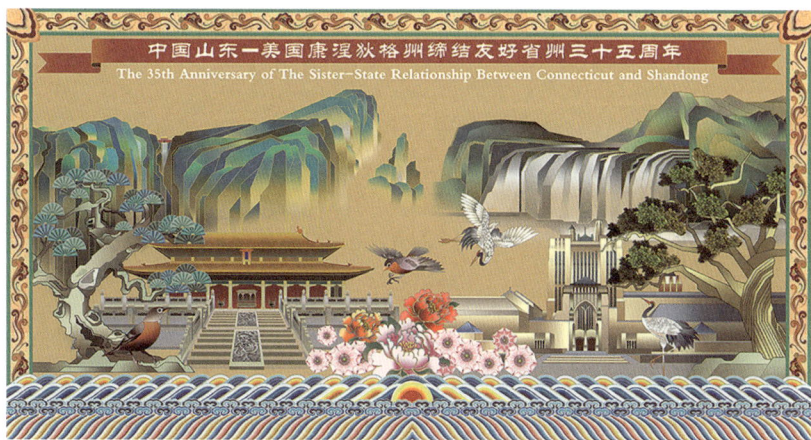

图 7-10 挂毯图案应用

图 7-11 挂毯设计 张焱

3.鲁绣双面屏风设计

刺绣是中国传统手工艺美术品种，有着极其悠久的历史。鲁绣是一种古老的传统刺绣工艺，属于山东生产的刺绣品，是山东地区的代表性刺绣，山东省简称为"鲁"，故得名。鲁绣是历史文献中记载最早的一个绣种，属中国"八大名绣"之一。鲁绣在春秋时期已在山东兴起，史称"齐纨"或是"鲁缟"，至秦而盛，至汉已相当普及。《史记·货殖列传》上对齐国有"冠带衣履天下"之称。不仅如此，还出现了专门为绣业而设置的"服官"，据《汉书》记载，"齐三服官作工各数千人，一岁费数巨万"，可见当时绣业的昌盛和重要程度。鲁绣采用齐针、缠针、打籽、滚针、擞和针、镇绣、接针等针法，选取民间喜闻乐见的人物、鸳鸯、蝴蝶和芙蓉花等内容。2021年5月24日，鲁绣经国务院批准列入第五批国家级非物质文化遗产代表性项目名录。

鲁绣双面屏风设计，具有浓郁的中国特色，选用花梨木雕刻框架，屏风中部采用双面绣方式，呈现山东省和康涅狄格州双方的意象纹饰（图7-12、图7-13）。

图 7-12　鲁绣屏风图案设计　张焱

图 7-13　鲁绣双面屏风设计　张焱

4.潍坊红木嵌银工艺屏风

漆器髹饰技艺（潍坊嵌银髹漆技艺）是山东特有的传统手工艺，现列为国家级非物质文化遗产代表性项目名录。清康熙年间，潍县的铜业已相当发达。工匠们为美化产品，扩大销路，便比照古代青铜器的金银错工艺（金银错，战国时代用金银嵌上装饰花纹的青铜器），在一些铜器上镶嵌金银丝花纹。这就是最初的潍坊嵌银制品。"嵌银博古文具"和"红木仿青铜文具"是中国工艺美术珍品。潍坊红木嵌银工艺屏风，具有浓郁的中国特色，选用花梨木雕刻框架，屏风中部采用潍坊红木嵌银工艺，呈现省州双方的意象纹饰（图7-14）。

图 7-14 潍坊红木嵌银工艺屏风设计 张焱

5."鲁康鼎"设计

山东简称"鲁"，康涅狄格州中文简称"康州"，青铜鼎是中国最重要的礼器，具有悠久的铸造史，被赋予显赫、尊贵、盛大等引申意义，既能够表现山东悠久的历史文化，又能够表达山东省与美国康涅狄格州相互之间"鼎力相助"的友好关系。因而，山东省赠送给美国康涅狄格州的礼物定名为"鲁康鼎"。另外，"鲁康鼎"也有"山东全面迈向小康社会"的含义，展现山东改革开放以来的发展成就（图7-15）。

图 7-15 青铜"鲁康鼎"设计 张焱

思考与练习

1. 结合本章内容，为特定区域（企业）进行文创产品设计。

2. 结合本章内容，为特定活动（主题会议）进行文创产品设计。

3. 结合本章内容，为特定景区（历史古迹）进行文创产品设计。

第八章
文创产品设计开发的主要方向

本书所讨论的"文化创意产品"设计对象仅限于以特定区域自然历史文化资源为对象，以知识产权保障和品牌化运作为前提，运用创新设计方法与现代生产加工手段，能够批量化生产，且进入市场销售环节的具有高文化附加值的功能产品。因此，文创产品设计开发，除应重点关注其特有的"文化赋意"属性外，还应遵循产品设计开发的一般原则与普遍规律。

第一节
以传统手工艺品为开发对象的文创产品设计

目前，很多地区文创产品的设计开发，往往基于保护传统手工艺及非物质文化遗产的目的，又被赋予了促进农业人口脱贫，实现乡镇增收的预期。

工业化之前，传统手工生产方式，涵盖了人民衣食住行等方面。本质上，自工业革命之后，人类对于"物"的加工生产方式逐步由个体分散的"手工业"生产，向集体批量化的"大工业"生产过渡。发生这种转变的根本内因在于人们对于丰富的物质生活的向往；而今天，我们将传统的、分散的、小批量的、"手工艺化"的文化艺术创作产出方式，向"工业化"的文化创意产业发展，其内生动力则源于人们对于丰富的精神文化的需求。因此，传统手工艺势必面临着以现代设计思维与技术手段重构的问题。

从时代发展的角度观察，文化创意产品设计之所以日新月异，本质上是将既有的历史文化资源，以当前政治、经济、文化、科技、艺术、伦理的视角进行再次组合、重新诉说，使其既具备传统文化的深厚底蕴，又具备当代文化的时代特征。这是"旧物"再次融入当下，焕发新生机的过程。

因此，基于传统手工艺特色设计开发文创产品时，首先应考虑特定手工艺的生产加工方式，以及此种生产加工方式究竟沿着什么方向发展。一般而言，针对传统手工艺的再开发，往往遵循以下三个开发方向：

一是在保持原有传统手工艺产品最终物质呈现方式不变的基础上，

通过运用现代生产工艺与加工手段，达到改善加工精度、提高生产效率、降低生产成本、提高产品质量的目的，实现对某类传统手工艺产品的工业化改造。事实上，这也是我们对传统手工业"工业化"的常用方式。

二是在保持原有传统手工艺产品最终功能实现方式不变的基础上，通过现代设计思维，结合现代可续技术，对原有产品的结构、材料、工艺及其生产加工方式进行重构再造，进而以传统产品功能的现代化方式，实现对传统生活方式的功能延续与现代化。

三是在保持原有传统手工艺产品技术工艺生产流程不变的基础上，以当前政治、经济、文化、科技、艺术、伦理的视角，重新审视原手工艺产品的功能、形态、色彩、材质等既有特征，并以此为基础进行重新解读与再设计，进而实现传统手工艺产品以全新面貌再次融入生活，焕发生机的目标。这也是当前基于传统手工艺而进行的文创产品设计开发最常见的方向。

案例49 高密特色玩具——泥叫虎的设计开发

泥叫虎是在鲁东地区广泛流行的一种民间泥塑玩具。相传泥叫虎起源于明代万历年间，此后经过世代传承丰富发展，已成为鲁东潍坊、高密、日照一带较为常见的手工艺品（图8-1）。

虎在我国被誉为"百兽之王"，是孔武有力、坚强勇敢、坦率正直的象征。虎在我国十二生肖中排行第三，因此又被称为"寅虎"。虎是我国传统文化中的重要图腾，其形象经常出现在文学、雕塑、绘画、戏曲、民间传说等传统文化中。虎的形象无所不在，成为中华传统文化中不可或缺的典型符号。

泥玩具的主要原料为土，它就地取材、随手捏制、自然风干、或素或彩、制作简单、表现对象多样。泥玩具的表现对象主要以动物、人物为主，其风格往往夸张概括、质朴生动，是中国传统农耕社会中最古老、最常见的民间乡土艺术之一。

泥叫虎以高密聂家庄最为典型，是形、色、声、动俱佳的民间工艺品。泥叫虎由头胸部与后尾部两部分组成，使用羊皮制作腰部进行软连接。虎尾部装有芦苇哨子，将头部与尾部挤压后会发出响声，因此称为"叫虎"。泥叫虎除作孩童的玩具外，还被视为镇宅吉祥物。

泥叫虎造型稚拙、淳朴、敦厚、活泼、可爱。老虎头部比例夸张，

图8-1 高密泥叫虎玩具

其面部的表情憨厚可爱，虎口占据头部很大区域，显示老虎威风凛凛的百兽之王的神态；虎口两端有两个洞，连接虎身及腹部，对芦苇哨的声音产生扩音作用。老虎的尾巴设计短小可爱，点到为止；四肢短粗，符合孩子们的审美取向。泥叫虎手绘色彩鲜艳浓郁，胸前绘有牡丹，象征着吉祥富贵；耳上绘有梅花，立意奋发向上，也是气节的象征；胸前绘有绶带，表示这只老虎不是吃小孩的野虎，而是孩子们的守护神，是神兽。泥叫虎整体艺术造型率真自然，没有蓄意雕琢痕迹；大胆夸张，注重神似；力求简约概括，有民间剪纸风格，在全国泥塑中别具一格。

1.传统泥叫虎的制作流程分析

（1）采土和泥。泥叫虎的原材料一般选用黑土与黄土两种，并按照一定比例混合，兼顾可塑性与黏性，方便塑形及防止开裂。此两种土在高密聂家庄随处可得，且具有湿润细密、黏性好的特点。黑土和黄土按照一定比例混合后，在石板上淋水湿润，水的多少是关键，多则懈怠，少则无力。要取木榔头用力砸泥，使泥质充分吸收均匀的水分，将气泡赶出，也可将泥坯中的间隙砸实。这是一项极为重要的工作，它关系到泥老虎成型后的大小、比例和坚固程度等问题。

（2）制坯。一般在每年的五月开始制坯，即做虎头、虎尾的泥坯。以前的泥坯都是用手逐一捏制成型，现在多用模具翻制。用模具翻制速度相对较快，但泥坯的形状也千篇一律，缺少手工艺品的自然灵动。模具翻制的泥坯一般在10~30cm，超过40cm的泥老虎，因泥软而在成型后无法站立晾晒，只能用手一点点捏出形状，因而无法用模具翻制。老虎泥坯制作完成后，放置阴凉处自然晾干。

（3）制作与安装苇哨。哨子的原料是芦苇秆儿。先把芦苇秆儿截为3cm长，除去腔膜，一端或者两端用刀片削出一定的坡度，角度必须适中，太陡或太平哨子都不响。坡度正对面处需割出小缝，缝隙不宜太深，否则哨音不亮；最后选择厚薄适中、含纤维较长的纸片作为响膜压进两端的缝隙。安装苇哨时，将哨用线或者用纸糊固定在老虎的后尾部，老虎前胸部分的空腔可以很好地起到将声音扩大的作用。

（4）连接坯体。利用羊皮将虎头与虎尾两部分连接起来，羊皮质软而结实，但是价格相对较高。也有使用牛皮纸进行连接的，但牛皮纸容易损坏。现在多选用聚氨酯（PU）人造皮革，其内在结构细密紧实，具有较好的弹性，物理性能好且价格相对较低。

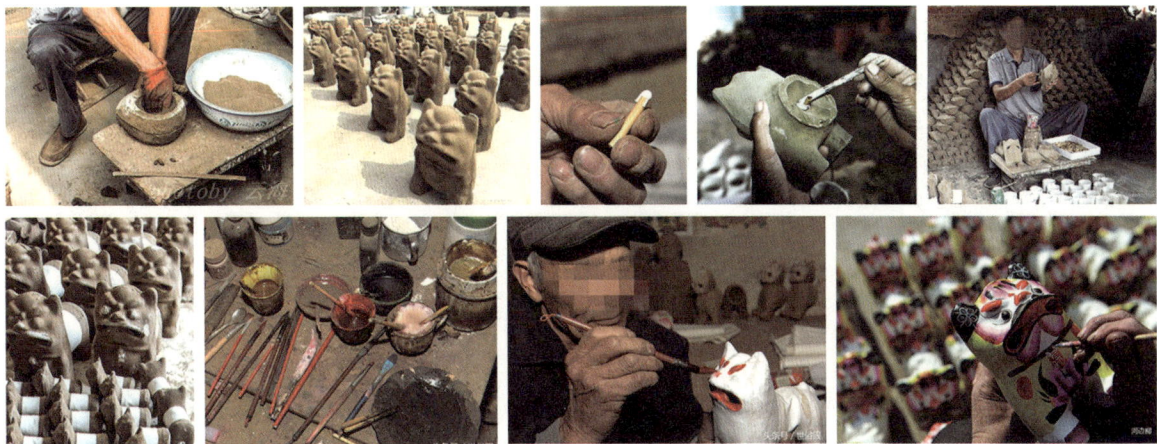

图 8-2 高密泥叫虎玩具制作过程

（5）上色涂油。泥叫虎有"三分塑，七分彩"的说法。上色的流程一般为：先通体上一遍白色滑石粉，滑石粉因是溶解物，后期不会稀释油彩的颜色。手工涂色顺序为红色、绿色、黄色和黑色，上色面积先大后小、先广后狭、先粗后细。一些细致的部分如眼睛、口、鼻、舌等要用小笔仔细描摹。装饰图案是在面部涂完以后再进行描绘，所有部位颜色涂完后将其放到阴凉处晾干。泥叫虎完全晾干后，需在着色部涂覆清油，这样可以使颜色变得更亮，泥叫虎更富神采（图8-2）。

2.确定开发方向

前文中较为详细地分析了泥叫虎的历史渊源、功能特点、结构材质、形态审美特征、文化属性、工艺流程等因素，完成了对泥叫虎的前期调研。根据调研信息，可以从以下3个方面的思考为设计切入点，开展设计工作。

（1）消费者定位。我国在充分工业化与市场化之前，由于生产力水平的局限，乡村地区的孩子不易获得制作精良的工业化玩具。因此，手工制作的各类泥玩具、编织或纸扎玩具，便成为孩子们的主要玩具。随着社会的发展，今天市场中的玩具产品种类繁多，不断更新。诸如益智玩具、毛绒玩具、人偶玩具、电动玩具、交互玩具、手机与计算机游戏等层出不穷。面对这种情况，类似于传统泥叫虎的泥玩具究竟还有没有市场，其主要消费者又该如何定位？

（2）产品优化升级。现有泥叫虎的泥土配方能否优化？其模具能否优化？其泥坯壁厚能否减量？其加工流程能否优化？哪些手工制作环节可以被替代？其形态能否再设计？花纹及其色彩能否再设计？其尺寸能否进一步标准化？是否需要为其设计包装？其包装形式是否应与该区域整体文化特征或其他传统手工艺品相结合等问题。这是面对现今文创产品市场对泥叫虎进行优化再设计的思考。

（3）融入现代创新设计思维。我们可以将高密泥叫虎视为文创产品设计开发的基础原型或文化IP，抓住萌宠可爱的泥老虎在"玩耍"过程中通过声音及时"反馈"的特点，即形成"形象萌宠""操作简便""即时反馈"的设计预期，并结合现代技术工艺加工手段，以现代设计创新思维重构产品设计。可以借鉴泥叫虎的设计特点，将其"形象萌宠""操作简便""反馈迅速"的设计特点向其他玩偶形象推演，通过内部结构或电子部件去模仿其声音反馈，并通过物理方式触发？或者以高密"泥叫虎"形象为基础，结合目前的电子技术，将其设计为电动（早教）玩具？也可以通过改变材质的方式，将"泥叫虎"尺寸进行放大或缩小，向儿童骑乘类玩具或小型配饰转化等。

3. 以"泥叫虎"为起点的文创再设计

根据前期调研与工艺分析，通过以下三个方案，沿着对传统"泥叫虎"制作工艺的优化，以及对传统"泥叫虎"再设计两种思路展开。

（1）在尊重传统制作工艺的基础上，分别从泥土配方、形态、色彩及花纹重构，模具优化，泥坯减量，工艺再造等方面，对"泥叫虎"进行优化设计（图8-3）。

①泥叫虎的泥土配方由聂家庄手艺人自制的黏土替代为以蒙脱石（高岭土）为主的陶土，土质更加细腻，可塑性更强；新的泥土配方

图8-3 "泥叫虎"改良设计 张焱

文化高密
CULTURE GAOMIN

高大福
GAODAFU

密小凤
MIXIAOFENG

图 8-4　高密"泥叫虎"IP
形象设计　张焱

具有更强的可塑性，因此泥坯的壁厚可以适当减量；"泥叫虎"的模具由过去不易清洗的"泥模""石膏模"改进为表面光滑、易于脱模、反复清洗与使用的"陶模"，这样制作出来的"泥叫虎"的形态更加光滑，细节更加完整。

②再设计后的"泥叫虎"在尊重传统泥叫虎纹饰及其寓意基础上，以头部的花纹（周身色彩）区分"泥叫虎"的性别，并对老虎五官、耳部梅花、胸前绶带、铃铛、牡丹等纹样进行再设计，对"泥叫虎"配色方案进行了调整，调整之后的"泥叫虎"纹饰更加精致、形态变化更加丰富、手工上色也更易标准化。

③在优化整体工艺方面，优化后的"泥叫虎"由过去依靠手艺人手工涂覆滑石粉，转变为使用喷枪三层整体喷涂丙烯颜料，待完全干透后，再使用毛笔沿形态边缘填色，这样完成的"泥叫虎"色彩更加均匀饱满，细节更为精致细腻；此外，连接前后胚体的皮革选用染色后的羊皮（PU），皮革花纹更加细腻，色彩更为饱满。

（2）立足于高密"泥叫虎"的形象，分别从提炼与拟人化老虎形态，预制功能部件，转变产品功能等几个方面进行再设计。再设计之后的"虎宝宝"IP形象，被取名为"尼尼虎"，其形态在充分继承传统"泥叫虎"的典型特征的基础上，呈现出萌宠可爱的儿童特征。两个"尼尼虎"被命名为"高大福"与"密小凤"，以区分他们之间的性别，暗合"高密"二字；"尼尼虎"的嘴巴由"下垂"变成"上扬"，呈现出儿童调皮大笑的表情；鼓起的肚子被红色肚兜覆盖，肚兜之上有牡丹纹样，象征富贵吉祥（图8-4、图8-5）。该方案仅为"IP形象原型设计"，此后，该方案还可向早教机、毛绒人偶玩具、摇头娃娃、蓝牙音响等文创产品拓展。

图 8-5　高密"泥叫虎"形象设计　张焱

图 8-6　高密"泥叫虎"形象设计　张焱

（3）对"尼尼虎IP形象设计"的延续型设计，借鉴"不倒翁"形态语义，将老虎形态进一步团块化，憨态可掬，呈现出多喜纳福的吉祥寓意。此外，该形象还可向包装容器、口杯、存钱罐、蓝牙音响等文创产品拓展（图8-6）。

第二节

以现代产品为开发对象的文创产品设计

人类的生存需求包括生理与心理两个方面。因此，人的造物过程，也必然表现为对物质与精神的双重关照，但二者的呈现次序却有所不同。生理需求是先决条件，是造物的基础内核。只有当人们的生理需求得到满足时，才可能向心理需求延展过渡。因此，我们可以将人类的造物行为概括为以人的生理为圆心，心埋为半径的整体化的创造过程。

人造物的物质属性主要表现在该"物"所应达成的"功能"，以及为了达成该"功能"所涉及的科学基础、技术经验、材料工艺、加工手段等因素。本质上，人造物的功能属性是人类生理功能的物化延伸放大。

人造物的精神属性主要表现为该"物"所应达成的"情感认同"，以及为达成此种"情感认同"所依据的特定文化传统、宗教伦理、生活方式等背景因素，并在造物过程中充分调动该"物"的形态、色彩、质感、符号纹样等视觉语言要素，形成与情感认同相匹配的艺术审美呈现形式。本质上，人造物的"精神属性"是人类自我定位的物化心理投射。

因此，我们或可以将附着于器物之上的精神因素理解为该器物的

"文化信息"。一器物中所蕴含的功能信息越少，精神关注越多，其文化属性与价值也就越明显。

尽管中国的加工制造业生产能力增长迅猛，总产量和总产值逐年攀升，但是仍面临"低端产能过剩、高端产能不足""功能体验过剩、精神体验不足""功能导入过剩、文化传承不足"等问题。因此，需要由"重功能、重质量、重价格"向"重品牌、重审美、重文化"过渡。换言之，当国家加工制作业普遍达到较高水平时，人们的关注重点由"功能化属性向精神化属性"转化。因为广义的"文化创意产品设计开发"正是提升产品"精神情感文化"价值的重要手段，是对传统工业产品"文化赋意"与"情感升级"的重要工具。

案例50 对"传统时钟"类产品的文创化改造

1.传统钟表的发展现状

中华人民共和国成立后，我国钟表工业得到迅速发展，取得了令人瞩目的成绩。1955年天津公私合营华威钟表厂试制出我国第一只手表，结束了我国不能自己生产手表的历史。改革开放40多年来，我国不断地进行技术改造，钟表行业已具备世界规模最大的生产能力和配套完整的工业体系。

尽管我国钟表产业虽然经过了近百年的发展，但仍然没有形成具有世界影响力的品牌，北极星、康巴斯、上海等20世纪全国知名的钟表企业风光不再。引发上述情况的原因可概括为以下3点：

（1）随着智能手机的普及，钟表的计时功能在很大程度上被移动电话等移动电子终端所替代，势必导致钟表行业销售量的持续下降。

（2）鉴于手机类移动电子设备的普及，钟表计时功能属性不断退化，装饰文化属性显著提高。我国虽已历经近百年的钟表制造史，但仍未形成世界知名的钟表品牌，缺乏高利润、议价能力强的奢侈品钟表品牌。今天，钟表作为显示消费者个性与消费层级的重要"符号"，其低端钟表制造业势必将遭受更大打击。

（3）"钟"与"表"在中国文化语义中有很大不同，在中国很多地区的传统禁忌习惯中，亲朋好友可相互馈赠"表"，但因中文"送钟"与"送终"谐音，故而很少会彼此馈赠"钟"。这种文化定式，进一步削弱了"钟"的馈赠礼物属性；另外，电子钟因其走时精确、价格便宜、造型多样、经久耐用等优势，又不断侵蚀传统机械钟的市场份额，削弱传统钟表业的盈利空间与议价能力，传统机械钟市场进一步萎缩。

综上所述，在我国传统钟表行业中，"表"因为具备便携性、象征性、首饰化、礼品化等属性，在消费者的日常生活中，其嵌入度远远高于"钟"，因而具有更强的市场适应性；电子钟因其计时准确、成本低、外形丰富、经久耐用等优势，市场占有率又优于传统机械钟。因此，传统机械钟面临挑战最大，也更需要对其进行文创化改造。

2.传统钟表的文创设计思路

传统机械钟的文创化设计改造可沿着"经典形态复刻""现代文化赋意"及"重要节点纪念"等几个思路开发。"经典形态复刻"主要是指尽量精确复制具有重要纪念意义与历史文化背景的典型款式，强化其材质、加工工艺与呈现方式的整体复刻，使其具备较强的历史内涵与收藏属性。"现代文化赋意"主要是指以现代重要历史事件为文化资源，专门设计相关产品，如中华人民共和国成立70周年、改革开放40周年纪念钟等，强调其纪念价值。"重要节点纪念"主要指：诸如出生、入学、就业、结婚、大寿等人生重要时间节点，为其设计专门的机械工艺类钟，实现其人生关键节点的纪念意义。

目前，电子钟、石英钟、原子钟的外形设计越来越不受机芯的限制。计时呈现方式除传统的三针表盘指示外，还有数字呈现、语音呈现、LED呈现等多种方式，其形态具有很大的设计空间。电子石英钟具有现代工业设计生产的完整特征，因此，在对其进行文创化改造过程中，可沿着"重要节点纪念""多重功能合并"及"呈现方式创新"等几个开发思路，强调其情趣化设计与性感化消费，将此类产品由"功能耐用品"向"时尚快消品"转化。

具体而言，因为电子石英钟生产成本相对较低，"重要节点纪念"主要是指设计过程中，在关注国家重要历史节点与个人重要成长节点的同时，还可将此类节点进一步细化，如针对重大文化体育赛事活动、十二生肖、毕业纪念等活动，进行专项设计。"多重功能合并"主要是指将计时功能与不同材质的工艺品、不同使用功能的产品进行关联合并，如将石英钟与雕塑、绘画等艺术品予以合并；将电子钟与文具、教具、灯具、家电、厨卫产品等其他功能产品进行合并，使某些功能产品具备"时间意识"。"呈现方式创新"主要是指通过创新性思维，对钟表的计时功能与其他相关形态进行嫁接，给人以全新的使用体验。如通过结构创新，将钟表的计时功能重新与沙漏、水漏、日晷、香插等传统计时工具形态予以组合，或借助数字界面，与传统月份牌、挂历等形态组合，在实现计时功能的同时，提高其使用过程的操作性与趣味性（图8-7）。

图 8-7 现代钟表文创产品设计

a 为欧式黄铜旋草大象吊钟，表盘中央镶嵌鲍鱼贝，具有明显的欧式传统特征；b 为新中式珐琅彩吊钟，设计中采用海水祥云等纹饰与平安扣流苏吊坠；c 为采用 LED 数字显示屏的吊钟设计，配合左侧宇航员形象，呈现出鲜明的现代气息；d 为故宫文创为观念紫禁城建成 600 周年而设计的全自动陀飞轮机械手表，表盘呈现立体团龙浮雕与海水江崖纹局部镶钻，具有很强的纪念性；e 和 f 为镂空自动机械情侣手表，材质呈现出很强的呼应感。

思考与练习

1. 结合本章内容，认真分解某项传统手工艺产品的加工工艺（生产步骤），思考哪些步骤可以被现代生产方式所替代。

2. 聚焦某些传统手工艺品的生产加工过程，并以此种生产方式为依托，设计一款文创产品。

3. 聚集某种以现代工业加工方式所生产的日用品，思考如何加入文创因素，设计一款文创产品。

第九章
文创产品主要加工方式

本书所强调的文创产品设计开发,其重点除对特定产品的"文化赋意"外,其他设计开发程序仍需遵循产品设计开发的普遍原则与一般规律。

模型、样机、样品的试制工作,是设计方案实体化的表现形式,是设计方与委托方讨论深化设计方案的重要物质依据,更是最终确定设计方案材料工艺、加工方式、生产成本与预算等开发要素的重要基础。因此,产品模型(样机)的试制,是现代产品设计开发的重要环节。了解文创产品设计中不同材质的成型方式与加工工艺,是设计师必须具备的专业素养。

当然,文创产品的样品制作环节,有其相应的独特性,这主要表现在以下两方面:一是某些文创产品的设计开发是以传统手工艺品为开发基础,设计开发结束后,其产品仍以手工(半手工)的方式加工生产,因此,其样品的试制相对于工业化产品要单纯直接;二是某些文创产品的设计开发,是以批量化生产的现代工业产品为开发基础,因而往往会涉及样品的泥模制作、三维打印、喷漆涂覆、部件装配等环节。因此,本节在介绍产品基本开发流程的同时,着重介绍了金属、塑料、玻璃、木材等文创产品设计常见材料的加工成型工艺。

第一节
泥模翻制与逆向成型

目前,在产品设计开发领域,三维设计软件大体可分为计算机辅助设计软件与计算机辅助制造软件。计算机辅助设计软件主要负责设计阶段的数字模型创建;计算机辅助制造软件主要负责生产阶段的数字模型创建与模具设计。在标准的产品设计中,计算机辅助建模的前端一般为"产品二维设计",其后端一般衔接"产品模型制作"。但就很多形态细节要求较高的文创产品设计而言,其手绘二维设计方案后,往往需要手工制作泥稿方案。泥稿模型多选用普通雕塑泥或油泥。

一、雕塑用泥

雕塑泥主要为目结土,具有黏性强、无杂质、易洗光、可塑性强等特点。专业的雕塑用泥土，可重复使用，广泛用于各类雕塑的泥稿制作。陶泥是制作陶器的专用黏土，有黄褐色、灰白色、红紫色等色调，具有良好的可塑性。陶泥质感比雕塑泥更精细，可精细塑造形态细节。陶泥多用于制作生活用具，自然风干后胎体多呈白色，主要用作烧制外墙、地砖、陶瓷器具等。

与雕塑泥和陶泥相比，油泥干湿伸缩比最小，因而具有更强的稳定性。油泥对温度敏感，常温下质地坚硬细致，可精雕细琢，加温后可软化塑形或修补。油泥不沾手、不收缩、无粉尘，久置不变质、不开裂，可循环使用。主要用于工艺品、精细雕塑、工业产品模型的制作。

一般情况下，我们往往根据文创产品的造型风格对泥土进行选择，其造型特征倾向于大块面、大转折，概括写意强调其表面肌理变化的，多选用雕塑泥或陶泥；而造型特征倾向于精细写实、表面肌理细腻的泥稿，则多选用油泥。

二、泥稿制作工具

泥稿制作工具是指用于对黏土或石膏进行雕刻与塑造的工具，一般分为普通雕塑工具与油泥雕塑工具。处理普通雕塑泥的雕塑工具包括：旋转雕塑台、喷壶、金属切割线、各型木制雕塑刀、各型双丝头刮刀、各型金属刮板，以及其他自制工具等；油泥雕刻加工工具一般包括：烤箱（用于加热软化油泥）、吹风机、金属铲刀、金属刮板、齿状刮刀、双丝头刮刀、金属（木质）雕刻刀，以及其他自制工具等。泥稿制作的各式工具犹如绘画过程中的画笔与橡皮，是一个"添加"与"剔除"的过程（图9-1）。

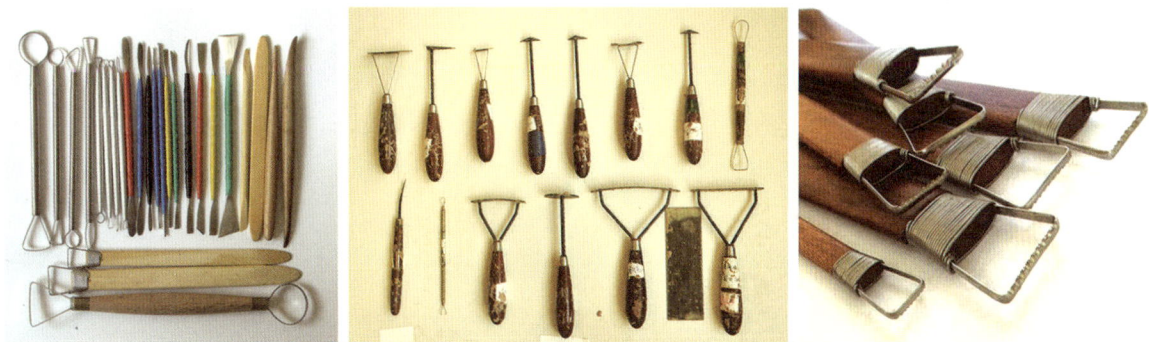

图9-1 泥塑制作工具

三、泥稿的金属翻制方法（失蜡铸造法）

泥稿制作完毕后，就需要将泥稿转化为其他产品级材质，如金属、树脂、塑料等材质。在工艺品制作中，泥稿转化为金属材质一般分为以下四步（图9-2）。

图 9-2　硅胶模简易制作工序

1. 制作硅胶模具

制作硅胶模具一般采用真空浇注的方式，制作方法简便，模具可重复多次使用。制作步骤为：①按产品重量配置ABS塑料溶液。②混合溶液并脱气（在真空柜内操作），脱气时注意观察防止溢出液体。③给硅胶模型腔内喷脱模剂。④将配合脱气后的ABS溶液装入真空柜。⑤用塑料薄膜制作真空机内浇注通道。⑥操作真空机进行硅胶模浇注。⑦真空脱气，观察ABS是否充满型腔。⑧浇注完成后，封装硅胶模具，送进烘箱，烘烧若干小时后，待ABS溶液固化可以开模。⑨开模时要谨慎操作，避免硅胶模的损坏。⑩对要求较高的产品，做塑件后处理（黏结、打磨等）。

2. 硅胶模具翻制蜡模

硅胶模具翻制可使用树脂、石蜡等材质进行真空（离心）浇注，也可使用传统手工灌注。使用树脂材料翻制脱模后，产品即可成型。使用石蜡材料浇注，其主要目的是方便下一步制作金属成品。具体制作步骤如下：①浇注：将石蜡融化后注入硅胶模中，并迅速转动模具，使离心力将石蜡液均匀注入模具各处，注意浇注均匀，蜡液凝固后可重复进行多次浇注，保证蜡模紧实无气泡。②出蜡模与合范：待蜡模完全凝固后,将石蜡模型从硅胶模具中取出,对于分范的器物(即一个产品由多个部件组成),要将多个蜡模进行拼合,并保证连接稳固,细节精致,无接痕。③精修蜡模:一般蜡模取出后会出现飞边、断爪、沙眼、小孔不通、线条模糊等情况,需要手工对蜡模进行进一步精修,确保金属铸件的质量。④制作引流棒:根据产品实际大小,制造合适粗细的蜡棒,并连接至蜡模上,为下一步金属铸造做准备。

3.砂模铸造

砂模铸造是将金属熔化后,浇注到事先准备好的模壳中,冷却后去掉模壳获得金属毛坯。此种工艺特别适合加工外形曲面较多的零部件。砂铸是指用石英砂制作砂模干燥后进行浇注,其特点是制作成本低,外形比较粗糙、精度要求不高的零件可以采用。熔模铸造是指用塑料泡沫制成模胎,外表涂覆涂层,干燥后放入砂箱,并将砂箱真空紧实后进行金属溶液的浇铸。高温金属溶液将泡沫燃成气体并占据其空间,这种铸造方式也被称为真空铸造,其成本较高,且塑料泡沫燃烧的气体对环境也有一定影响。精密铸造是将蜡模包裹涂料和石英砂浆后自然晾干,通过高温脱蜡而形成砂模。将金属溶液注入砂模,待其冷却后将砂模破坏后取出金属坯件,这种工艺制出的产品外表光洁度好,尺寸精确,因而也被称为精密铸造(图9-3)。

图9-3 失蜡铸造法制作过程

4.表面精修与表面处理

金属坯件制成后，需要对其表面进行精修，打磨瑕疵凸起，并补足气孔沙眼，通过高温进行表面抛光。例如黄铜材质的器形，可采用高温着色与手工彩绘的方式完成表面处理；而使用合金材料的器形，表面则可采用电镀、电泳、热镀锌、抛丸、喷砂、磷化、超声波清洗等工艺。

四、泥稿的三维逆向成型方法

逆向工程（又称逆向技术），是一种产品设计技术再现过程，即对一项目标产品进行逆向分析及研究，从而演绎并得出该产品的处理流程、组织结构、功能特性及技术规格等设计要素，可以制作出功能相近，但又不完全一样的产品。

随着计算机辅助设计的流行，逆向工程变成了一种能根据现有的物理部件，通过3D扫描技术构筑3D虚拟模型的方法。逆向工程主要采用丈量实际物体的尺寸，并通过相应软件生成去3D模型的方法。真实的对象可以通过激光扫描仪、结构光源转换仪或者X射线断层等成像技术进行尺寸测量与模型复原。

逆向建模的主要工具是三维扫描仪与模型生成软件。其工作原理为：以三维扫描的方式创建物体几何表面的点云，这些点通过弥合形成物体表面形状，点云越密集，其创建的模型越精确（这一过程称为数字三维重建）。若扫描仪能够获取表面颜色，则可进一步在重建的表面上粘贴材质贴图，即"材质印射"。现在三维扫描仪主要分为接触式、非接触式及非接触被动式扫描仪三种类型。产品设计领域比较常用的为非接触式扫描仪。

使用三维扫描逆向成型的方法，可以对泥稿原型进行扫描，形成数字三维模型后，直接使用三维打印机（三维雕刻机）进行不同材质的打印雕刻，形成设计作品，还可以使用SolidWorks、Pro/ENGINEER等分型软件，并设计进行模具设计后批量生产（图9-4）。

图9-4　逆向扫描与三维数字模型成型

第二节

塑料制品的主要成型工艺

塑料类产品的加工成型工艺主要包括注塑成型、挤出成型、压制成型、吹塑成型、浇铸成型、气体辅助注射成形、吹塑成型等。此类产品从方案设计至批量化生产大致经历创建产品设计三维数字模型、根据加工工艺分型分色、三维打印或数字雕刻模型（样机）制作、模型（样机）表面处理与装配、产品分型与结构设计、模具制造、批量化生产与组装（装配）等工序。从文创产品设计开发的角度来说，塑料材质的成型工艺多为注塑成型与吹塑成型两种。

一、注塑成型

注塑成型，是利用注射机将熔化的塑料快速注入模具中，待固化后得到各种塑料制品的方法。几乎所有的热塑性塑料（氟塑料除外）均可采用此法。此种方法也可用于某些热固性塑料的成型。注射成型占塑料件生产的30%左右，具有一次成型复杂部件、尺寸精确、生产率高等优点，但设备和模具费用也较高，主要用于大批量塑料件的生产。

注塑成型工艺过程主要包括合模、填充、保压、冷却、开模与脱模6个阶段（图9-5）。

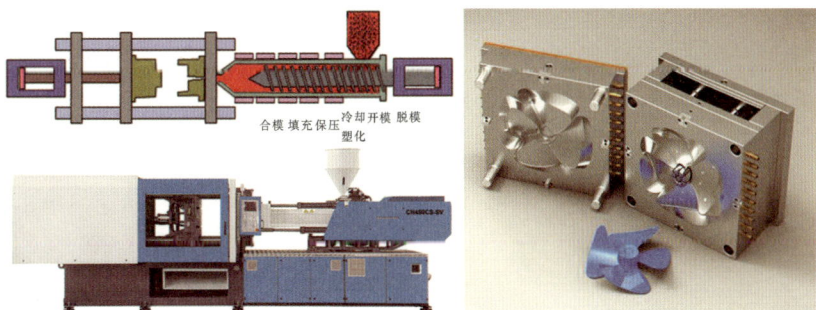

图9-5 注塑流程示意图、注塑机与模具

1.合模

塑料件注塑成型至少需要凹凸（阴阳）两块模具拼合（合模），方可通过注塑机出料口向内填充液料。针对复杂形状的部件，有时则需要多块模具拼合，但无论模具数量如何增加，仍可理解为由内外（凹凸）两部分拼合而成。模具内部留有虚空内壁，实现液料填充。

2.填充

填充是整个注塑循环过程中的第一步，时间从模具闭合后开始注塑算起，到模具型腔填充至约95%为止。理论上，填充时间越短，成型效率越高；但是在实际生产中，成型时间（或注塑速度）会受到很多条件的制约。

3.保压

保压是指对模具中的注件持续施加压力，压实熔体，增加塑料密度，以补偿塑料冷却收缩的过程。在保压过程中，由于模腔中已经填满塑料，背压较高。在保压压实过程中，注塑机螺杆仅能慢慢地向前微小移动，塑料的流动速度也较为缓慢，这时的流动称作保压流动。在保压的后期，材料密度持续增大，塑件也逐渐成形。保压阶段要一直持续到注塑口固化封口为止，此时模腔压力达到最高值。

4.冷却

在注塑成型模具中，冷却系统的设计非常重要，这是因为成型塑料制品只有冷却固化到一定强度，脱模后才能避免塑料制品因受到外力而产生变形。由于冷却时间占整个成型周期70%~80%，因此设计良好的冷却系统可以大幅缩短成型时间，提高注塑生产率，降低生产成本。

5.开模与脱模

当注件完全冷却后，模具分离，顶出机构将注塑件顶出脱模，这是注塑成型循环中的最后一个环节。虽然制品已经冷固成型，但脱模环节仍对制品的质量产生重要影响。脱模方式不当，可能会导致产品在脱模时受力不均，顶出时引起产品变形等缺陷。脱模的方式主要有顶杆脱模和脱料板脱模两种。注塑件脱模后，加工人员可快速对成型品的毛边进行修剪剔除，保持成型件的完整美观。

二、吹塑成型

吹塑成型工艺，也称中空吹塑工艺，是一种广泛应用的塑料加工方法。与注塑工艺相比，吹塑成型工艺类似于在一个外模腔的框定下"吹气球"的过程。当"气球"外壁冷却成型后，外模打开取出"气球"便完成了整个吹塑过程。因此，吹塑成型工艺的模具只有外模而没有内模。该工艺一般适用于"口小腹大"的瓶形塑料容器，其成型容器体积可达数千升。目前，吹塑生产已采用计算机控制，成型更加精确。适用于吹塑的塑料材质有聚乙烯、聚氯乙烯、聚丙烯、聚酯等，吹塑工艺被广泛应用于工业产品的包装容器制作。

根据型坯制作方法，吹塑可分为挤出吹塑、注射吹塑、拉伸吹塑以及多层吹塑等工艺。目前，约3/4的吹塑制品采用挤出吹塑法工艺。根据坯料的供料方式，挤出吹塑又可分为连续挤出吹塑和不连续挤出吹塑两种方式。其中连续挤出吹塑是指挤出机连续挤出管坯，当管坯达到设定长度时，吹塑机闭合模具，切断管坯，并连同模具一起被移至下一工位进行吹胀、冷却、脱模。从时间上看，后一段管坯的挤出与前一段管坯的吹胀、冷却、脱模是同步进行的，故连续挤出吹塑生产效率高，适合大批量生产。

不连续挤出吹塑则是将融化的物料挤出并存储起来，再用注塞将塑料熔体挤成管坯，并吹塑成型。由于此法事先存储了较多的熔体，故可在较短时间内挤出大量的熔体，可用于生产大型容器。

第三节

玻璃制品的主要成型工艺

玻璃是文创产品中最为常见的材料之一，一般以多种无机矿物（如石英砂、硼砂、硼酸、重晶石、碳酸钡、石灰石、长石、纯碱等）为主要原料，经高温熔制而成，其主要成分为二氧化硅和其他氧化物。琉璃，也称"瑠璃"，在欧美也被称为"彩色玻璃"。古法琉璃是将"琉璃石（即天然水晶）"混入"琉璃母（即各种稀有金属）"，在1000℃的高温下烧制而成的。其色彩流云漓彩，品质晶莹剔透、光彩夺目。今天琉璃熔制往往使用人造水晶为原料，加入金属或化学物质烧制而成。

玻璃与琉璃均含有90%以上的二氧化硅，因而化学成分比较相似，加工工艺也极为相近。其加工成型工艺主要包括吹制成型、压制成型、拉制成型、压延成型、浇铸成型、浮法成型等。为了方便讲述，不再区分二者的材质区别，玻璃成型工艺同样适用于琉璃制品的制作过程。

一、吹制成型

吹制成型是制作玻璃器皿最古老的方法，早在公元前1000年左右，古埃及人就已掌握玻璃吹制的工艺，能吹制出多种形状的玻璃产品。吹制主要利用吹管将熔制好的玻璃液在模具中吹制成品的方法，其加工手段与塑料吹塑工艺较为相似。该种成型法主要包括人工吹制和机械吹制两种。人工吹制是吹制工手持一条长约1.5米的空心铁管，一端从熔炉中蘸取玻璃液（挑料），另一端为吹嘴。挑料后在滚料板（碗）上滚勺，吹气形成玻璃料泡，在模中吹成制品；也可无模自由吹制，然后从吹管上敲落后冷却成型。人工吹制所获得的玻璃器皿形态独特自由，批量小，多用来制作高级器皿、艺术玻璃等。机械吹制是将玻璃液由玻璃熔窑出口留出，经供料机分割为固定重量和形状的料滴，剪切入初形模中，通过高压空气吹成或压成初形，再转入成型模中吹成制品（图9-6）。

图9-6　人工与机器玻璃吹塑成型

二、压制成型

压制成型主要是指将玻璃液由玻璃熔窑出口留出，经供料机形成固定重量和形状的料滴，随后玻璃料滴被送至低温的模具中，在压缩空气或者是柱塞压力作用下填满整个模腔，经过冷却待充分固化后再脱模吸出。简单来说，压制成型就是通过内模压入外模，把玻璃料挤压成型。两模间的空隙会影响产品的厚薄，而内模是通过气压来控制的，所以气压太大可能减少两模上下的空隙，使产品底变薄；若气压太小则相反。

三、拉制成型

拉制成型适用于制作各种板材和管材，其作用原理是对黏流状态的玻璃施加拉力，使其变薄，并在不断的变形中得到冷却而定型。拉制成型主要用于生产玻璃管、棒、平板玻璃、玻璃纤维等。玻璃制品的成型除用传统的手工拉制外，还可用机械拉制。随着对玻璃管需求量的增加，目前批量大、质量要求高的制品多用机械拉制来成型。机械拉制成型分水平拉制和垂直拉制两种方法。

四、压延成型

压延成型是将黏流玻璃液通过单辊和双辊压轧的方式，压延成平板玻璃、印花玻璃、夹丝玻璃等的加工方法。压延成型又分为单辊法和双辊法。单辊法是将玻璃液浇注到压延成型台上，台面可以用铸铁或铸钢制成，台面或轧辊刻有花纹，轧辊在玻璃液面碾压，制成的压花玻璃再送入退火窑冷却处理。双辊法生产压花玻璃又分为半连续压延和连续压延两种工艺，玻璃液通过水冷的一对轧辊，随辊子转动向前拉引至退火窑。一般情况，下辊表面有凹凸花纹，上辊是抛光辊或花辊，从而制成单面或双面有图案的压花玻璃。

五、浇铸成型

浇铸成型是指将玻璃液在常压下注入模具内，待其冷却固化后即为与模具内腔形状相同的制品。玻璃浇铸成型法一般用来制作由模具生产的实体雕塑饰品。浇铸成型一般不施加压力，对设备和模具的强度要求不高，对制品尺寸限制较小，制品中内应力较低。因此，浇铸法生产投资较少，可获得性能优良的大型制件。但该法生产周期较长，成型后须进行机械加工。在传统浇铸基础上，派生出灌注、嵌铸、压力浇铸、旋转浇铸和离心浇铸等方法。灌注与浇铸的区别在于：灌注时模具是制品本身的组成部分；而浇铸完毕制品即由模具中脱出；嵌铸是将各种非玻璃材质置于模具型腔内，与注入的液态物料固化在一起，使之包封于其中。压力浇铸主要是指在浇铸时对物料施加一定压力，有利于把黏稠物料注入模具中，并缩短充模时间。旋转浇铸是指将玻璃液注入模内后，模具以较低速度绕单轴或多轴旋转，物料借重力分布于模腔内壁，通过加热、固化而定型。用于制造球形、管状等空心制品。离心浇铸主要是指将定量的玻璃液料注入绕单轴高速旋转、并可加热的模具中，利用离心力将物料分布到模腔内壁上，经物理作用而固化为空心筒状的制品。

六、浮法成型

浮法成型是指玻璃液从池窑中连续流出，并漂浮在密度相对较大的锡液表面上。在重力和表面张力的作用下，玻璃液在锡液面上铺开、摊平，形成上下表面平整、硬化的玻璃浮层。玻璃浮层冷却后被引上过渡辊台。辊台的辊子转动，把玻璃带拉出锡槽进入退火窑，经退火、切裁后，就得到浮法玻璃产品。浮法成型与其他成型法相比，其主要特点表现为：平板玻璃没有波筋、厚度均匀、上下表面平整、互相平行；生产线规模不受成型方法的限制，单位产品的能耗低；成品利用率高；易于科学化管理和实现全线机械化、自动化，劳动生产率高；连续作业周期可长达几年，有利于稳定生产。

第四节
木材的主要加工工艺

在文创产品设计开发中，天然木材与金属、塑料、玻璃皆为最常用的材质之一。相较其他几种材料，木材具有生产成本低、耗能小、无毒害、无污染、安全环保等特色，其物理性能优越，质量轻强度大，保温绝缘性好；车削钻洗、卯榫钉粘、弯压雕漆皆可，易于加工。另外，木材自然纹理优美，色泽丰富，具有很强的装饰性。

将木材原材料通过手工或机械设备加工成形，并将其组装成制品，再经过雕刻、表面处理、涂饰，最后形成完整木制品的技术过程，称为木材成型加工工艺。

一、木材的干燥

木材属多孔吸湿的天然材料，故木材在加工之前需要经历干燥环节，排出不必要的水分，以控制其含水率，防止在加工环节收缩变形开裂，进而改善其受力性能与加工精度。另外，干燥后的木材可以有效防止变质腐朽，减轻重量，方便运输。木材的干燥可以分为自然干燥与人工干燥两种形式。

二、木材的选用

在文创产品设计过程中，应根据不同的用途选用合适的木材。一般而言，文创产品中的木材使用单位体量较小，因此多选用质地紧密、硬度高的木材。当然，在实际的文创产品设计过程中，也可根据文化主题及地域特征，选择当地盛产且具有独特文化含义的木材入料。

三、开板下锯

开板下锯是原木加工的首要环节。制材下锯时要根据现有的设备、原木的尺寸、质量、肌理、产品的要求及出材率等因素综合考虑。一般可以将制材原木分为横切面、径切面和玄切面。横切面是指与树干主轴或纹理相垂直的切面；径切面是指顺着树干的轴向，通过髓心和木射线平行与年轮垂直的切面；玄切面是指没有通过髓心的纵切面，顺着木材纹理切割。制材四种下锯方式包括原木平行下锯法、转圈下锯法、毛方下锯法和原木四分法。手工锯割工具主要有框锯、刀锯、横锯、侧锯、钢丝锯、板锯、手锯等；木工锯割机床分为带锯机与圆锯机两种。

四、刨削与凿削

刨削是指利用与木材表面成一定斜角的刨刀刃口与木材表面相对运动，达到木材表面薄层剥离的加工方式。将木材原料加工为合乎尺度且表面光洁平整的部件。目前手工刨削工具主要为平刨、槽刨、边刨、铁刨和特型刨等。木工刨削机床则是通过刀轴带动刨刀高速旋转来进行加工，一般分为平刨床和压刨床两大类。

凿削是利用凿子的冲击运动，使锋利的刃口垂直切断木材纤维而进入其内，并不断排出木屑，逐渐加工出所需要的方形、矩形和圆形榫孔的操作。木工凿按凿刃部分的宽度与厚度，可以分为凿子和扁铲。

五、木材热弯

木材的热弯要经历软化处理、加压热弯与干燥定型三个环节。
软化处理使木材具有暂时的可塑性，以便木材在外力作用下按要求变形而不至于折断，并在弯曲变化状态下重新恢复木材原有的刚性、强度。一般而言，木材可通过物理与化学方法实现软化处理，物理方式可采用水热处理法，用水作为软化剂，同时加热达到木材软化的效果。化学法可采用液态处理法、气态氨处理法、氨水处理法、尿素处理法、碱液处理法等。

加压热弯是指利用模具、钢带等手工或机械方法，将已软化好的木材加压弯曲成预定形状。手工弯曲即用手工木夹具进行加压弯曲。夹具由金属夹板、断面挡块、拉杆等组成。机械弯曲可批量化弯曲形状对称的不封闭形，常采用U形曲木机；若弯曲成封闭形状，可采用回转型曲木机。

干燥定型是在木材热弯成型后，通过加热定型的方式，将木材的含水率降低至10%左右，最终使弯曲形态固定下来。

六、表面上漆

木制品为达到防水、防潮目的，增加其表面光泽度，往往会对其表面进行上漆处理。上漆前须保证木制品足够干燥，并对其表面进行抛光、磨光处理，去除毛刺，达到表面光洁，保证漆层的均匀性。实木上漆一般会采用三种工艺，即混油工艺、清漆工艺、擦色工艺。混油是一种不透明的，可以遮盖木质的漆。混油工艺是指对木材表面进行必要的处理之后，在木材的表面涂刷有颜色且不透明油漆。清油主要指以聚酯类为主的清漆。清漆是一种由树脂和溶剂组成的涂料，因为涂料和涂膜都是透明的，所以也经常被人们称作透明涂料。清漆涂覆操作完成后，仍可清晰看到原木质感纹路，有一种自然美感。擦色工艺即为修色，是指在保持原有木材纹路的基础上，改变木材本身的颜色。木材经过手工刷漆与喷漆后，仍需要表面抛光。喷漆与表面抛光的反复次数越多，漆面越光洁平整，漆层也相对越厚。

思考与练习

1.考察当地雕塑生产企业，了解泥稿的三维逆向成型方法以及铸造工艺。

2.深入相关生产企业，了解塑料、玻璃、木材的成型加工工艺。

3.结合本章内容，认真思考前几章所完成的设计作品应以何种工艺实现。

第十章
济南轨道交通文创策划全案

济南轨道交通即济南地铁，是服务于山东省济南市的城市轨道交通系统。线网结构分为两个层次：都市核心区快线（R线）和中心城普线（M线）。目前，快线包括R1、R2、R3共3条线；中心城普线包括环线、M1~M6线共6条线（其中，M5、M6线正在开展前期规划），形成"环线+放射"的线网结构。

自2017年7月，济南轨道交通集团委托山东工艺美术学院设计团队，对"济南轨道交通"进行整体文化策划，并就相关项目展开艺术设计工作。此项目的核心工作主要包括"国内外轨道交通文化设计前期调研""济南轨道交通线网文化布局策划方案""济南轨道交通视觉识别系统设计""济南轨道交通附属设施设计""济南轨道交通文创产品设计开发"五大部分工作。本项目主要由笔者主持及整体负责推进，其设计工作自2017年7月开始，至2018年12月基本完成，前后共持续18个月的时间。

第一节
轨道交通文化设计前期调研

山东省省会城市济南地下泉水丰富，又被誉为"泉城"。因为"保泉"的需要，考虑到大规模修建地铁有可能破坏地下泉眼与水脉资源，所以长期以来，济南没有制订修建地铁的计划。进入21世纪，随着济南城市规模的扩大，常住人口数量增加，道路交通运载压力不断增大。鉴于上述情况，自2010年起，济南经过科学规划，逐步形成了既兼顾"保泉"需要，又适合城市实际发展的轨道交通建设方案。

2015年初，随着相关政策的出台，济南轨道交通建设路线图已成熟。2016年第一条地铁线路如期开工，标志着济南地铁建设已进入实质阶段。另外，如何充分发挥后建优势，既能将济南轨道交通建成市民出行的"便捷线"、城市升级的"快速线"、经济发展的"财富线"，同时，又能够以轨道交通建设为契机，做好济南轨道交通线网的整体文化布局，充分展现省会城市悠久的历史底蕴与鲜明的城市特征，将济南轨道交通打造成济南独有的"文化名片"，成为摆在城市决策层与地铁建设者面前的另一个重要命题。

因此，自山东工艺美术学院设计团队接受项目委托开始，便将济南轨道交通路网整体文化布局，放在整个设计项目的顶层设计予以考量。为借鉴国内外地铁建设与文化营造的成功经验，打造济南地铁独特鲜明的文化特征。设计团队先后针对国内外主要城市的地铁文化特征、视觉设计、环境设计、公共设施设计等相关方面，进行了整体全面的调研（图10-1、图10-2）。

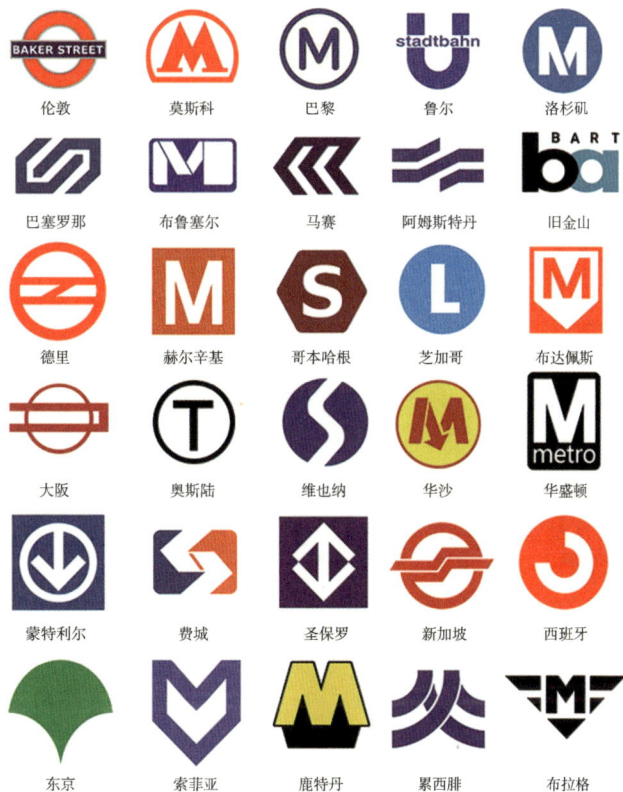

伦敦	莫斯科	巴黎	鲁尔	洛杉矶
巴塞罗那	布鲁塞尔	马赛	阿姆斯特丹	旧金山
德里	赫尔辛基	哥本哈根	芝加哥	布达佩斯
大阪	奥斯陆	维也纳	华沙	华盛顿
蒙特利尔	费城	圣保罗	新加坡	西班牙
东京	索菲亚	鹿特丹	累西腓	布拉格

图 10-1　国外部分城市地铁标志调研

北京	上海	深圳	天津	武汉
西安	长沙	成都	南京	哈尔滨
沈阳	杭州	宁波	苏州	青岛
石家庄	大连	香港	高雄	台北

图 10-2　中国部分城市地铁标志调研

　　吉祥物是城市轨道交通的重要形象展示，因此，以下对国内主要城市轨道吉祥物做一个简单的调研（图10-3）。

　　（1）上海轨道交通吉祥物"畅畅"。畅畅，寓意"欢畅、畅通、畅想"。"畅畅"是一个以红、白、蓝色为主色调的动感小子，它的头盔象征着科技与速度，头盔上的地铁标志体现了地铁吉祥物的身份；面罩以地铁驾驶室为原型，代表运营的概念，同时也有"引领"的寓意，微笑的眼睛体现了上海地铁的亲切、热情，寓意微笑服务和运载温馨；"畅畅"扬起的双臂、伸开的双手，象征着地铁作为上海重要的交通工具，以热忱的服务欢迎国内外的乘客；双脚代表上海地铁安全与舒适，脚上的车轮同样寓意科技与快速。

图 10-3　中国部分城市地铁吉祥物调研

　　（2）广州轨道交通吉祥物"悠悠"。"科技范"悠悠（YoYo），寓意"悠然随心、悦动畅行"。整体形象动感时尚，演绎广州地铁的科技领先优势，寓意地铁服务为市民带来悠然的乘车体验。以车头为原型，高科技的电子脸屏，动感俏皮的表情形态，可增加市民的乘坐乐趣与沟通互动，体现地铁人文关怀。

　　（3）杭州地铁吉祥物"杭杭"。以杭州地铁列车车头为设计原型，经拟人化变形，塑造出一个活泼可爱、聪明灵动的小机器人，辨识度高。其造型简洁新颖，线条严谨流畅，加之通透的车窗玻璃和高科技金属合成材料车身，以及LED集成闪烁的颗粒表情，传递着时代感和科技感，一方面体现出地铁这一新型交通工具"安全、舒适、快捷"的特性；另一方面展现出杭州这一有着众多闻名于世的秀丽自然景观和人文古迹的文化古城先进科技范儿的另一面。

　　（4）无锡地铁吉祥物"福宝"。福宝的设计结合无锡地铁车辆独有的"W"造型和代表无锡地域特征的水文化元素，反映出无锡地域和江南文化特征，也彰显出无锡地铁"便捷、高效、速达、环保"的理念。福宝的主要配色由红色和白色组成，红色采用了无锡地铁的企业色，体现出地铁的速度与服务的热情，白色体现出地铁的环保和无锡的清雅。福宝的脸部由富有科技感的LED面罩组成，具有感知乘客情感的功能，能够通过了解乘客的需求为乘客提供更加舒适、人性化的服务；发髻具有强力的感应功能和敏锐的安全感知功能，在地铁运营过程中如有突发情况能够迅速地发现和处理问题。

（5）厦门地铁吉祥物"顺顺"。吉祥物以地铁车头为原型，高科技的电子笑脸，象征着科技与速度，体现厦门地铁的科技领先优势。脸部中心形如三角梅，体现厦门地铁亲切、热情，寓意微笑服务和乘坐温馨，为市民带来乘坐乐趣与沟通互动。扬起的双臂，象征地铁将以热忱的服务欢迎国内外乘客。祥云耳、浪花脚，创意源自大海祥云浪花。"顺顺"寓意"顺顺通通"，既体现厦门地铁给城市和生活带来的快乐，也反映了厦门地铁遍布海城、畅通无阻。

（6）大连地铁吉祥物"小飞"。"小飞"以海鸥为基本设计原型，在因海而生、因海而兴的大连，海鸥虽然是非常普通的海鸟，但它亲民、友善，不惧风雨，不屈不挠。当远洋归来，看到海鸥就意味着安全抵达陆地。该设计整体形象融合了具有大连特色的海浪、中国传统的祥云等元素，反映出大连的地域特色和大连地铁的文化特征。大连地铁不仅以服务市民乘客为第一宗旨，还是一个自由、宽容的平台，在这个平台上，承载文明、传播文化、海纳百川，兼容并蓄。海鸥的品质和作品中表达的寓意，与大连地铁非常相近。

（7）南宁地铁吉祥物"宁仔"。"宁仔"以地铁列车和朱槿花为设计基础，朱槿花瓣幻化成车窗，花蕊则变化成车顶控制系统。此外，还融入了壮族头饰、壮锦纹饰、绿叶、浪花等元素，寓意南宁的经济文化发展欣欣向荣。其名字中的"宁"字象征着平安、安定，寓意地铁运行平稳，市民安心出行。广西人喜欢称呼男性为"友仔"，"宁仔"富有地方特色，与南宁地方文化相互契合，也和"南宁地铁""南宁市"名字相呼应。

（8）郑州地铁吉祥物"晶晶"。"晶晶"的设计紧紧围绕"品质地铁、智慧地铁、文化地铁"发展定位进行创意设计。在设计理念上，吉祥物将动物拟人化，强调以人为本，人与动物、自然界和谐相处的理念，体现出绿色地铁、环保地铁的信念和追求。在造型选择上，选用可爱、聪慧、稳重的"象"的形象，体现出郑州地铁智慧地铁的理念。"中"字LOGO表明"晶晶"郑州地铁吉祥物的身份，服装与地铁LOGO融为一体，标志钟鼎文很好地传达出地域文化。吉祥物头部的爱心型刘海、云纹眉毛以及心形耳朵，表明郑州地铁微笑服务、用心服务的服务精髓，体现出品质地铁的理念。在文化内涵上，"功夫象"具有浓郁的河南特色。功夫和象是河南的文化标识符号，两者结合构成"功夫象"，腿部结合河南仰韶文化代表器物彩陶双连壶壶耳造型设计绑腿，体现中原特色，寓意互通、和谐，体现出文化地铁的理念。在色彩选择上，小象晶晶选用蓝色作为主色调，代表环境优先、创新和梦想，同时也象征着沉稳、安定与和平。

第二节

济南轨道交通线网文化布局策划方案

城市轨道交通路网文化布局整体规划，应着重处理好"城市文化—路网功能—乘客体验"三者的关系，其根本目的是达到通过整体文化规划与具体设计实施，使乘客在乘坐地铁过程中，获得直观明了的换乘导引、安全舒适的乘候环境以及内涵丰富的文化体验。因此，文化布局的整体策划须遵循"从路网到站点，从整体到局部"的赋意方式。即济南轨道交通的赋意顺序为："企业整体形象文化赋意—路网整体特征文化赋意—线路差异特征局部赋意—重点换乘站点文化赋意—标准站点文化赋意—具体公共环境营造与公共设施文化赋意"等自上而下的多个层次，进而达到既全面体现济南轨道交通整体文化样貌，又充分体现具体线路、具体站点的局部文化特征，使济南轨道交通成为乘客（游客）深入了解济南独特城市魅力的"线索"与"界面"。

济南轨道交通文化整体布局可从以下三个层次进行"分层赋意"：其一，深度挖掘与济南相关的文化点，整合济南整体特征，多角度、全方位地展示济南文化底蕴与城市特征。其二，济南作为副省级省会城市，是山东省对外交流的重要窗口，有必要高度概括提炼山东省重要的文化特征，予以充分展示。其三，济南作为我省对外交流的重要窗口，具有展示我省其他地市灿烂文化的优势条件，有必要高度概括提炼我省其他15个地市的文化特征，并予以必要展示。

一、济南主要文化点的梳理

济南市，简称济，因泉水众多，别称泉城，山东省省会、全国十五个副省级城市之一，环渤海地区南翼的中心城市，山东省的政治、文化、教育、经济、交通和科技中心，山东半岛城市群和济南都市圈核心城市。

济南素有"四面荷花三面柳，一城山色半城湖"的美誉，是国家历史文化名城、首批中国优秀旅游城市，史前文化龙山文化的发祥地之一。济南北连首都经济圈，南接长三角经济圈，东西连通山东半岛与华中地区，是环渤海经济区和京沪经济轴上的重要交汇点，环渤海地区和黄河中下游地区中心城市之一。济南重要文化点梳理信息见表10-1。

表 10-1　济南城市主要文化点梳理

城市缘起与历史文脉					
北辛文化	龙山文化	岳石文化	舜耕历山	泺，趵突泉	谭国
《大东》	城子崖遗址	齐长城	齐晋之战	隋代大佛	灵岩寺
齐州	四门塔	黄河文化	儒家文化	泉城文化	济南开埠
典型城市特征					
山、泉、湖、河、城			荷花、柳树、白鹭、金牛		
城市历史名人					
墨翟	柳下惠	鲍照	闵子骞	伏生	邹衍
扁鹊	鲍叔牙	曹操	曹植	房玄龄	秦琼
辛弃疾	李清照	李格非	铁铉	丘处机	于慎行
张养浩	赵世柳	韩金甲	李开先	苏辙	罗士信
边贡	李攀龙	义净	张起岩	马国翰	娄敬
周永年	魏祥	孟让	赵慈	王士祯	郑板桥
孟洛川	邓恩铭	任继愈	王尽美	老舍	季羡林
主要人文历史遗迹及风景区					
大明湖	趵突泉	千佛山	灵岩寺	四门塔	百脉泉
明府城	五龙潭	解放阁	府学文庙	黑虎泉	马鞍山
芙蓉街	鞭指巷	王府池子	题壁堂	商埠街区	大观园
非物质文化遗产与特产					
木鱼石	鲁绣	阿胶	黑陶	鲁菜	玫瑰
鼓子秧歌	商河温泉	章丘梆子	五音戏		
科学技术与大型盛会					
中国软件名城		国家信息通信国际创新园		国家超级计算济南中心	
济南量子技术研究院		济南国际医学科学中心		济南奥林匹克体育中心	
国家历史文化名城		中国优秀旅游城市		亚洲杯足球赛	
第十一届全国运动会		中国国际园林花卉博览会		中国艺术节	

二、山东省重要历史文化集群的梳理

济南作为山东省的省会城市，是航空铁路进入山东的门户，更是山东省对外交流的重要窗口，济南轨道交通有必要高度概括提炼山东省重要的文化特征，并予以展示。因篇幅有限，山东省重要历史文化集群梳理信息见表10-2。

表10-2　山东省主要文化区域

鲁文化区					
以春秋鲁国为代表的"礼乐之国"文化，鲁国是典型周礼的保存者和实施者，因而，世人称"周礼尽在鲁矣"。以"至圣孔子"与"亚圣孟子"等儒家四圣为代表的儒家传统文化，仁、义、礼、智、信、恕、忠、孝的道德追求与"因材施教"的平民教育观					
周公旦	至圣孔子	复圣颜回	宗圣曾子	亚圣孟子	公输班	左丘明
齐文化区					
以齐桓公与管仲为代表的改革创新的发展理念，以及在这种理念下指导的造物成果与历史遗迹。中国历史上第一本手工业专著《考工记》、第一本农业专著《齐民要术》以及最早阐述服务业的专著《管子》都是在这片土地上写成的。齐文化具有开放进取、兼容并蓄的特质，是中华文明的重要渊源之一					
齐桓公	管仲治齐	北方瓷都	孟姜女	田单田横的卫国思想	牛郎织女
孙武孙膑的兵家文化	贾思勰	蒲松龄《聊斋志异》	东夷文化	焦裕禄	
东岳泰山文化区					
泰山又名岱山、岱宗、岱岳、东岳、泰岳，位于山东省中部，隶属于泰安市，绵亘于泰安、济南、淄博三市之间。泰山被古人视为"直通帝座"的天堂，成为百姓崇拜，帝王告祭的神山，有"泰山安，四海皆安"的说法。泰山是中华民族的象征，是东方文化的缩影，是"天人合一"思想的寄托之地，是中华民族精神的家园					
安泰稳定		封禅祭祀		神话传说	
黄河文化区					
龙山文化		母亲河		大河景观	

第三节
济南轨道交通视觉识别系统设计

济南轨道交通集团视觉识别系统包括标志、标准字、标准色、辅助插图、吉祥物等基础要素系统，以及票卡、名片、办公用品等应用要素系统。2014年7月，济南轨道交通集团向全球征集标志设计方案，先后共收到来自全国各地1000余件设计投稿作品。济南轨道交通集团邀请艺术设计领域知名专家进行多轮评审，并广泛征求集团员工与市民意见建议。经过综合权衡，最终选定刘东波先生设计的标志为中选方案。2017年7月，集团委托山东工艺美术学院设计团队对其方案进行优化修正，并在此基础上完成该集团公司的整套视觉识别系统设计。

一、济南轨道交通集团标志、标准字与标志色设计

济南轨道交通标志设计由"泉"字的篆书文字变形而来，图形整体形态犹如疾驰而来的列车，又如喷薄向上的泉水，象征"济南轨道交通"服务泉城市民，带动城市发展的美好愿景。

标志的中间部分"T"字母，是英文Transit的首字母，代表"交通"。下半部分为JINAN Rail Transit（济南轨道交通）的英文首字母缩写共形。"泉城蓝"醒目直观，富有现代感，象征安全便捷，"科技灰"沉稳安定，象征可信与坚定（图10-4）。

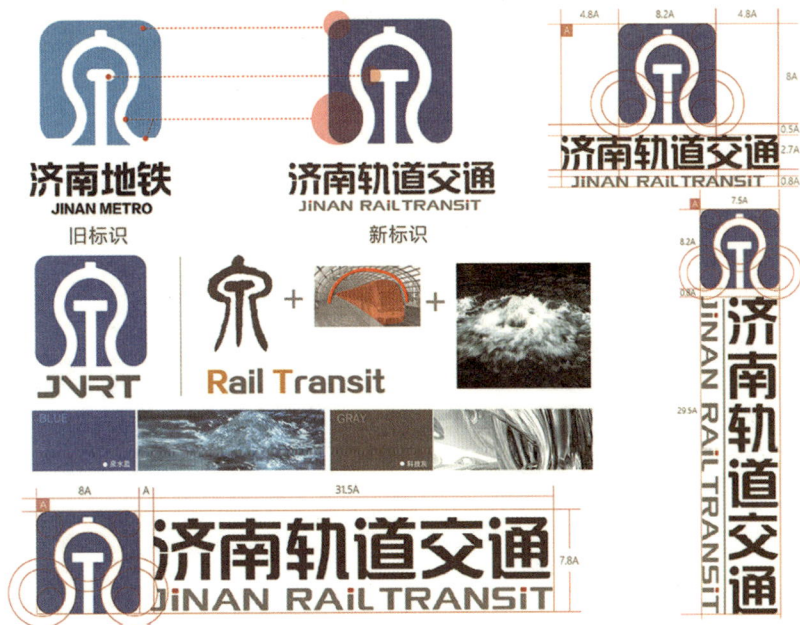

图10-4 济南轨道交通集团标志与标志色设计

二、济南轨道交通集团辅助插图设计

辅助插图画面从左至右，即"从西到东"分别撷取了山东省会大剧院、大明湖牌坊、超然楼、解放阁、泉标、绿地普利中心、轨道集

团总部大楼、奥体中心、龙奥大厦、山东博物馆、山东美术馆等典型地标，背景为千佛山，画面下部水纹象征济南七十二泉与大明湖。插图中部为济南轨道交通高架站，一组列车飞驰而过、贯穿东西，象征新时代、新动能、新交通，引领济南城市新发展。轨道交通为城市带来巨大出行便利的同时，也极大地促进了城市经济文化的发展，是城市的交通线、财富线、文化线（图10-5）。

图 10-5　济南轨道交通集团辅助插画设计　张焱

三、济南轨道交通集团吉祥物设计

"泉速"即"泉城的速度"；英文名字为"the Spring Dotey"，"Spring"除了有泉水的意思，还有春天的、欢快跳跃的意思，"Dotey"是"宝贝""掌上明珠"的意思，"the Spring Dotey"直译为"泉水宝贝""春天宝贝"或者是"活泼的宝贝"等意思，一语双关，产生联想解读。

"泉速"采用拟人化的设计手法，将济南轨道交通与泉城地域特征紧密地结合在一起，生动展示济南轨道交通集团的企业性格；将"泉速"设计成一个活泼可爱的孩子，体态圆润，充满速度与科技感。吉祥物头部是对济南地铁车头的概括提炼，红色象征喜庆热烈，绿色象征生机勃勃，耳部是车窗形态；颈部嵌入济南市花——荷花元素，胳膊侧面体现市树柳树的叶子元素，腰带为济南地铁标志，脚踝处为济南泉水的概括提炼。"泉速"就成了头顶地铁车头、颈部荷花盛开、腰系企业标志、臂嵌泉城柳叶、脚踏泉水而歌的吉祥宝贝（图10-6）。

吉祥物二维设计

吉祥物姿态设计

吉祥物立体设计

吉祥物人偶设计

吉祥物设计示意

车头

荷花
标志腰带
泉水

车窗

柳树

图 10-6　济南轨道交通集团吉祥物"泉速"设计　张焱

四、济南轨道交通集团应用要素设计

济南轨道交通集团应用要素设计主要包括信纸、便笺纸、名片、徽章、通本首日封、通本纪念票（卡）、屏保背景、光盘封、邀请函、工作证、通勤卡等类别（图10-7~图10-9）。

图 10-7　济南轨道交通集团应用系统设计　张焱

图 10-8　济南轨道交通集团应用系统视觉设计　张焱

图 10-9　济南轨道交通集团应用系统设计　张焱

济南轨道交通集团文创产品主要包括首通纪念封设计、磁卡与纸质纪念票设计、邀请函设计、鼠标、鼠标垫、U盘、充电宝、口杯、签字笔、笔记本、胸章、手机壳、钥匙扣、冰箱贴、日历、抱枕、手提袋、书签、纪念品礼盒套装等类别（图10-10、图10-11）。

图 10-10　济南轨道交通纪念品设计方案　张焱

图 10-11　济南轨道交通纪念品设计方案　张焱

第四节

济南轨道交通附属设施设计

一、济南轨道交通附属设施设计总体思路

济南轨道交通 R1 线，在前期高架站与地下换乘空间环境设计中，前期预置的主要设计风格为"儒风素语"，即强调以清水混凝土的质朴风格，去体现建筑结构之美。济南市轨道交通附属设施设计，其目的

是在改善城市面貌与市民出行条件，有效发挥公共设施效能的同时，着力将其打造成为继承历史文脉、体现城市文化特征、反映城市经济科技发展水平的城市名片。

济南轨道交通附属设施设计主要包括特色站出入口设计、标准站出入口设计、风亭设计、配套公共设施设计等几大部分。设计方案遵循整体规划、分步实施的原则。依托济南市历史文化特征，以"五纵四横一环"十条线路为线索，在设计过程中体现主次得当、线线有主题、站站有特点；层级明确、综合呈现城市整体特征的基本思路。济南城市轨道交通附属设计的文化营建，在突出功能性与文化性的同时，兼顾其实施成本，根据门户站、换乘与特色站、标准站三个级别，在赋予其各异文化特征的同时，尽可能体现标准化、批量化的实施方式。

在实际设计过程中，标准站基础设计与形态全网通用，但在局部区域附着差异化特色文化点；换乘站与旅游景点的特色站单独设计；重点打造门户站；公共设施与导识系统设计全网通用，局部色彩根据线路色予以变化。这样可以标准化、批量化设计实施，成本适中；标准站局部附加相应文化点，也可以提高辨识特征与文化丰富度。

二、标准站出入口设计方案

济南轨道交通标准站出入口设计，继续延续了济南轨道交通整体环境"儒风素语"的设计风格，以"清水混凝土＋玻璃幕墙＋金属构件"为主要材质；设计以"基础形态＋特色文化元素"的思路，以济南市市花——荷花、市树——柳树为典型符号，归纳概括出入口的基础单元造型特征，并在玻璃幕墙侧面添加相关站点的特色文化信息，使其在保持标准站出入口造型统一的基础上，兼顾不同站点的文化差异性。以下以R1线和M1线为例展开设计方案。

（一）R1 线相关站点出入口与风亭设计方案 ❶

R1线是济南最先建成并最早通车的线路，它连接济南西客站——长清大学城——世界园艺博览会主园区——高新区创新谷等重点区域。R1线经停区域目前主要是高校云集、青年创业最为密集的区域。因此，本条线路的文化特征定义为"科教创新线"，标准色设定为"丁

---

❶ 风亭是地铁车站或其他地下建筑的通风设施，对地下环境起到通风、换气、净化的功能。风亭按使用功能的不同分为：新风亭、排风亭和活塞。

香紫",主要以科学、技术、教育、创新等元素予以综合表现。鉴于该线路的上述文化定位,以本条线路大杨庄站、王府庄站、演马庄西站3个站点的出入口设计为例,其出入口及风亭设计分别加入了文化规划中的"计算机程序语言源代码""电子集成线路板"以及"曹操演马"❶三个文化元素,使三个站点既风格统一,又相互区别。

大杨庄站出入口基本构造为"出入口+高风亭"形式,其尺寸构造在前期建筑结构设计中已被框定。本设计是在原结构设计的基础上进行深化,因此,不能改变其结构预留尺寸。设计的前端为向后伸展的荷花花瓣形态变形;后部为"金属框架+玻璃幕墙",从而保证出入口内部最大限度的采光;出入口顶部为柳树枝条形态的金属框架,在加固顶部玻璃的同时,也丰富了出入口内部空间的光影变化;出入口侧面玻璃幕墙根据具体站点的文化特征,设置不同文化内涵的铝单板雕刻件。例如,大杨庄站为"01"组成的计算机语言图案;而王府庄站侧面玻璃幕墙上的铝单板图案则为电子集成线路板图案;演马庄西站是对济南籍艺术家韩美林所绘画的"马"的进一步提炼。高风亭同样以清水混凝土为主要材质,侧面为书脊穿插形态,绿色铝单板为柳枝形态的抽象变形(图10-12)。

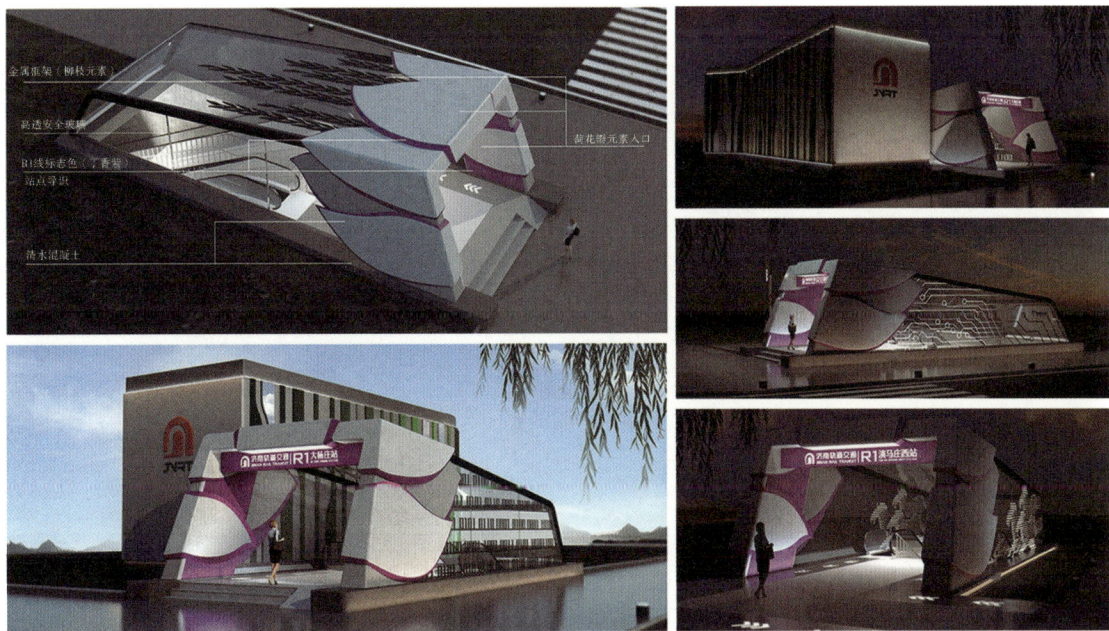

图10-12 济南轨道交通R1线标准出入口设计方案 张焱

---

❶ 东汉末年,曹操因镇压黄巾军有功,被封为济南国相。据传,他曾经在今天的济南市槐荫区演马庄训练骑兵,演习马战,因此此地被称为"演马庄"。

（二）M1 线相关站点出入口与风亭设计方案

M1线串联济南西站、济南站、济南新东站三大铁路客运枢纽，途经西部新城行政与文化区、中部城市核心区与新东站发展区。线路连接山东省人民政府驻地、山东省委旧址、大明湖、趵突泉、泉城路、泉城广场、山东大学等重要的历史文化景观。是横穿济南核心区、贯通东西的中心线路。因此，本条线途经区域，最能代表泉城济南独特的人文历史风貌。本条线路的文化特征为"行政轴心线"，线路标志色选用"复兴红"。鉴于该线路上述文化定位，本案以商埠西区站、经一纬六站、官扎营站3个站点的出入口为例，设计M1线标准出入口。出入口仍以"清水混凝土+玻璃幕墙"为主要材质，间或使用实木线条，在视觉感受上更加亲切温暖。整体形象是对传统北方建筑的重构变形，通过对屋脊与房檐形态的提炼，呈现老济南民居的错落穿插之感；屋脊形态通过提炼，也似垂柳；出入口侧面荷花形态通过概括，由铝单板雕刻成型（图10-13）。

图 10-13　济南轨道交通 M1 线标准出入口设计方案　张焱

三、特色旅游站点的出入口设计方案

（一）大明湖站

大明湖站为M1线重要站点，其前后为济安街站和县西巷站，是济南核心景区站。大明湖、趵突泉与千佛山并称济南三大名胜，是游客必去的旅游景点之一。按照本案济南轨道交通附属设施设计的总体思路，大明湖站作为核心景区的旅游特色站，可以与标准站相区别，在外形结构上进行特色化设计。本方案文化主题撷取济南典型城市景观"佛山倒影"，即以大明湖为"镜"，映千佛山于湖水之中，并将现代城市融入其中，湖光山色，山水相接。本设计选取济南民居典型的"如意门"为主要造型符号，通过线形铝单板进行概括提炼；出入口侧面玻璃幕墙设置经线条抽象提炼的千佛山剪影，与出入口两侧水池形成倒影关系；两侧水池遍植荷花，进一步体现济南特色。大明湖站出入口设计风格，可向该景区周边的历山北路站、花园路西站等经停站点延展，形成大明湖景区周边独特的地铁出入口景观特色（图10-14）。

图10-14　济南轨道交通特色旅游站出入口设计方案　张焱

（二）洪山路站

洪山路站是M3线重要站点。M3线经跻突泉、千佛山等风景名胜区，同时经停多个大型商圈，与M1线基本成并行走向。该条线路被定义为"魅力旅游线"，以橙色体现泉城活力。洪山路站附近为济南东部新城文化中心，有山东省博物馆、山东美术馆等文化单位。因此，洪山路站可延续周边建筑主要特征。山东省博物馆、山东美术馆建筑外立面采用清水混凝土及素面大理石材质，山东美术馆外立面以斜切面造型为主，建筑风格非常独特。洪山路站出入口基本造型风格延续山东美术馆斜线切割的造型风格，外立面以清水混凝土为主要材质，与周边环境建筑风格保持一致（图10-15）。

图 10-15　济南轨道交通洪山站出入口设计方案　王健

（三）龙奥站

龙奥站、奥体中心西站、奥体中心东站三站，共同环绕济南奥林匹克体育中心。济南奥林匹克体育中心是济南规模最大的体育场馆建筑群，是我国第十一届全国运动会的主场馆。济南奥体中心总体呈"三足鼎立""东荷西柳"布局，功能上满足全国运动会和世界单项体育赛事的要求，设计上成为具有浓郁地方文化特色的标志性建筑。龙奥站出入口外立面使用清水混凝土挂板，外形提取荷花与柳叶形态，与奥体中心"东荷西柳"的设计风格保持一致，并体现简洁现代的审美特征（图10-16）。

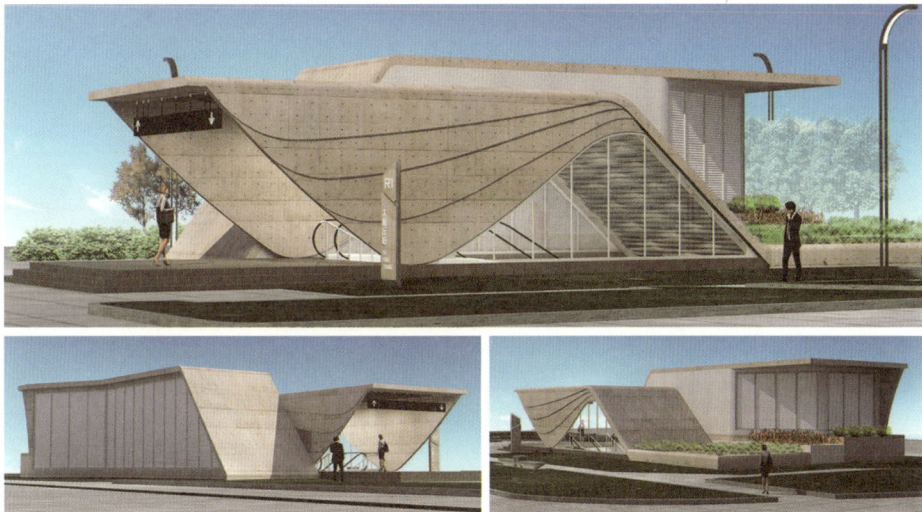

图 10-16　济南轨道交通龙奥站出入口设计方案　王健

（四）会展中心站

　　会展中心站是M1线经停站点，其站点附近有山东国际会展中心、泉城大剧院、济南美术馆，是济南西部文化中心。山东国际会展中心目前是济南规模最大的会展单体建筑。会展中心站出入口设计延续清水混凝土与玻璃幕墙为主要材质；造型简洁利落，与西部新城区的整体风格保持统一。高风亭与出入口在造型上相互映照，错落交互，与其旁边的山东国际会展中心，在建筑风格上也保持一致（图10-17）。

图 10-17　济南轨道交通会展中心站出入口设计方案　王健

第五节

济南轨道交通公共设施设计

本案所涉及的济南轨道交通配套公共设施设计，主要与 R1 和 M1 两条线路相匹配。R1 线强调现代、时尚、科技的设计风格，M1 线着重体现传统城市文脉特征。因此，与之相匹配的公共设施设计，就形成了两种截然不同的风格。公共设施设计方案分别包括站外路灯、站外指示牌、站内指示牌、公共座椅与分类垃圾桶五类单体。

一、设计方案 A

本方案"信息指示牌"的造型元素主要借鉴电子集成线路板的转折角度，以及记事本侧签元素；表面肌理呈现出集成线路板的像素感，以及细胞单元的节奏感。公共座椅采用不锈钢管材闭合阵列成面。座面分为高低两级，以配合不同身高的市民使用；高层的凸起部分象征"山"，周边线条象征"水"；矮座面以木材质为主，冬季使用更加温暖（图 10-18）。

图 10-18　济南轨道交通 R1 线公共设施设计方案　张焱

二、设计方案 B

本方案文化主题提取于济南典型城市景观"佛山倒映",即以大明湖"镜"映照千佛山于湖水形成倒影,湖光山色,山水相接。指示牌侧面形态是对"山"形的概括提炼,正面下部是嵌有济南市花"荷花"的线形形态。公共座椅仍使用不锈钢管材横向阵列,并与木质荷叶形态相结合。座椅中段线条,在造型上呈现错落起伏状,与周边线条共同表现"山水"景致。从使用角度考虑,保证了使用者不能平躺在座椅之上,防止公共设施使用过程中的不文明现象(图10-19)。

图 10-19　济南轨道交通 R2 线公共设施设计方案　张焱

三、设计方案 C

本方案造型元素主要提取传统北方建筑中的"飞檐"与"角花"形态,根据公共设施功能形态的需要进行重构;下部配合使用荷叶造型元素,体现城市特征。公共座椅的设计更加体现中式风格,主要材质为石木结合(图10-20)。

图 10-20　济南轨道交通 M1 线公共设施设计方案　张焱

思考与练习

1. 结合本章内容，为所在地特定企业设计一款吉祥物。

2. 结合本章内容，为所在地特定企业进行文创产品设计开发。

第十一章
兰陵文创产品设计全案

第一节
兰陵前期重要文化点梳理

兰陵县隶属于山东省临沂市，地处山东省南部，东接山东省郯城县，西连枣庄市，南部与江苏省邳州市接壤。兰陵历史悠久，名人辈出，有2200多年的置县史，是全国为数不多超过2000年的历史古县。

公元前567年，鄫国为莒国所灭，后莒国又被鲁国灭，鄫地为鲁国所辖，鲁国设有向、次室、鄫（今车辋）诸邑。吴越争霸时，兰陵先后为吴越属地。后楚灭越国与鲁国。公元前261年，楚国占领兰陵，置兰陵县。楚国春申君曾委任荀子为兰陵令，荀子后半生在兰陵生活，死后葬于兰陵。

此外，兰陵萧氏、王氏是魏晋时期著名的士家大族，其中西汉关内侯萧望之，南北朝时期的南齐开国皇帝萧道成，皆是兰陵萧氏一脉。而汉魏之际经学家王朗、东晋时期帮助司马睿建国的王导、王敦兄弟，则皆出自兰王氏一脉，琅琊王氏与东晋皇室势均力敌，甚有"王与马，共天下"之说，琅琊王氏进入极盛时期。与兰陵相关的名人还包括北齐"兰陵王"高长恭，《金瓶梅》作者兰陵笑笑生等。

兰陵境内有文峰山、荀子陵、后圣庙、兰陵文化广场、兰花雕塑、博物馆、大蒜塔等地标性建筑。

一、兰陵之"美"

"高陵沃土，水甲一方，兰草繁茂，郁金飘香"十六字道出兰陵之美。兰陵之美，可谓"人杰、地灵、酒香"。

兰陵名人中脍炙人口的莫过于北齐"兰陵王"高长恭。高长恭（541—573年），本名高肃，字长恭，北齐神武帝高欢之孙，文襄帝高澄第四子，是中国古代四大美男之一，且出身高贵、才貌俱佳、文武双全（图11-1）。邙山之战时，敌人因高长恭美貌而不惧，高长恭头戴面目狰狞的面具掩其美貌，率领五百骑兵突破北周军包围圈，成功解围金墉城。从此威名大振，为歌颂兰陵王的战功和美德，士兵做《兰陵王入阵曲》。初唐时唐太宗李世民《秦王破阵曲》即根据《兰陵王入阵曲》改编。

相传楚国大夫屈原在途经兰陵时，见兰陵土地丰饶富足，山野遍

（a）电视剧《兰陵王》剧照　　　　　　（b）邯郸市磁县兰陵王高肃墓

图 11-1　不同形式的"兰陵王"形象

布兰花，将此地取名为"兰陵"。在我国传统文化中，兰花通常被视为淡泊朴实、高雅纯洁、坚贞不屈的象征。孔子观物比德，赞颂兰花有君子之道，王者之气。历代文人墨客偏爱种兰、赏兰、咏兰和写兰，有着挥之不去的兰花情结。

诗仙李白一生好酒，其《客中行》中的"兰陵美酒郁金香，玉碗盛来琥珀光。但使主人能醉客，不知何处是他乡"道尽了兰陵酒香。李时珍在《本草纲目》中评价兰陵酒为"兰陵美酒，清香远达，色复金黄，饮之至醉，不头痛，不口干，不作泻。共水秤之重于他水，邻邑所造俱不然，皆水土之美也，常饮入药俱良"。事实上，兰陵的确盛产美酒，相传曲烈的父亲杜康便是酒的发明人，一说"曲烈"二字也与酒有关。兰陵酒的酿造史同中国的青铜器一样古老，古卜辞中"鬯其酒"便是兰陵酒的最早记载，迄今已有3000多年的历史。1995年秋，江苏徐州狮子山西汉楚王墓发掘中出土了具有2148年历史的兰陵酒。出土的陶制球形坛内，泥封上印有"兰陵贡酒""兰陵丞印""兰陵之印"戳记，保存完整无缺，进一步印证了兰陵3000年的酿造历史（图11-2）。

二、兰陵之"文"

图 11-2　兰陵博物馆保存的
"兰陵之印"戳记

在兰陵文化名人之中，最著名者莫过于荀子。荀子，名况，字卿，战国末期赵国人（今邯郸人），承儒启法，是思想家、文学家、政治家，时人尊称"荀卿"。荀子主要学习子弓之儒，相传师从宋钘，后半生长期在齐鲁两国游历居住，曾三次出任齐国稷下学宫的祭酒，后为楚兰陵令，逝世葬于兰陵。因此，今天兰陵仍建有后圣庙，供后人瞻仰凭吊。荀子虽师从儒家，但对儒家思想有所发展。在人性问题上，荀子提倡性恶论，主张人性有恶，否认天赋的道德观念，强调后天环境和教育对人的影响。战国末期法家代表人物韩非子、秦丞相李斯、汉初丞相张苍等，均是其门下弟子。荀子通过其学生积极入世、政治改革，对秦汉时期的历史文化走向产生了重要影响，被后世尊为"后圣荀子"（图11-3）。

图 11-3　荀子像

三、兰陵之"俗"

自夏商周以来，兰陵便是华夏文明的核心区，因其独特的地理位置，又是古代兵家必争之地。东周时期，中国进入五百多年的诸侯列国攻伐兼并时期，兰陵先后隶属莒、鲁、吴、越、楚等诸侯国，因而在文化习俗上既有周鲁底蕴，也有吴楚特征。自西晋"八王之乱"后，司马氏在北方统治解体，北方士族开始随东晋皇族南迁，兰陵之地风俗随之发生改变。至魏晋南北朝之后，兰陵民俗风情又再次呈现大一统的中原文化特征。就今天而言，兰陵风土民俗处于鲁、苏之间，既有鲁南文化风貌，又有苏北文化特征。

1.兰陵猴呱哒鞭舞

兰陵猴呱哒鞭舞，也称"兰陵猴舞"。起源于明末清初，是兰陵县兰陵镇一带特有的民间传统舞蹈。明清两代时，今兰陵县治域被沂州府兰山、费县、郯城三县分割，经济形式以农业生产为主。当遇到灾年，农民为了糊口，往往全家外出乞讨，猴呱哒鞭舞便是在这种情况下逐步兴起。此舞一般为两名表演者，男性演员猴子扮相，手拿打花棍，也就是所谓的鞭，鞭是用竹子特制的，里面的竹节全部打通，串上铜钱，打起来会发出哗啦哗啦的声响。女性演员手拿竹板敲打节奏，并吟唱民间小调。"兰陵猴舞"是旧社会荒年间农民不得已的乞讨谋生手段，后逐步加入舞蹈、戏曲、武术等元素，成为地方独特的非物质文化遗产（图11-4）。

2.小郭泥塑

小郭泥塑因以兰陵县兴明乡小郭村而得名，兰陵县以前曾为"苍山县"，因而，"小郭泥塑"也称"苍山泥塑"。"小郭泥塑"相传起源于清代咸丰年间，其泥塑人物生动夸张、色彩鲜艳、生动传神，是具有深厚乡土文化的民间非物质文化遗产（图11-5）。

"小郭泥塑"雕塑题材多取自戏曲故事、小说话本及民间传说，如

图 11-4 兰陵县猴呱哒鞭舞

图 11-5 兰陵县小郭泥塑

"杨家将""孙悟空与猪八戒""白蛇传""牛郎织女""梁祝""七品芝麻官""三国演义""财神""观音菩萨""罗汉""寿星"等,也有仕女、娃娃。娃娃样式多种多样,如髻娃娃、抱鸡娃娃、抱鱼娃娃、响娃娃(带哨音的)等;动物题材多以如老虎、猴子、鸡、狗、牛、马、羊为主,也有人和动物在一起的,如骑马人、武松打虎、麒麟送子等。这些题材家喻户晓、吉祥生动,概括夸张,深受当地百姓的喜爱。其彩绘多以泥模涂白作底,再根据形象需要,涂以胶水调出的大红、桃红、翠绿、黄、紫等较鲜艳的颜料,最后用墨来"提神",体现了我国民间彩绘的艺术特征。

四、兰陵之"产"

1. 苍山牛蒡

牛蒡，又名大力子、东洋参，为桔梗目菊科牛蒡属植物。隋唐时期，日本从中国引进牛蒡并经过改良，已成为日本广受欢迎的健康食品之一。牛蒡药用价值极高，含有丰富的菊糖、纤维素、蛋白质、钙、磷、铁等多种维生素及矿物质，其中胡萝卜素含量比胡萝卜高150倍，蛋白质与钙的含量为根茎类之首。牛蒡丰富的氨基酸、多种多酚物质及醛类还具有提高人体免疫力等功效，对一些疾病具有一定的控制作用。

1980年，牛蒡开始商品化种植，由于兰陵庄坞镇的环境和土质极适宜牛蒡的生长，品质和产量均很优越。因此，兰陵县农企与日本达成合作，使牛蒡实现商品化种植，并逐步形成一系列的产业链。

2. 苍山大蒜

在兰陵特定的生态环境条件下，经过长期自然选择和人工培育，逐渐形成了苍山大蒜品种。蒜为白皮，头大瓣齐，皮薄如纸，清白似玉的特点，兰陵逐步成为我国的大蒜之乡。

第二节
兰陵文创产品设计开发

通过对兰陵县前期调研与重要文化点的梳理，我们逐步将本案文创产品开发题材聚焦于以文峰山、荀子陵、后圣庙、兰陵文化广场为代表的典型地标建筑；以季文子、荀子、兰陵王等为代表的历史文化名人；以兰陵美酒、牛蒡、大蒜等为代表的兰陵特产；以猴呱哒鞭舞、小郭泥塑等为代表的兰陵典型民俗文化等要素上。并通过以"文"为礼、以"名"为礼、以"人"为礼、以"俗"为礼、以"器"为礼的基本思路，开发如下五个系列共10个类别的文创产品。

一、以"文"为礼的系列文创产品

兰陵文创产品设计开发中的以"文"为礼，可指将历史文化遗产中的典型符号转化为功能产品的"礼"，也可指将典型的文化用品、文具等，赋予当地独特文化信息而为"礼"。本例即是上述两个开发思路的综合呈现。

荀子作为中国重要的思想家、文学家及教育家，在我国思想文化史上占有重要位置。如何将荀子的形象与兰陵相关的文化符号更为紧密地结合在一起，进而使相关文化产品融合古今，呈现出浓郁的兰陵特色成为关键。以"文"为礼系列文创产品包括兰陵全景插画设计、移动电子设备壳套设计、"古风"折扇设计、"规矩"学习用品套装设计、"劝学"铅笔套装设计4个类别产品。

我国自古即有以高度概括提炼手法，在意象上反映"国家与城市"为主题的绘画，如宋代王希孟的《千里江山图》，张择端的《清明上河图》。前者构建了意念上的北宋帝国秀丽风雅的千里江山，后者则描绘了北宋东京汴河两岸的市井民俗与京都繁华，均是国宝级的名画。

具体操作中，高度概括提炼的手法非常重要。在今天的媒体传播样式中，不希望着墨过多，却能反映一个城市的整体特征，达到使人一目了然，过目不忘的效果，仅凭VI设计中的辅助图形显然过于单薄，而力图使用一个城市的旅游地图或景点宣传册则又显太过直接、繁复。因此，以自然风光与典型建筑为主题的全景画，最容易全面充分地表现城市整体风貌与独特气派。构思巧妙、高度浓缩、绘制精美的全景插画，既可广泛运用于各类纸质与电子媒体中，也可以作为丝织品、印刷品、包装品的插画底纹，形象统一，且具有丰富的拓展性。

兰陵全景插画的背景为层峦交错的蒙山山脉，蒙山山脉所特有的"方山地貌"，是中国所独有的特异地貌景观，中国地理学会依据山东省临沂市蒙阴县岱崮镇有全国最集中的崮形地貌现象，将其定名为岱崮地貌，这是中国第五大岩石造型地貌（图11-6）。

图11-6　沂蒙地区岱崮地貌

兰陵文峰山处于蒙山山脉，是典型的"岱崮地貌"。文峰山原名"神峰山"，因春秋时期鲁国执政大臣季文子设兰陵为次室邑，在此执政期间，清正廉洁，勤政为民，去世后葬于此山，后世为纪念他将"神峰山"改为"文峰山"，山上有"季文子墓""季文子庙"等遗址。

此山非彼山，以岱崮地貌特征所绘制的文峰山，不注自明，清晰地表明了兰陵的地理位置。

兰陵也是伟大思想家荀子后半生治学为政的生逝之地，兰陵荀子陵与后圣庙不仅是纪念荀子的丰碑，也是兰陵重要地标。大蒜塔是全国为数不多的，以地方特产命名建造的标志性建筑，形制虽古，立意弥新。兰陵文化广场中的大剧院与兰花雕塑，则是现代兰陵的城市地标，与兰陵博物馆、复兴号动车、C919国产大飞机一起，共同构成了一幅跨越千年，历久弥新，传统与现代包容并蓄、相映生辉的兰陵全景画卷（图11-7、图11-8）。

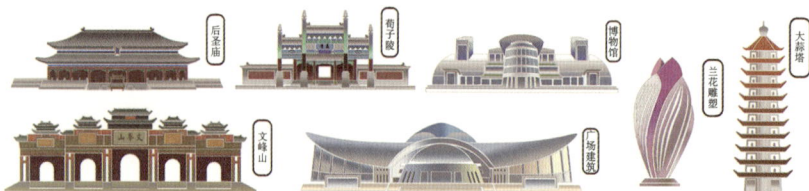

图11-7　兰陵标志建筑插画设计　张焱

图11-8　兰陵全景插画设计　张焱

兰陵全景插画左侧的阴文篆刻图章，为兰陵博物馆馆藏西汉楚王墓发掘出土的酒坛上的"兰陵之印"泥封印记，可谓历史悠久，古朴大气。

将兰陵全景插画进行相应的构图调整和元素增减，可广泛应用于手机、平板电脑壳套，木质学习用品的表面印刷，以及绢帛折扇的扇面图案。如本例中的兰陵折扇，其正面设计了两种风格的插画，一幅为荀子抚琴于兰陵山水之间，远处为文峰山，近处为兰花，充满了东方绘画的空灵清寂。而另一幅扇面插图则直接在兰陵全景插画的标准版中添加了荀子的形象元素。折扇背面以荀子《劝学》篇名句为内容

图 11-9 兰陵文创产品设计开发 张焱

的书法作品，彰显中华文化魅力，感受中国书法艺术之美（图 11-9）。

"竹简铅笔"是曲阜文创产品设计案例的深化。竹简是古代用来写字的竹片，是我国魏晋之前特有的书写材料，富有浓郁的东方文化神韵。本案的竹简铅笔与曲阜文创案例中的相关设计有所不同：铅笔支数由 24 支调整为 32 支，对应《荀子》三十二篇；每支铅笔对应一句《荀子》中英文名句，并将麻线的连接方式调整为兰陵独特的兰花粗布套装方式，可成套销售，也可单独使用，使其更具兰陵特征。

二、以"名"为礼的系列文创产品

兰陵之名，得之于"兰"；兰陵之美，美之于"兰"。兰花为兰陵注入了独特的气质。因此，兰陵总是给人以"兰之猗猗，扬扬其香。不采而佩，于兰何伤"之感，是文人的风雅家园，君子的精神乐土。所以，兰花是表现兰陵最为重要的超级符号，典型意象。本案以兰花为原型，设计了两套文房四宝及一套梳妆礼盒，以此兼顾不同性别、不同爱好的使用者。传统文房四宝包括徐公砚、朱砂盒、镇纸、笔搁、裁纸刀等系列产品；而另一组则是记事本、签字笔、U盘、壁纸刀为主的现代办公用品套装。

"兰"文房四宝套装皆采用临沂徐公砚的传统技艺。徐公砚是鲁砚中的重要品种，与端砚齐名。早在唐宋时期即负盛名，唐代颜真卿、柳公权，宋代欧阳修、苏轼、米芾等文人巨子，在其有关著述中对徐公砚皆有很高的评价。徐公砚的材料——徐公石主要产自沂南县青驼

图 11-10 "兰"文房四宝文创产品设计 张焱

镇徐公店村，是独有的武岩层岩石。其石质坚硬，密度极高。叩之清脆，其声如磬，着手生润，滴水不干，下墨如挫，磨墨无声，发墨如油，色泽鲜润，且不损笔毫，堪称砚石材中之上品（图11-10）。

本案文房四宝设计采取了金石结合的材质搭配方式，将铜材与墨石结合。采用抽象提炼，高度概括的方式，表现兰草与兰花，盖之于山，畔之于水。如砚台的形态即是对山水的高度概括；而笔搁的形态，则是采用对文峰山岱崮地貌的抽象提炼，使之形成既温润含蓄、生动流畅，又简洁规整、坚实饱满的视觉特征。

现代办公用品系列套装设计则呈现出更加现代的视觉感受。记事本封套采用兰陵大仲村蓝印花布。大仲村蓝印花布肇始于清嘉庆年间，是相氏家族世代相传的工艺，至今已五代。大仲村蓝印花布的制作技艺精细，工序严格，尤其在染色阶段特别讲究，染第一遍为"月白"，第二遍为"二蓝"，第三遍为"鸦青"，每一匹布都要反复10多次，故有"三分印七分染""青出于蓝而胜于蓝"之说。签字笔、U盘、壁纸刀则采用铜材质，其形态是对兰陵文化广场的兰花雕塑进一步提炼变形（图11-11）。

整套梳妆礼盒包括梳、镜、簪三件，皆选用檀香木。檀香木呈黄褐色或深褐色，时间长则颜色稍深，光泽好，香气醇厚，经久不散，因此较适合作为梳妆用品材质。梳、镜、簪三件产品的形态符号仍是对兰花的提炼概括，其中发簪为兰花盛开，兰草舒展的形态所构成（图11-12）。

图11-11 "兰"现代办公用品套装设计 秦文艺

图11-12 "兰"淑装礼盒套装设计 张焱

三、以"人"为礼的系列文创产品

与宋玉、潘安、卫玠的风雅相比，兰陵王高长恭更多地呈现出了男性应有的阳刚之美。《兰陵王入阵曲》是有史以来记载的第一部"舞剧"，并极大地影响了此后东亚地区戏剧的发展样式。源光在《大日本史》记载"本朝所传乐制，五音六律，盖始受之于隋唐"，唐时传入日本的《兰陵王入阵曲》保留了几分真实面貌。

因此，风华绝代却又隐藏于面具之后的兰陵王究竟有多美，则是一个完全无法考证的问题。我们可以通过以局部代整体的设计方式，以表现"兰陵王面具"的形式，去表现兰陵王本身，并增强其产品的交互性。

"兰陵王面具"分青铜与黄铜两种材质，其基本形态特征主要来源于三星堆遗址青铜人面像以及商周青铜器上的饕餮纹形态。但面具并非只是将二者的形态语言进行简单地拼合，而是力图使用与现代流行文化与审美特征接轨的形式语言。面具的整体造型语言趋于简洁化、规则化，其形态虽头部长角，口露獠牙，但尽量避免狰狞恐怖之感，给人以均衡、稳定、安全、现代的视觉感受（图11-13）。

图 11-13 "兰陵王"面具设计 张焱

四、以"俗"为礼的系列文创产品

在兰陵较多的非物质文化遗产中，猴呱哒鞭舞与小郭泥塑最为典型，充满了浓郁的乡土气息。文化主题的多重赋意，文化特征的鲜明浓缩，是文创产品设计构思的重要原则。因此，本设计将猴呱哒鞭舞与小郭泥塑予以组合。猴呱哒鞭舞是主题，而小郭泥塑则是表现这个主题的艺术形式。另外，传统民间泥塑面临生产加工与包装方式向现代化、标准化转化的问题。本设计通过现代设计语言，对兰陵猴舞的人物形象进行再设计，既遵照小郭泥塑的形式语言风格，重点提炼猴舞人物的典型形象及标志动作，通过改进生产加工方式及包装形式，使小郭泥塑更加精致，也更有现代感（图11-14）。

图11-14　兰陵猴舞泥塑玩具套装设计　张焱

五、以"器"为礼的系列文创产品

兰陵是全国著名的大蒜之乡。蒜作为中国北方民众餐桌上不可或缺的调味食材，是北方饺子、面条等面食的最佳"伴侣"。蒜可成瓣生吃、也可腌制糖蒜、腊八蒜，制作蒜蓉辣酱，熬制蒜油等。

本设计以北方饺子食用过程为设计线索，一般情况下，北方人吃饺子时，多会准备蒜、醋作为蘸料。蒜可用"一口饺子一口蒜"的方式整瓣生吃，也可以使用蒜臼子用蒜锤将其捣成蒜泥，与醋搭配成蘸料食用。因此，兰陵大蒜餐具套装正是结合以上食用特征，以兰陵大蒜为造型语言，与北方饺子常用的食器功能结合，设计出蒜白子（捣蒜罐）、蒜罐、醋瓶、饺子盘、汤碗、醋碟、筷枕等食器（图11-15）。

图 11-15　兰陵陶瓷餐具套装设计　张焱、秦文艺

思考与练习

结合本章内容，为特定区域（市县）进行系列文创产品设计开发。

第十二章
复圣文创产品设计全案

第一节

宁阳文创产品前期调研与文化主题确定

一、本项目前期文化调研

本项目为宁阳县文化和旅游局委托项目。山东省泰安市宁阳县位于鲁中偏西，泰安市南部，东邻新泰市，西连汶上县，南与兖州区交界，东南与曲阜市、泗水县接壤，北以大汶河为界与岱岳区、肥城市相望。县城处于泰山、曲阜、梁山旅游三角中心位置。宁阳县历史悠久，境内地势东高西低，东部多为低山、丘陵，西部多为平原，主要地貌类型有低山、丘陵、平原和水面。宁阳县属暖温带湿润季风性气候区，四季分明。

根据对宁阳县历史文化及产业资源的前期调研，可以发现：宁阳县虽不具备典型的自然景观风貌与自然矿产资源，但宁阳是"复圣颜回"故里，处于泰山、曲阜、梁山旅游三角中心位置，具有明显的区位优势。该县宁阳斗蟋、伏山剪纸、拉魂腔、弦子戏、木偶戏、朱氏唢呐演奏、四八宴席及酒礼、彩粽及送粽习俗等，均是较为独特的非物质文化遗产，在山东省内及周边区域具有较强代表性。因此，可以将宁阳县定位为以"复圣颜回"为代表的知识学习与民俗体验的旅游类型（表12-1、表12-2）。

表 12-1　宁阳县区域历史文化资源

自然景观	神童山省级森林公园
区域历史	宁阳县域春秋之前属鲁国，秦时县境属薛郡，西汉高祖时置县。隋开皇十六年（596年），县名改为龚丘，属鲁郡。金大定二十九年（1189年）复名宁阳，属山东西路兖州，此后县名沿用至今
民间传说	复圣传说、宁阳"鲁义姑"传说、王永宁妙手回春的传说、宁阳彩山传说、大禹治水的传说
历史名人	复圣、王章、羊鸭仁、于禁、夏侯胜、夏侯建、刘桢
民间习俗	神童山梨花会、四八宴席及酒礼、彩粽及送粽习俗
民间技艺	伏山剪纸、宁阳斗蟋
民间艺术	拉魂腔、弦子戏、木偶戏、渔鼓、朱氏唢呐演奏
文化遗迹	禹王庙、彩山、颜庙、文庙、鹤山、神童山省级森林公园、复圣广场

表 12-2　宁阳县区域产业资源

自然矿产资源	境内探明的金属和非金属矿藏有 30 多种，主要有煤、铁、金、石英石、钾长石、水晶石、云田、铝土、硅石、石膏、花岗岩、石灰岩、硫磺、陶土、耐火土、砂子等
农副土特产品	乡饮粉皮、宁阳蟋蟀、宁阳木偶
手工艺产品	彩粽制作技艺
民用产品生产	（无代表性企业）

二、基于设计主题的题材选择

（一）复圣颜回

颜回（公元前 521—公元前 481 年），曹姓，颜氏，名回，字子渊，鲁国人（相传今宁阳鹤山镇泗皋村人），居陋巷（今山东省曲阜市旧城内的陋巷街，颜庙所在之地），春秋末期鲁国思想家，孔门七十二贤之首（图 12-1）。十三岁拜孔子为师，为人谦逊好学，终生师事之，是孔子最得意的门生。

颜回的一生，大多为追随孔子奔走于六国，归鲁后亦未入仕，而是穷居陋巷。他生活于天下大乱、礼崩乐坏的社会，在儒家的仁义之志、王者之政常被斥为愚儒、讥为矫饰的社会环境中，他丝毫不愿改其志，仍"尚三教"。王符称赞他："困馑于郊野，守志笃固，秉节不亏。宠禄不能固，威武不能屈。虽有南面之尊、公侯之位，德义有殆，礼义不班，挠志如芷，负心若芬，固弗为也。"颜回终生不仕，唯以"愿贫如富、贱如贵，无勇而威，与士交通，终身无患难"自勉，这种注重志气、追求真理并以之为乐的精神，与孔子本人"饭疏食饮水，曲肱而枕之，乐亦在其中"实为同一旨趣。鲁哀公十四年（公元前481 年），颜回先孔子而去世，葬于鲁城东防山前。孔子对他的早逝感到极为悲痛，不禁哀叹说："噫！天丧予！天丧予！"

自汉代起，颜回因为较易查考的关系，被列为七十二贤之首，有时祭孔时独以颜渊配享。此后历代统治者不断追加谥号：唐太宗尊之为"先师"，唐玄宗尊之为"兖公"，宋真宗加封为"兖国公"，元文宗又尊为"兖国复圣公"。明嘉靖九年改称"复圣"。

（二）四八宴席

宁阳四八宴席做工讲究，风味独特，是鲁菜的代表菜系之一，有

图 12-1　传统颜回像

"四红四喜，八方来财，四平八稳"之说。四八宴最初是四个盘子，八个碗，以荤菜为主，每席以八个为限，以用餐具三十二件而得名四八。逢男婚女嫁等重大事件，宴席主要有"四八两大件"，即全席由4个菜碟、8个果碟、4个小碗、8个大碗、1盘烧卖、1盘米饭、1盘点心、1碗汤和两个大件组成。大件常用整鸡、整鱼。另外还有"重八两大件"和"重八四大件"，"重八两大件"即在"四八两大件"基础上，加4个菜碟、4个小碗和烧卖、米饭、点心、汤各1个，菜式和前菜重复；"重八四大件"即在"重八两大件"的基础上，再加两个大件，是规格最高的宴。

"四八"宴席形式高雅，席面丰盛，接待有礼，上菜有序，集鲜明性、艺术性、典雅性、礼仪性于一体。"四八"宴席与鲁菜发展一脉相承，具有浓厚的历史文化底蕴。

第二节
"复圣文化"品牌视觉识别系统

宁阳作为"复圣颜回"的故里，对打造"复圣文化"品牌高度重视。为纪念颜回，凸显城市文化特征，打造城市文化名片，促进区域经济发展，宁阳在城东专门兴建复圣文化景区。复圣景观区占地面积606亩，北靠汶水，东邻泰沂山脉，以孔子和颜回为代表的中国传统儒家文化为主线，体现了"尊"和"敬"两个文化主题。复圣文化景区西侧为"尊"文化区域，东侧为"敬"文化区域，中间为"尊悟"区。西侧"尊"文化区域划分由南至北依次为"尊本区""尊融区""尊和区"，对应的景观依次为"君子之泽""融昭园""尊和坊"；东侧"敬"文化区域划分由南至北依次为"敬雅区""敬乐区""敬趣区"，对应的景观依次为"敬贤林听雅轩""藏乐湾""童趣园"；中心文化区"尊悟区"景观为"通慧桥""慧明楼"，与中央湖区"明心湖"相互呼应。宁阳统筹城乡发展集团以复圣风景区为基础，对"复圣文化"品牌进行全面开发（图12-2）。

"复圣文化"品牌标志设计分别将"仪""智""礼"三个关键词作为设计切入点。主要是从儒家所推崇的容貌仪表、智慧德行、礼仪举止三个方面入手，提取典型形象进行标志设计。

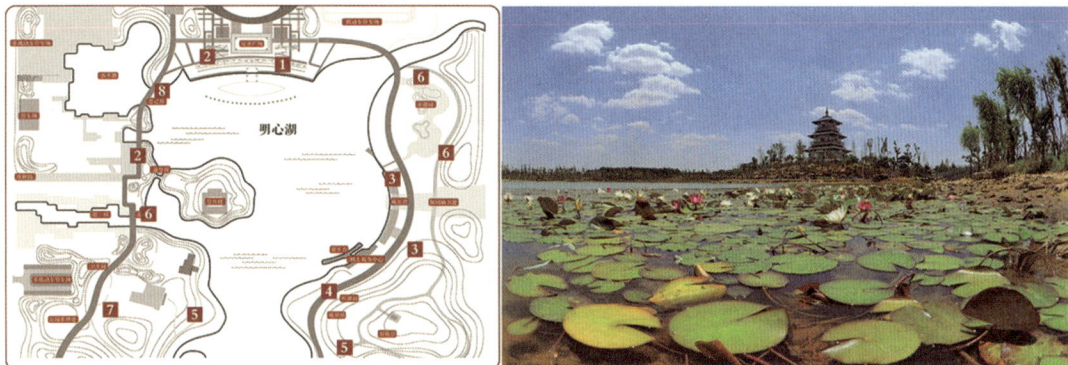

图 12-2　复圣文化公园平面图及园区一角

一、以"仪"为主题的标志设计方案

远在西周以前，仪容就被理解为人格德行的外在表征，故所谓"质于内而形于外"。"仪"代指儒家文化中的仪容、仪态特点。儒家仪容观有无貌不敬、沉雅自然、威而不猛等特点。

"不饰无貌，无貌不敬"见之于《大戴礼记劝学》等儒家著作中。主要是指君子见人不可以不饰，不饰则无貌，无貌则不敬，不敬则无礼，无礼便不立的逻辑关系。儒士待人接物时必须重视仪表的修饰，人的仪表是其内在道德修养的外在表现形式。不饰仪容，内在德行得不到表达，这就不是待人接物应有的态度，失去了尊重他人的姿态。因此，仪容不饰，放浪形骸，是对他人的不恭和轻视，也是对自己德行的辱没。

"沉雅自然、容止可观"是指人的仪容要符合审美，赏心悦目。沉雅自然、容止可观的特征，就是沉稳不浮躁、优雅不俗套、自然不造作。容貌气质宽容恭良、温文尔雅、若钟山之玉的程度。儒家仪容观反对文过饰非、哗众取宠、诡诞轻佻，因而谓之"沉雅自然、容止可观"。

"不重则不威，威而不猛"则是指儒家主张人要有威仪。简单地说，儒家倡导的"威仪"主要是指不拘谨、不放肆、不被狎侮，宽容有度、从容镇定，明察是非，行为恰到好处等。

因此，"复圣文化"品牌标志第一个设计方案，便从颜回像入手，通过重新修整颜回像，来显示颜回所具备的"沉雅自然、容止可观、威而不猛"仪容形象。历史上流传较为广泛的颜回像不多（图12-3），通过对画像服装配饰细节的研判，大致可分为春秋服饰特征颜回像、汉代服饰特征颜回像以及宋代服饰特征颜回像。目前，流传较广的是春秋服饰特征的颜回像。因此，也可以将其称为颜回的"标准像"。但此幅画像中的颜回过于"平民化"，似乎缺少了一些优雅雍容、容止可

图 12-3　历代颜回像

观的气质，与"兖国公""复圣"的尊号似有差距。因此，新绘制的颜回像在保持春秋服饰特征颜回像五官特征的同时，借鉴元代永乐宫壁画的艺术风格，形成"沉雅自然、容止可观、威而不猛"仪容特征（图 12-4~图 12-6）。

图 12-4　永乐宫壁画道教神祇形象

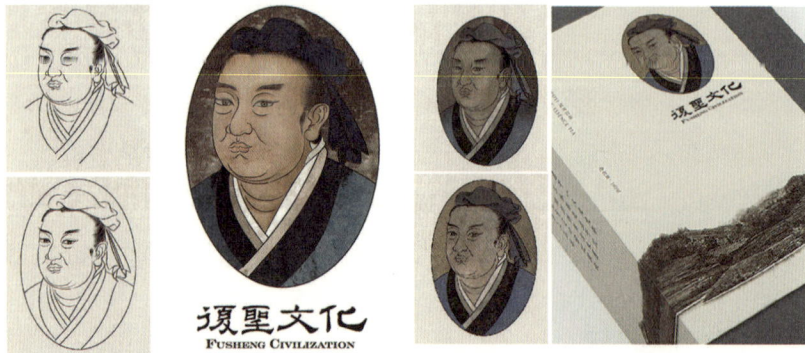

图 12-5　标志设计方案——复圣颜回像　张焱

图 12-6　标准字选用现存于曲阜孔庙中的《史晨碑》中的"复圣文化"拓印字体

二、以"智"为主题的标志设计方案

本设计方案主要从儒家智慧哲理中寻求创意点。山水是一种自然形态，也是一种文化符号。在中国文化与哲学中，山水具有特殊的象征意义。以山水为表征的仁智文化，是儒家最具代表性的哲学思考之一。"山水含清晖，清晖能娱人"，自孔子寄情于山水之后，在中国传统文化中，山水成为文艺作品创作最重要、最常见的题材之一，山水为诗，山水入画成为中国文人创作的思维传统。

本设计以山与水为基本形态意向，通过"复圣"篆体字构成山形，也似丰碑。其下为"水"篆体字，代表"智慧"。山水元素综合表现儒家的动静观、仁智观、自然观。此外，本标志由主标志与副标志构成，主标志打破方正刻板的印章形式，采用中国"文人印"形式，自然洒脱，别具一格，同时，标志的肌理呈现出碑刻拓印感。副标志融入了宋代之后山水画卷的肌理与着色风格。"山水颜回标志"象征着复圣颜回为后世彰显的道德高峰（图12-7）。

图12-7　标志设计方案二——山水复圣　张焱

三、以"礼"为主题的标志设计方案

本设计方案主要从儒家礼仪行为特征中获取创意思路，提取视觉符号。在儒家众多的礼仪规范中，人与人见面时相互致意的揖手礼。这是崇尚周礼的"标志性动作"，也成为此后圣人造像的标准形象。揖手礼是传统社会汉族士人使用最为频繁、流传最为广泛、时间跨度最长的礼节性动作。揖手礼历史非常悠久，相传源于西周初年周公开创的"周礼"。《左传·文公·文公十八年》记载："先君周公制周礼"，而周公所作之"礼"涵盖了社会的各个方面，细致入微。周代礼乐文化的主要内容大多保存在到《周礼》《仪礼》和《礼记》这三本书中，即通常所说的"三礼"。其中《仪礼》一书对两周时期贵族所要遵守的日常礼仪细则记载得十分详细。在《仪礼》中，规定士与士之间的交际礼仪的这部分叫"相见礼"，而揖礼就是相见礼之一。《论语·微子》也曾记载"子路拱而立"。这里子路对孔子所行的就是揖礼。此外，春秋时期，东周传统服饰往往为交领右衽、褒衣广袖，俗语中的"宽袍大袖"。这是东周贵族礼服的典型特征，也成为本设计方案重要的视觉符号创意点。

本设计以"穿着春秋时期贵族礼服行揖手礼的士人形象"为视觉要素提取点。标志省略了人物头部、胸部、腰部及腿部形态。仅选取士人在行揖手礼过程中，微风轻拂、袖子迎风摆动的瞬间姿态，以局部代整体，信息集中，特点明确（图12-8）。

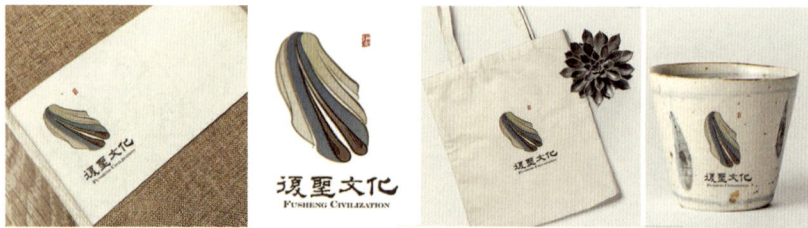

图 12-8　标志设计方案三——揖礼当风　张焱

第三节
"复圣文化"文创产品设计开发

一、"台榭"蓝牙香器套装设计

颜回生活在春秋时期，春秋时期的宫殿建筑，其典型风格为"台榭式"建筑。所谓"台榭"即"先台后榭"。各诸侯国在营建宫殿时，首先修建阶梯状夯土台基，夯土台基根据各诸侯国的国力不同，可修建高数米至十几米。然后，在夯土台上分层建造木构宫室明堂等建筑。春秋时期各诸侯国所修建的台榭式建筑位置高敞，外观宏伟，有效地保证了宫殿防洪、排涝、守备等目的。如侯马晋故都新田遗址中的夯土台，面积为75m×75m，高7m多，高台上的木架建筑已不存在。随着诸侯日益追求宫室华丽，建筑装饰与色彩也更为丰富，如《论语》描述的"山节藻"（斗上画山，梁上短柱画藻文），《左传》记载鲁庄公丹楹刻桷。

阙是东周时期重要的建筑样式，在我国古代建筑体系中占有重要地位。阙源于门，在中国古代建筑中，门之设立，最早始源于防卫上的需要，而阙则属于宫门的形制，即建在宫门等建筑群前的左右对称的建筑物。两阙间空缺的地段为通向阙后建筑物的道路。其构造是中央无门扇，"阙"与"缺"相通，两阙之间为一通道，"阙然为道"也是其名称的由来。

"台榭"香器套装设计以春秋时期"台榭"与"阙"的建筑风格为形态切入点，结合花器、香器、音响等功能。整体采用汉代漆器红，局部花纹嵌铜。中间主建筑为储香盒，双阙下部分别为蓝牙音响与插花器皿，双阙上层可放置盘香（图12-9、图12-10）。

图12-9 "台榭"蓝牙香器套装设计效果图 张焱、冯珊珊

图12-10 "台榭"蓝牙香器套装设计实物拍摄 张焱

二、"复圣尊酒"瓶形与包装设计

我国有着悠久的酿造粮食酒的历史以及丰富的酒文化。西周时期，按照礼仪规范，古人无事并不饮酒，即便饮酒也要符合礼法规矩。现存商周古文字记载中多有关于酒的记载，很多同时期出土的青铜器也多为酒具。罗振玉的《殷墟文字类编》中有"酒，象酒由樽中挹出之状"。"殷墟所载之酒字为祭品，考古者酒熟而荐祖庙，然后天子与群臣饮之于朝"。可见，古人饮酒首先是为了"飨神"，然后才是"愉人"。《周礼·天官冢宰第一》有"酒正掌酒之政令，以式法授酒材"。可见古时酿酒完全是政府行为，并专门设置"酒正"为负责酿酒、监酒、宫廷飨宴饮酒等事物。

"复圣尊酒"为宁阳当地特色地方酒，酒瓶有玻璃与陶瓷两种材质，瓶形采用大口设计，方便用作杂粮容器或花器使用。外包装采用酒盒中部开启。待酒盒开启后，盒内有折扇状机构连接，用于固定酒盒，呈现产品相关文化主题（图12-11）。

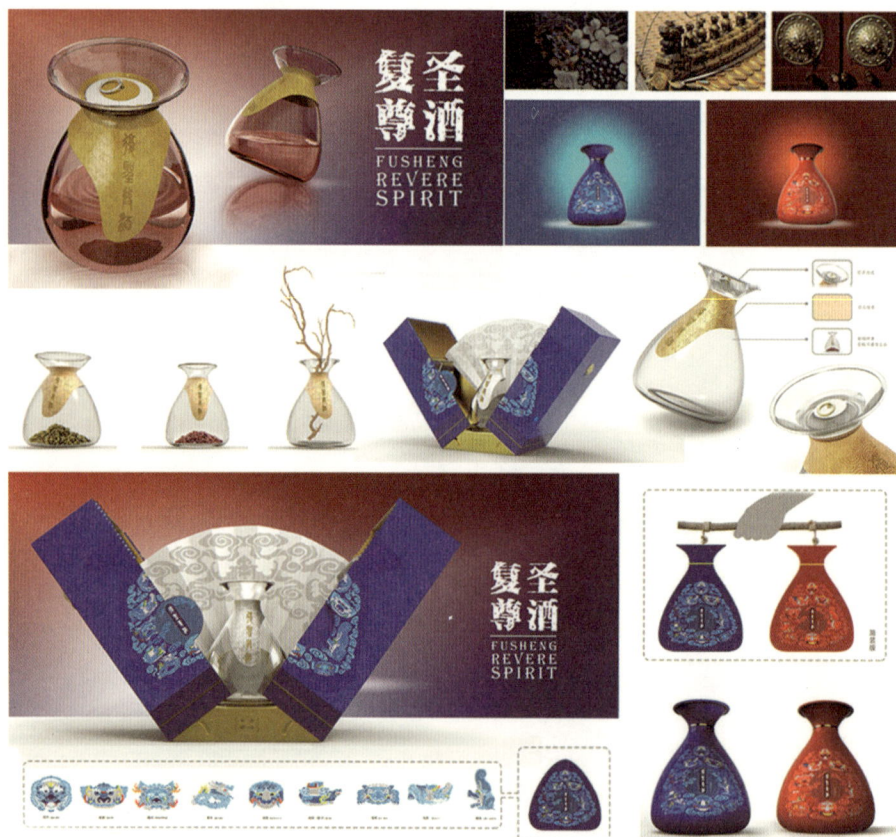

图12-11 "复圣尊酒"瓶形与包装设计 张焱

三、"涧花入景"煮茶壶设计

宁阳隶属泰安市，距泰山仅五十公里。因此，宁阳文创产品设计开发可适当体现泰山文化特征。唐代温庭筠《西陵道士茶歌》中有"涧花入井水味香，山月当人松影直"之句，描绘饮茶的意境。本设计从"涧花入井"中获取"涧花入景"的设计灵感，将煮茶品茗与观山悟景相融合。壶身设计成圆形，加热控温底座为方形，取"天似穹庐，笼罩四野"之意。壶盖是由泰山玉材质构成的玉璧状形态，中国传统文化中有"苍璧礼天，玉琮礼地"之说，因而，圆形的玉璧也象征"天"。这样，圆形茶壶与下部方形底座便共同构成了"天地"寓意。

壶身采用透明玻璃材质，加热装置形态由泰山山形概括提炼获得。茶叶在冲泡保温过程中，与山脉状加热装置共同构成泰山微观景致。在加热装置的山形语义暗示下，茶壶冲泡不同种类的茶叶所形成不同色泽的茶汤，会产生不同的意境。如冲泡绿茶或花茶时，茶叶嫩芽与茉莉花或沉于壶底，或浮于茶汤之上，与山形共同组成"春满泰山"意境；如果冲泡红茶，则会形成类似于"泰山朝晖"的意境（图12-12）。

图12-12 "涧花入景"煮茶壶设计 张焱、冯珊珊

四、"彩梳云簪"礼盒套装设计

本设计以泰山"云海日出"为设计意向，以云纹构成梳、簪、镜的主要形态特征，采用泰安盛产的枣木为主要材质，取多子多福、早生贵子之意。礼盒使用正圆形态，象征团圆与圆满之意（图12-13）。

图12-13 "彩梳云簪"礼盒套装设计

五、"云月提灯"与"泰山云日"办公摆件设计

"云月提灯"与"泰山云日"办公摆件设计均采用泰山"云海日出"设计意向，以云纹构成文创产品主要形态特征。其中"云月提灯"的提梁由两部分组成，前半部为灯头，后半部为灯杆。当提灯在使用时，可将前部灯头直接与电源插座连接，兼作室内壁灯使用。"泰山云日"办公摆件包括日历、便签盒、签字笔与笔插、手机支架与名片盒、书立与档案盒（图12-14、图12-15）。

雲月提燈

图 12-14 “云月提灯”设计 张焱

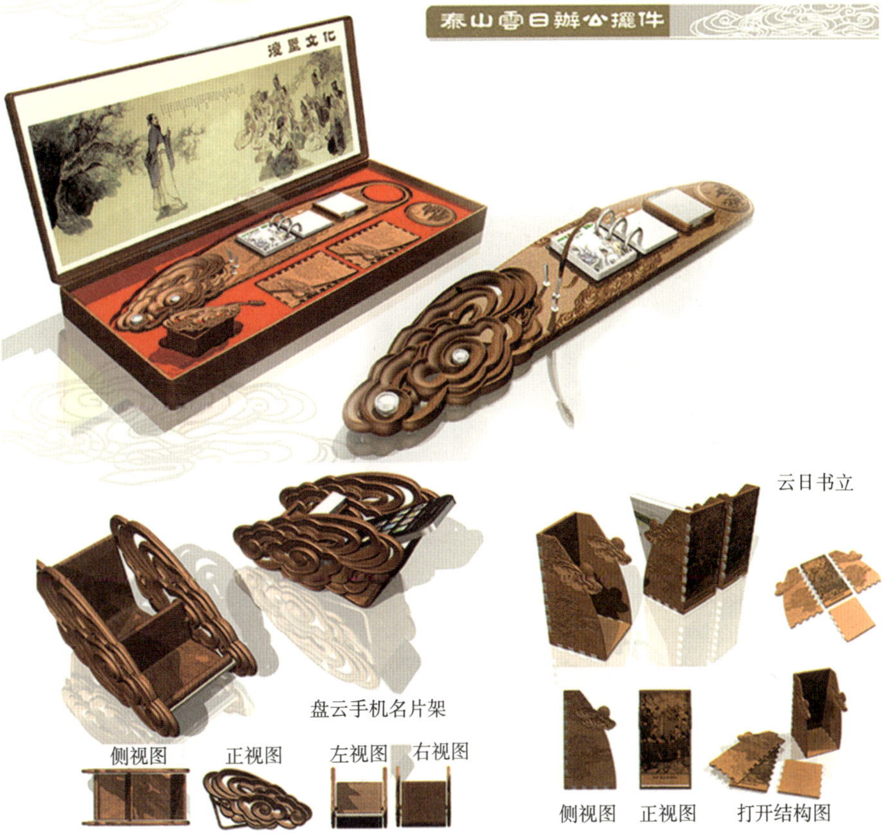
泰山雲日辦公擺件
云日书立
盘云手机名片架
侧视图
正视图
左视图
右视图
侧视图
正视图
打开结构图

图 12-15 “泰山云日”办公摆件设计 张焱

第四节

"复圣文化景区"公共设施设计开发

一、"复圣文脉"公共洗漱饮水亭设计

"井"可以视为中国古代社会的公共饮水设施。人们因为取水需要，往往会在井边等待、洗漱、浆洗、闲坐。久而久之，井的周围往往会产生人群聚集效应，带动商品买卖与交换，由此逐渐形成"市井"。人们为了保持井水的清洁，并方便取水人纳凉、小憩、聚集、交流、送别等活动，开始在井上修建亭，亭逐步成为井的配套设施。许慎在《说文解字》中解释"亭，停也，人所停集也"。因此，"市井""井亭"也逐步代指人群聚集的场所。传统的"井亭"首要任务是取水，但也兼具了洗漱、小憩、聚集、交流的功能。

本设计以传统的"井亭"功能需求出发，结合现代公共饮水机、洗漱池的功能。亭子中间饮水机上半部分为饮水口，下半部分为洗漱池，方便游客饮水与洗漱需要。亭子造型风格倾向于春秋时期的样式，自亭子顶部向下悬挂石磬形态的不锈钢镜子，方便游客洗漱后正妆（图12-16）。

图12-16 "复圣文脉"公共洗漱饮水亭设计 张焱

二、"复圣文脉"公共座椅设计

"复圣文脉"公共座椅设计提取山水意象，虚实结合；将座椅靠背设计成山形剪影，靠背向下支撑线条，如瀑布飞流；座面被设计成高、低两个层次，一是方便不同身高的人使用，二是进一步强化山水意向（图12-17）。

图12-17 "复圣文脉"公共座椅设计 张焱

三、"复圣文脉"景观廊架设计

公共座椅较宜置于树荫、檐架之下，避免使用者被阳光曝晒，以提高公共座椅的使用效率。本景观廊架采用"冠"与"竹"为设计意象形态。明代之前，男人普遍束发。人们把系在头上的装饰物称为"头衣"，主要有冠、冕、弁、帻四种，其中"冠"是专门供贵族戴的帽子。两周时期，男子至二十岁要举行加冠礼，表示已经成年，可以承担其相应的社会责任。因此，冠在我国往往具有鲜明的文化特征。竹因其坚韧挺拔、高风亮节的特征，在我国传统文化中与梅、兰、菊一起，被喻为君子之德。本设计将冠的形态转化为景观廊架遮阳板，下部由竹形态进行支撑。支撑形态中部镂空雕刻与颜回相关的儒家经典论述，体现文化特征。镂空文字在阳光的照射下，会在座椅前面的

地面上形成斑驳的文字投影，进一步放大景观廊架的文化张力（图
12-18）。

图 12-18 "复圣文脉"景观廊架设计 张焱

四、"复圣文脉"公共景观灯设计

高杆景观路灯继续使用冠与竹为设计意象形态，与景观廊架设计
类似。上部遮阳板转化为反光板，向地面折射照明。庭院景观灯三个
一组，采用错落有致的"阙"的建筑形态语义，突出颜回所生活的时
代特征（图 12-19）。

图 12-19 "复圣文脉"公共景观灯设计 张焱

思考与练习

结合本章内容，为特定区域（市县）进行系列文创产品设计开发。

参考文献

[1]钱穆.中国文化史导论（修订本）[M].北京：商务印书馆，1994.

[2]潘鲁生.民间文化生态调查—锦绣衣裳[M].济南：山东美术出版社，2006.

[3]韩寓群，安作璋.山东通史[M].济南：山东人民出版社，2009.

[4]刘德增.山东移民史[M].济南：山东人民出版社，2011.

[5]山东省地方史志编纂委员会.山东省志·民俗志[M].济南：山东人民出版社，2016.

[6]徐中孟.文化创意：中国文化创意产业研究[M].北京：秀威资讯科技股份有限公司，2009.

[7]李季.中国文化创意产业年鉴2018[M].北京：中国建筑工业出版社，2018.

[8]范周.数字经济下的文化创意革命[M].北京：商务印书馆，2019.

[9]百远.中国文化创意产业发展与产品内外需求[M].北京：经济管理出版社，2019.

[10]冯天瑜.文化守望[M].武汉：武汉大学出版社，2006.

[11]徐旭生.中国古史的传说时代[M].桂林：广西师范大学出版社，2003.

[12]杨伯峻.春秋左传注[M].北京：中华书局，2016.

[13]丁俊杰，李怀亮，闫玉刚.创意学概论[M].北京：首都经济贸易大学出版社，2011.

[14]单霁翔.留住城市文化的"根"与"魂"：中国文化遗产保护的探索与实践[M].北京：科学出版社，2010.

[15]刘泓，袁勇麟.文化创意产业十五讲[M].成都：四川大学出版社，2012.

[16]欧阳友权.文化产业通论[M].长沙：湖南人民出版社，2006.

[17]汪广松.非物质文化遗产的创意价值[M].北京：中国社会科学出版社，2015.

[18]王文章.非物质文化遗产概论[M].北京：教育科学出版社，2003.

[19]乔晓光.中国民间美术[M].长沙：湖南美术出版社，2011.

[20]林明华，杨永忠.创意产品开发模式[M].北京：经济管理出版社，2014.

[21]傅才武，冯天瑜.文化创新蓝皮书：中国文化创新报告No.10 2019[M].北京：社会科学文献出版社，2020.

[22]约翰·霍金斯.创意生态[M].林海，译.北京：北京联合出版公司，2011.

[23]埃德加·沙因.组织文化与领导力[M].马红宇，王斌，等，译.北京：中国人民大学出版社，2011.

[24]埃德娜·多斯桑托斯.2008创意经济报告[M].北京：三辰影库音像出版社，2008.

[25]曼纽尔·卡斯特.网络社会的崛起[M].夏铸九，王志弘，等，译.北京：社会科学文献出版社，2001.

[26]约翰·R.麦克尼尔，威廉·H.麦克尼尔.人类之网：鸟瞰世界历史[M].王晋新，宋保军，孙义飞，等译.北京：北京大学出版社，2011.

[27]曼纽尔·卡斯特.网络社会：跨文化的视角[M].周凯，译.北京：社会科学文献出版社，2009.

[28]A·J.格雷马斯.符号学与社会科学[M].徐伟民，译.天津：百花文艺出版社，2009.

[29]克利福德·格尔茨.文化的解释[M].韩莉，译.南京：译林出版社，2014.

[30]乔治·拉伦.意识形态与文化身份：现代性和第三世界的在场[M].戴从容，译.上海：上海教育出版社，2005.

[31]PEARCE D G, BUTLER R W. Tourism Research：Crtiques and Challenges[M]. London：Routledge，1993.

[32]Santagata W. Cultural districts，property rights and sustainable economic growth[J]. International Journal of Urban&Regional Research，2010，26（1）：9-23.

[33]潘鲁生.传统文化资源的设计价值与转化路径[J].南京艺术学院学报（美术与设计版），2014（1）：9-11，191.

[34]卫军英，吴倩."互联网+"与文化创意产业集群转型升级基于网络化关系的视角[J].西南民族大学学报（人文社科版），2019，40（4）：

148–154.

[35]顾江，车树林.资源错配、产业集聚与中国文化产业发展——基于供给侧改革视角[J].福建论坛（人文社会科学版），2017（2）：15–21.

[36]何人可，曹媛，张军.边缘地区的可持续设计方法研究——以雅安为例[J].生态经济，2016，32（11）：224–227.

[37]孙敬水，黄秋虹.文化产业核心竞争力最新研究进展[J].工业技术经济，2012，31（12）：135–144.

[38]祁述裕，殷国俊.中国文化产业国际竞争力评价和若干建议[J].国家行政学院学报，2005（2）：50–53.

[39]李宜春.省域文化产业竞争力评价指标体系初探——以安徽省为例[J].经济社会体制比较，2006（2）：99–103.

[40]贾斯汀·奥康纳，任明."创意产业之后——兼论为什么我们需要一种文化经济"[J].上海文化，2018（2）：46–56，126.

[41]孙颖鹿，宋凤轩，段杰仁.促进河北省文化创意产业发展的财税政策［J］.经济研究参考，2015（63）：17–21.

[42]李慧.论促进我国文化创意产业发展的税收政策［J］.税务研究，2013（12）：25–29.

[43]郝畅，博物馆文化创意产业的现状分析[J].北京印刷学院学报，2018，26（1）：125–128.

[44]陈桂秋，马猛，温春阳，等.特色小镇特在哪[J].城市规划，2017，41（2）：68–74.

[45]宋岩，鲍诗度.中国特色小镇环境设计方法初探[J].艺术科技，2017，30（9）：297.

[46]褚晓琳.我国文化创意产业存在的问题及对策研究[J].中国商贸，2014（14）：200–201.

[47]蔡承彬，蔡雪雄.我国的文化创意产业发展现状及对策研究[J].经济问题，2011（12）：48–51.

[48]张书.我国文化创意产业园区的发展现状及存在问题[J].河海大学学报（哲学社会科学版），2011，13（2）：81–83，93.

[49]"中国文化产业集聚效应的动态研究"课题组，蒋萍.我国文化产业集聚效应研究[J].调研世界，2015（11）：14–18.

[50]程曦，蔡秀云.优化促进文化创意产业发展的税收政策建议［J］.经济研究参考，2017（36）:18–19.

[51] 刘晓春. 文化本真性: 从本质论到建构论——"遗产主义"时代的观念启蒙 [J]. 民俗研究, 2013（4）: 34-50.

[52] 周锦, 熊佳丽. 产业融合视角下农业与文化创意产业的创新发展研究 [J]. 农业经济, 2017（5）: 103-108.

[53] 冯根尧, 祝晓卉. "一带一路" 背景下中韩文化创意产品贸易关系的实证研究 [J]. 绍兴文理学院学报（哲学社会科学）, 2017, 37（2）: 66-72.

[54] 方英, 姚君丽. 中国与 "一带一路" 沿线国家文化创意产品贸易状况及发展策略 [J]. 国际贸易, 2017（11）: 41-46.

[55] 张帆. 文化产业与文化创新 [M]. 镇江: 江苏大学出版社, 2011.

[56] 陈琳, 高德强. 英国文化创意产业发展的经验与启示 [J]. 四川省干部函授学院学报, 2016（3）: 5-10.

[57] 包海波. 试析美国版权战略与版权产业发展的互动 [J]. 科技与经济, 2004（6）: 46-50.

[58] 孙强. 玻璃压制成形工艺的数值模拟方法 [D]. 武汉: 华中科技大学, 2010.

后记

2011年，是笔者在山东工艺美术学院任教的第十年，这十年的"由学而教"，加深了笔者对设计专业教学与实践的思考。毕竟，当自己尚不知设计之"所以然"时，又怎么能为学生们说清楚其为何"然"。2011~2012年，作为自己对十年教学的思考，笔者先后出版了《设计的故事》《交流的道具——公共设施设计》两部专著，并与同事共同编著了《工业设计原理》《新产品设计开发》《3DS MAX7辅助产品设计基础与进阶教程》三部教材。

在我国全面迈入小康社会之后，人民的"衣食住行用娱"必然向精致化、文化化方向发展。整个社会从未像今天这样重视传统优秀文化的创造性转化与创新性发展；从未像今天这样将以设计为核心的"文化创意产业"作为国家支柱产业。设计的观念当然会顺时而动，与时俱进。今天的设计人才已成为深度参与产业升级、塑造文化自信，建设美丽中国的重要力量。

2021年，是笔者在山东工艺美术学院从教整二十年。作为工业设计学院的一名教师和产品设计领域的一名设计师，近年来，由笔者设计或主持设计的文创产品设计项目十余项（本书中的部分案例来自笔者的设计项目），其中包括山东省与美国康涅狄格州缔结友好省州35周年的礼物设计等重要的项目。长期的文创产品设计实践，使我对文创产品设计开发中的基本方法与规律有了更深的思考，并希望将这些经验总结出来，与大家分享。

本书起笔开篇至今，已两年有余。本书在编写过程中，得到学校党委何思清书记、潘鲁生校长的亲切鼓励；董占军副校长、教务处长孙磊处长的具体指导，以及中国纺织出版社余莉花编辑的全力支持。在此对各位领导专家的殷切期望与专业指导表示最诚挚的感谢。

张焱

辛丑仲夏于泉城